나는 평생
세금쟁이

나남
nanam

나남신서 · 1849

나는 평생
세금쟁이

2016년 1월 27일 발행
2020년 1월 5일 4쇄

지은이   趙鏞根
발행자   趙相浩
발행처   (주)나남
주소   10881 경기도 파주시 회동길 193
전화   031-955-4601(代)
FAX   031-955-4555
등록   제 1-71호(1979.5.12)
홈페이지   http://www.nanam.net
전자우편   post@nanam.net

ISBN 978-89-300-8849-7
ISBN 978-89-300-8655-4(세트)

나는 평생
세금쟁이

조용근 지음

나남
nanam

세월이 참 빠른 것 같다. 백구과극白駒過隙이라던가! 흰 말이 달리는 모습을 문틈으로 얼핏 보는 순간처럼 10년의 세월도 금세 지나갔다.

2004년 말 정든 국세청을 떠난 지 벌써 10여 년이 흘렀다. 되돌아보면 별로 한 일 없이 그냥 세월만 흘려보낸 것 같다. 그러나 한 가지 분명한 사실은 앞으로 살아갈 날들이 살아 온 날들보다 훨씬 짧다는 것이다.

내가 이 책을 쓰게 된 계기는 〈세정신문〉사로부터 받은 원고 청탁 때문이었다. 전·현직 세무공무원을 비롯해서 세무사, 기업체 재경팀 등 핵심독자만도 수만 명이나 되는 공신력 높은 〈세정신문〉에 나의 평생 세금쟁이로서의 체험기를 연재해야 한다니 부담스러울 수밖에 없었다. 그럼에도 신문사 측은 "사랑하는 2만여 명의 현직 후배들을 위해 소중한 경험을 전수하는 것도 매우 중요하니 부디 승낙해 달라"고 요청해 왔다.

스스로 지극히 부족하다고 여긴 나는 그동안 이런저런 핑계를 대고 사양했으나, 계속 끈질기게 요청해 왔다. 이제 더는 핑계 댈 것이 없어 일단 승낙했으나 여간 신경 쓰이는 게 아니었다.

회고록이나 자서전 형식의 책들은 대부분 자기중심적으로 기술記述되므로 자칫 자화자찬自畵自讚이 되기 십상이다. 업적은 침소봉대하고 허물은 덮게 마련 아니겠는가. 그런 추태를 나와 관계된 상대방이 보면 얼마나 가관이겠는가. 그래서 내 자신도 이런 유혹에서 벗어나기 어려워질 것 같아서 주저해 온 것이었다.

그럼에도 마음 한켠에는 이런 기회에 나의 지나온 50년 가까운 세월, 아니 어찌 보면 평생을 바쳐 온 세금쟁이로서의 삶을 되짚어 보고 싶은 열망이 생겼다. 말단 9급 공무원에서 출발해 지방국세청장까지 오른 기나긴 여정을 진솔하게 진술해 보자! 그런 각오를 다지자 왠지 모르게 가슴이 벅차올랐다.

회고록의 생명력은 '진실'에 있다고 믿는다. 아우구스티누스의 《참회록》과 루소의 《고백록》에는 서두에 청소년기의 방탕한 생활상부터 상세히 묘사돼 있다. 만약에 그런 훌륭한 석학들이 자기 자랑만 늘어놓은 자서전을 썼다면 아마도 지금까지 그렇게 많이 읽히지 않았으리라.

그래서 나도 부끄러운 실수와 실패 경험까지도 낱낱이 털어놓기로 결심하고 집필에 착수했다. 심지어 내 가족에게조차 밝히기 부끄러운 일들도 있었으나 사실 그대로를 밝히지 않을 수가 없었다. 그런데도 〈세정신문〉에 연재되는 동안 독자들의 뜨거운 호응을 받아 내 자신도 퍽이나 놀랐다. 격려 전화와 이메일이 쇄도하면서 사초史草를 정리하는 심경으로 몸과 옷차림을 깨끗이 하고 집필에 몰두했다. 무엇보다 연재가 끝나면 책으로 출판하라는 요청도 빗발쳐 1년여간에 걸쳐 써온 원고를 다시 손질해 보았다.

약관弱冠 20세의 어린 철부지 나이에 국세청 개청요원으로 들어왔으니 남들이 이해할 수 없는 사연들도 많았다. 예순을 지나 일흔을 바라보는 지금 지나온 세월을 되돌아보니 정말 기적 같은 순간순간들을 숱하게 흘려보냈다. 그래서 나는 이것을 하나님의 소명召命, calling, 즉 그분께서 부르셔서 맡겨 주신 사명이었다고 감히 말할 수 있다.

흔히들 직업을 천직天職이라고 한다. 나도 그렇게 생각한다. 즉 하늘이 맡겨 주신 직업이라고 말이다. 나는 1946년 6월 25일에 태어났으니 정확히 만 20세가 되어 가는 1966년 6월 20일에 국세청 9급 공무원으로 공직생활을 시작했다. 그 후 약 40년 가까운 세월 동안 본청을 비롯한 지방국세청과 일선 세무서를 두루 돌아다녔는데, 재직 중 현역으로 입대하여 군에서 복무한 3년을 빼면 35년 이상을 세금쟁이로 근무해 온 셈이다.

거기에다 2004년 대전지방국세청에서 명예퇴임하여 현직을 떠난 후에도 세무사회장 4년을 비롯하여 세무법인 대표로서 지금도 현업에 종사하고 있으니 그야말로 평생을 세금쟁이로 살아가는 셈이다.

세상물정 모르던 철부지 나이 때 공직에 입문했으니 그때를 떠올리면 지금도 웃음이 절로 난다. 세금쟁이라는 황량한 광야曠野를 40년간 헤매는 동안 내 발부리는 얼마나 많은 걸림돌들에 걸렸으랴. 문자 그대로 우여곡절, 파란만장의 연속이었다. 그때마다 넘어지지 않고 무사히 명예퇴임이라는 목적지까지 온 것은 천운天運이라고 믿는다. 그동안의 파란만장한 삶 가운데 그때그때 겪었던 사연들을 현직 후배들에게 솔직하게 들려줌으로써 후배들의 성공적인 공직자 삶을 위해 조금이나마 이정표로서 도움이 되기를 간절히 소망한다.

대전지방국세청장을 끝으로 공무원 옷을 벗던 날, 모처럼 가족끼리 홀가분하게 저녁식사를 하는 자리에서 사랑하는 아내와 아들, 딸에게 그동안 마음에 품고 있던 한마디를 들려주었다.

"만약에 이 아빠가 세상에 다시 태어난다면 그때도 국세청 공무원으로 일하고 싶다!"

8

그때 가족들 모두가 환히 웃으면서 세금쟁이 생활이 그렇게 좋으냐고 물었다. 그러면서 그날 명예퇴임식장에서 내가 흘리는 눈물을 보고 남편과 아빠의 진정한 모습을 보게 되었다고 나를 격려해 주기도 했다.

　혹자는 별 것 아닌 이런 내 모습을 보고 비웃을지도 모르지만, 그만큼 내 청춘과 평생을 오롯이 바친 데 대한 내 나름대로의 각별한 애정을 표현했으니 너그럽게 봐주셨으면 한다.

　평소 나는 겉보기와는 달리 내면적으로는 꽤나 소심한 성격을 지니고 있어 세상 사람들의 이목耳目에 지나칠 정도로 민감한 편이다. 그래서인지 그동안 사랑하는 내 가족들에게 너무도 많은 심적 고통을 주었음을 고백한다. 이 자리를 빌려 먼저 용서를 구하고 싶다.

　현직에 있을 때 왜 떳떳하고 당당하게 살지 못했던가? 왜 가족들과 함께 버젓이 휴가도 즐기고, 맛있는 식당에 가서 함께 식사도 하지 못하고 항상 남들의 눈치만 보고 살았는지 ….

지금부터 내가 밝히는 이야기들은 어떤 언론이나 책에서 흔히들 만날 수 있는 그런 감동적인 성공 스토리가 결코 아니다. 그저 최말단 9급에서 출발하여 8급, 7급 등을 거쳐 한 단계 한 단계를 살얼음을 딛듯이 올라가면서 겪은 조마조마했던 순간들의 연대기年代記이자 고백록告白錄일 뿐이다.

그렇다고 해서 무슨 경천동지驚天動地할 비화秘話를 털어놓은 것은 더더욱 아니다. '성실한 세금쟁이'로서의 직분을 충실히 이행하려고 나름대로 노력해 왔던 치열한 구도求道의 기록이라 할까.

다시 한 번 지난 1년여 동안 〈세정신문〉연재를 읽고 과분한 찬사를 보내신 후배 세금쟁이들을 비롯한 많은 독자 여러분께 진심으로 감사의 인사를 보낸다. 누구보다 그동안 옆에서 교정을 봐준 사랑하는 아내 류영혜 (재)석성장학회 이사장과 세무법인 석성 사무실의 방지현 자매, 그리고 〈세정신문〉 서채규 주간을 비롯한 편집 관계자 여러분들께 진심으로 고마움을 전한다.

아울러 졸고를 선뜻 책으로 출판하기로 결단을 내려 주신 조상호 나남출판 회장께도 깊은 사의謝意를 표한다. 여기에다 내가 국세청 공보관 시절 〈동아일보〉 경제부장이었던 고승철 나남출판 주필과의 오랜 우의友誼도 잊을 수 없다.

이 책이 세무공무원뿐 아니라 다른 일반직 공무원들에게도 용기를 주는 참 씨앗 역할을 할 것을 소망한다. 무엇보다 이 책이 '나눔과 섬김'의 보람을 느끼고 싶어하는 모든 분들에게 마중물 노릇을 할 수 있기를 기대해 본다.

2015년 11월 23일 소설小雪에 서설瑞雪을 기다리며
평생 세금쟁이 조용근

나는 평생
세금쟁이

차 례

차례

차례

차례

1장

애송이 세금쟁이 탄생

스무 살에
세금쟁이가 된
기막힌 사연

　　지금부터 세월의 필름을 1966년으로 되돌려 보고
자 한다. 1966년 하면 국세청으로서는 잊지 못할 때다. '국세청'
國稅庁이라는 독립 기구로 출범한 것이 바로 그해였으니.

　'1966년 3월 3일'. 이날은 바로 '국세청' 문을 처음으로 연 날
이었다. 나는 그해 1월 대구에서 고등학교를 졸업했다. 지독한
가난 때문에 대학진학을 포기한 채 몹시 낙망해하던 어느 차가
운 겨울 아침, 집으로 배달된 〈서울신문〉의 희한한 채용광고 하
나가 내 눈길을 강하게 끌었다.

　"사세직司稅職 5급을乙류 공무원 임용시험 공고"

　'사세직'이라는 글자의 뜻도 모르던 약관의 고등학교 졸업생
인 내가 그 광고 기사에 초점을 맞추게 된 이유는 다름 아닌 시
험과목이었다. 국어, 영어, 수학 그리고 일반상식. 그리고 맨 하

　　　　　　　　　　　　　　1장. 애송이 세금쟁이 탄생

단에 '상업부기商業簿記'라는 단어가 내 눈에 들어왔다.

나는 상업부기라는 교과과목이 없는 인문계 고등학교를 다녔다. 그런데 고등학교 2학년 때 내가 졸업한 중학교 김석규 선생님이 우리 고등학교로 전근 오셨는데, 그분의 담당과목이 바로 상업부기였다.

그 당시 내가 진학하고자 했던 대학교 상과대학의 입시 선택과목은 '독일어'와 '상업부기'였는데, 나는 그중 독일어를 선택하여 공부하고 있었다.

어느 날 김석규 선생님께서 교무실로 나를 호출하여 "용근아, 너는 선택과목을 무엇으로 하고 있느냐?"고 물으시기에 '독일어'라고 대답했다. 그러자 선생님께서는 독일어를 선택하지 말고 당장 자기가 가르치는 '상업부기'를 수강하라고 말씀하시면서 자신의 수업에 꼭 참석하라는 엄명(?)을 내리셨다. 아울러 친구들도 많이 데리고 오라는 당부도 잊지 않으셨다.

그때 나는 몹시 갈등했으나 선생님과의 개인적인 친분관계를 생각해서 몇몇 친구들과 함께 상업부기 과목을 수강하게 되었다. 그래서 졸업 때까지 약 2년간에 걸쳐서 상업부기를 공부했다.

그런데 바로 그 선택과목이 지금 내 눈앞에 나와 있지 않은가! 국어, 영어, 수학 등은 내가 목표로 하는 대학에 진학하기 위해서 열심히 공부했던 터라 어느 정도 자신이 있었고, 상업부기 또한 2년간이나 나름대로 열심히 공부해 놓은 터라 왠지 모르게 이 채용공고문에 구미가 당겼다.

당시 상업고등학교에서는 취업을 위해서 상업부기 과목은 집중적으로 가르쳤지만 국어, 영어, 수학 과목은 대체로 인문계 고등학교에 비해 수준이 다소 낮은 편이었다. 그러나 내 경우에는 양자 모두를 제대로 갖추었다는 자신감에 바로 '이 채용공고문은 나를 위한 것이구나!'라는 믿음이 생겼다. 그래서 바로 그 시험에 원서를 제출했다.

당시 국세청으로서는 개청을 위해 많은 인력이 필요하다 보니 적잖은 직원들을 신규로 채용했다. 500명을 뽑는 그 시험에 무

1965년, 경북사대부고 3학년 시절(앞줄 오른쪽 두 번째가 저자)

1장. 애송이 세금쟁이 탄생

려 5만 명 이상의 지원자가 몰렸다. 지금도 그렇지만 당시에도 일자리가 별로 없어 젊은 청년들이 취업하기가 매우 어려웠다.

100 대 1이 넘는 살인적인 경쟁률이었지만 나는 당당히 합격했다. 나중에 안 사실이지만, 당시 내 성적은 전체 합격자 가운데 군대를 다녀온 자들과 원호대상자들에게 일정한 가산점을 준 것을 감안하면 최상위권이었다고 한다.

합격자 발표 얼마 후에 국세청으로부터 연락이 왔다. 근무하고 싶은 세무관서를 지원하라는 것이었다. 서울로 가고 싶은 마음도 있었지만, 당연히 나는 부모님과 함께 살고 있는 집 인근의 대구서부세무서로 지원했다.

그리고 1966년 6월 20일, 드디어 대구서부세무서로 발령 받아 첫 출근을 하게 되었다.

철부지
세무공무원의
버릇없는 장난

집에서 걸어서 30분 거리에 위치한 첫 출근지 대구서부세무서는 그 유명한 서문시장 부근에 있는 달성공원 정문 앞에 자리 잡고 있었다.

당시 대구 시내에는 서부, 중부, 동부 세무서 등 3개의 세무서가 있었다.

그중 대구서부세무서는 당시로서는 비교적 세원稅源이 많은 관서로 알려졌다. 서울에는 영등포세무서, 부산에는 동래세무서, 대구에는 대구서부세무서 등이 공장 밀집지역이어서 전국적으로 세수稅收규모도 큰 세무서였다.

참고로 1966년 개청 당시 국세청의 연간 전체 세수 규모는 700억 원도 채 되지 않았다. 이는 지금의 시골 세무서 1곳의 세수보다 적은 규모였다. 지금 생각해 보면 한국의 경제 규모가 지난 50년간 엄청나게 확장된 것을 피부로 느낄 수 있다. 당시에 연간 세수목표 700억 원을 달성하겠다는 다짐의 표시로 세무공무원들은 '007' 가방을 들고 다니기도 했다. 심지어 국세청장 승용차 번호까지도 '700'으로 달았다.

처음 출근해 보니 임용 동기생들이 10명가량이었는데, 대부분이 나보다 많게는 10살, 적게는 5살 이상씩이나 많은 대학졸업자들이었다. 반면에 나와 같은 20세 또래도 2명이나 있었다.

'큰형님'격인 대졸자 동기들은 국내 유수 대학을 졸업한 인생 선배들로서 군복무까지 마친 분들이라 세상물정에 밝고 공직자로서의 자격을 제대로 갖춘 듯했다. 이에 비해 나는 공직사회가 무엇인지도 모르고, 공무원이 가져야 할 공직자 마인드도 제대로 형성되어 있지 않은 그야말로 철부지 어린애였다. 쉽게 이야기하면 군대도 갔다 오지 않은 청소년기를 갓 넘긴 풋내기였다고나 할까.

지금 되돌아보면 공직자가 되려면 먼저 공직자 마인드를 갖추어야 하는데, 단순히 시험에 합격했다고 바로 현장에 배치할 것이 아니었다. 일정 기간의 충분한 소양교육을 거쳐 완전한 공직자 마인드를 갖춘 후 실무현장에 배치하는 것이 마땅하다고 본다.

어쨌든 세무서에서 실시한 며칠간의 간단한 직무 소양교육을 받은 후 내가 처음으로 배치 받은 부서는 조사과 조사계였다.

조사과라고 하니 무시무시한 부서인 것 같지만 당시 새로 태어난 국세청으로서는 원시적인 세무기법을 탈피하여 세금부과 업무의 기본이 되는 과세자료 수집업무를 체계화하는 것이 급선무였다. 그래서 근거과세 확립에 역점을 두기 위해 개인세과나 법인세과와 같은 부과과와는 별도로 세무조사 전담 부서를 신설한 것이다.

그 조사과에서는 과세자료 수집을 전담하는 조사계와 세무사찰 업무를 전담하는 사찰계로 나뉘어 업무를 관장하고 있었다. 당시에는 과세자료를 지금과 같이 전산에 의한 세금계산서 제출 형식이 아니라 수동으로 작성, 수집하고 있었다.

즉 납세자가 매월 판매하거나 비용을 지급하면 '판매(영수)와 지급보고서 명세서'를 세무서에 제출하도록 하고, 이를 받은 세무서에서는 직원들이 일일이 판매 또는 지급자료전을 직접 작성하여 거래 상대방 관할 세무서로 보내어 과세에 활용하도록 했다. 그야말로 전형적인 수동식 자료교환 방식이어서 매우 엉성한 시스템이었다.

내가 처음으로 배치 받은 조사과 조사계에서는 매일 하는 업무가 영수·지급보고서 자료전 작성업무였다. 그리고 가끔은 사수 선배님과 함께 해당 업체를 직접 방문해서 영수·지급보고서 명세서가 제대로 제출되었는지 확인하기도 했다.

그러나 나는 그때까지도 세법에 열거된 전문적인 세무용어가 머리에 잘 들어오지 않았다. 또 철부지 시절이라 퇴근 후에는 대학생이 된 친구들을 만나면 때때로 공직자의 신분을 망각할 때도 있었다. 그야말로 공직자 마인드를 제대로 갖추지 못한 상태였던 것이다.

그래서인지는 몰라도 관내 업체에서는 가끔씩 나의 어리석고 단순한 성격을 이용해 의도적으로 식사대접을 해줄 때도 있었다. 그때마다 나는 이를 지혜롭게 잘 다스려야 하는데도 그만 실수를 범할 때도 더러 있었다. 또 내가 고생한다고 해서 약간의 금품을 주는 때도 있었는데, 그때마다 사리분별을 잘해야 했는데 그냥 주는 대로 받다 보니 나중에 문제가 될 뻔한 때도 있었다. 비록 큰 액수는 아니다 할지라도 잘못은 잘못이었다. 지금 생각해 보아도 참으로 어리석은 철부지 행동이었다. 그러나 다행히도 그런 실수와 시행착오를 겪으면서 내 자신이 점점 단련되어 갔다.

지금 회고해 보니 그때 내가 모시던 상사 분들에게 다소간의 걱정이나 부담을 드렸다는 회한이 든다. 그분들이 지금껏 살아 계신다면 다시 한 번 죄송하다는 말씀을 드리며 용서를 구하고 따뜻한 식사라도 대접하고 싶은 심정이다.

정든 대구를 떠나
낯선 서울로

당시 나는 공직자로서 자부심을 가지고 근무하면서도 또 다른 한편으로는 심한 자괴감에 빠져 있었다.

또래 친구들이 대학교에 진학하여 대학생 제복에 배지까지 달고 다니는 모습에 마음이 몹시 상했기 때문이다. 그들은 마음껏 대학생으로서의 젊음을 즐기고 있었지만 나는 말단 공무원으로서 이들과는 전혀 다른 세상에서 살아가고 있어 외톨이라는 소외감이 들기도 했다. 자연히 내 마음 한구석에는 대학생이 되고 싶은 열망이 불타올랐다.

그래서 이듬해인 1967년, 당시 야간부 대학으로 꽤나 잘 알려진 대구 청구대학에 응시했다. 1년 동안이나 책을 멀리했으니 합격이나 될까 몹시도 염려했는데, 시험결과는 예상과는 달리 야간부 전체 수석합격이었다. 나에게 놀라운 기적이 일어난 셈이다. 4년간의 등록금이 모두 면제되는 전면장학생이 된 것이다.

그래서 낮에는 애송이 세금쟁이, 밤에는 대학생 신분이라는 이중생활을 하게 되었다. 그러던 어느 날 하루는 모시고 있던 김경남(작고) 세무서장님께서 서장실로 나를 불렀다. 아버지같이 자상한 그분은 환하게 웃으며 조용히 말씀하셨다.

"조용근 서기! 자네는 세무서를 그만두고 공부를 계속하는 것이 어떤가? 내가 계속 뒤를 돌봐 줄 테니 공부를 계속 해보게."

그때 내 가슴이 찡해지면서 갑자기 눈물이 쏟아졌다.

"서장님 말씀 진심으로 고맙습니다만, 제가 주경야독을 해서라도 꼭 성공해 보겠습니다."

이렇게 대답하고선 서장실을 나왔다. 지금도 인자한 그분의 말씀을 잊을 수가 없다. 내 아버지에게서도 느껴 보지 못한 진한 사랑을 느꼈기 때문이다.

그러는 동안 나는 조사과 조사계를 떠나 법인세과로 옮기게 되었다. 당시 뜻있는 주위 분들이 세금쟁이로 성공하려면 반드시 법인세 업무를 배워야 한다며 철부지 같은 나를 어여삐 여겨서인지 법인세과로 옮겨 근무하게 하셨다.

당시 법인세과에서 근무하는 분들은 모두 아버지 또는 삼촌뻘이었다. 사무실 분위기 또한 몹시 엄숙해 보이기까지 해 함부로 말도 못 붙였다.

그때 또 한 번의 실수가 있었다. 술대접을 잘못 받은 일이 들통난 것이다. 가까이 있는 뜻있는 지인이 이 사실을 제보했다. 이 때문에 나는 세무서 자체 정기 인사이동 때 '관재과'라고 불리던 재산관리과(국유재산의 관리 및 매각업무를 담당)로 전출되었다.

나는 처음에는 그런 경위도 모르고 관재과로 옮겨 나름대로 국유재산 관련법을 열심히 배웠다. 어찌 보면 그것이 전화위복이 된 셈이기도 했다. 이때 약 1년 동안 관재업무까지도 익힐 수 있었으니, 지금 되돌아보면 그때 그 실수가 나로 하여금 조금씩 성장해 나가도록 하는 하나의 징검다리 역할을 해준 것이다. 물론 그렇다고 해서 그때의 실수를 변명하려는 뜻은 추호도 없다.

그래도 철부지인 나는 9급 말단 공무원으로서 아무런 개념 없이 윗분들이 시키는 일만은 열심히 했다.

1968년 1월 중순 추운 겨울날, 혼자서 대구 시내에서 2시간 가량이나 떨어진 고령군 외딴 산골에 있는 방앗간의 체납세금 2천 원을 받기 위해 하루 한 번밖에 없는 시골버스를 타고 갔다. 직접 체납세금 2천 원을 받아 현지 막걸리 양조장 직원숙소에서 잠을 자고 이튿날 걸어서 면사무소에 있는 우체국에 직접 납부했다. 이런 일들을 비롯해서 몸으로 때우는 일들을 열심히 했다.

그런데도 나의 마음에는 왠지 모르게 허전함이 있었다. 고등학교에 다닐 때는 나보다 공부를 못하던 친구들이 서울에서 대학에 다닌다고 자랑하며 방학 때가 되면 대구에 내려와 폼을 잡

　　　　　　　　　　　　　1장. 애송이 세금쟁이 탄생

는 모습을 보면서 내 자신이 얼마나 처량했던지….

1968년 3월에 나는 기어코 일을 저지르고 말았다. 당시 내가 다니던 청구대학이 대구대학과 합병해서 영남대학교로 재탄생했다. 지금의 영남대학교는 명실상부하게 대구지역 명문대학교로 자리 잡았지만 그때만 하더라도 그런 단계는 아니었다. 그래서 나는 어쨌든 서울로 가서 공부를 하고 싶은 마음이 간절했다.

결심 끝에 서울 출장을 허락받아 야간열차를 타고 서울 종로구 명륜동에 있는 성균관대학교로 가서 2부 대학 상학과(지금의 경영학과) 편입시험에 응시하였다.

2명을 뽑는데 68명이 응시했다. 시험을 치르고 곧바로 야간열차를 타고 대구에 내려와 하던 세무서 일을 계속 하고 있는데 성균관대학교로부터 합격했으니 입학 수속을 밟으라는 축하 전보문을 받았다. 뜻밖이었다. 그런데 현실적으로는 대구에서 서울에 있는 성균관대학교에 다닐 수가 없는 형국이었다.

그때 한 분의 얼굴이 떠올랐다. 당시 세정감독관(지금의 감사관)으로 계시던 조용대 형님, 집안의 형님뻘인 분이었다. 편지를 썼다. 내가 세금공무원이 된 사연, 집안 이야기와 함께 성균관대학교 야간대학 편입시험에 합격했다는 사실, 그리고 장래희망 등을 진솔하게 썼다.

며칠 후 답장이 왔다. 국세청 본청에서는 얼마 있으면 수도권에 많은 세무공무원을 배치하기 위해 지방에 있는 우수한 인력을 뽑아 올릴 예정이니 그때 발령 받을 수 있도록 직접 인사부서에 추천하겠다는 내용이었다.

　나는 한없이 기뻤다. 그 후 성균관대학교 수강신청을 할 즈음 국세청으로부터 인사발령 통지가 왔다. 성균관대학교와 가까운 거리에 있는 동대문세무서로 배치를 받았다. 또 한 번의 기적이 일어난 것이다.

　드디어 1968년 5월 1일, 정든 대구를 떠나며 1년 10개월간 대구서부세무서 9급 공무원으로 지낸 철부지 세금쟁이 시대를 마감하게 되었다.

⋯⋯⋙◐◑◑◑◑⋘⋯⋯

꿈에 그리던 서울로 올라와 두 번째 부임지인 동대문구 보문동 대광고등학교 옆에 있는 동대문세무서에 첫 출근을 했다.

　이곳에서 내가 배치 받은 곳은 조사과 자료계였다. 자료계 업무는 이미 대구에서 담당해 본 업무였으니 다소 익숙해 있었다. 거기에다 업무 특성상 단순한 면도 있었다.

　국세청 개청 당시 발족한 조사과는 처음에는 조사계와 사찰계로 나뉘어 이름 붙여졌으나, 아마도 이름 자체에 너무 강압적인 분위기가 담겨서인지는 몰라도 조사계 대신 자료계, 사찰계 대신 공정계라는 이름으로 바뀌었다.

한편 나는 2년이란 세월이 흘러도 여전히 세상물정에 어둡고 무지하기는 마찬가지였으나, 첫 부임지 상황에 비하면 조금씩 나아지고 있었다. 낮에는 과세자료전 작성업무와 가끔씩 업체 현장에 나가서 과세자료 명세서가 제대로 작성 제출되었는지를 확인하는 업무에도 다소 익숙해지다 보니 어느 정도 담당 업무에 자신감이 생겼다.

밤에는 또 다른 신분인 대학생으로서 열심히 공부하기로 마음먹고 서울로 올라왔는데, 막상 직장 동료들과 자주 어울리다 보니 한 번 두 번 학교수업에도 빠지면서 술자리에는 자주 가게 되었다. 술자리라 해야 지금의 양줏집이나 룸살롱 같은 곳이 아닌 허름한 막걸리집 아니면 소줏집 정도였으니 부담도 없고 무엇보다 간섭하는 가족들도 없었으니…. 특히 동대문세무서가 위치한 신설동로터리 일대에는 인근에 있는 고려대학교의 영향 때문인지 대부분 막걸리집들이 많았다.

또 무엇보다 학교수업에 가보면 또래 대학생들이 왠지 모르게 사고思考하는 수준이 나보다 한 수 아래로 보이기도 하여 자연히 학업에 열중하기보다는 직장일 재미에 푹 빠지게 되었다.

딸린 식구가 없는 20대 초년의 청년에다 무엇보다 상사인 조사과장이나 계장으로부터 업무 능력도 어느 정도 인정받게 되니 조사과 안에서 웬만한 업무는 나에게 안겨졌다.

심지어 옆에 있는 공정계에서 관내 업체로부터 영치해 온 서류검토 업무에까지 나를 차출시켜 마무리하게 함으로써 조사과 내에서 마음껏 실력을 발휘하게 되었다. 여기에다 나 자신도 불평 없이 즐기는 기분으로 열심히 하니 더욱 시너지 효과가 있었던 것 같다.

그때 조사과장으로 계셨던 분이 다름 아닌 오혁주 과장(작고)이었다. 이분은 나중에 대전지방국세청장을 지내시고 퇴직 후 언론사에도 관여하신 국세청 유명 인사였다. 그때부터 그분과 나의 독특한 만남이 시작되어 오랫동안 묘한 인연으로 지속되었다. 그런 인연으로 서울중부세무서에서 과장으로 모시기도 했고, 5공 초기 국가보위비상대책위원회(일명 '국보위') 시절에는 함께 국보위에 파견되기도 했다.

먼 훗날 내가 명예퇴임한 후 세무사회장으로 있을 때 이분께서 위독하시다는 연락을 받고 신촌 세브란스병원 입원실에 문병을 가기도 했는데, 이틀 후 운명하셨다는 소식을 듣고 한동안 슬픈 마음을 금할 수가 없었다.

이분께서는 당시 동대문세무서 조사과장이면서 예비군 소대장직도 맡고 계셨는데, 워낙 군인정신이 투철해서인지 세무서 자체 예비군 훈련 시에도 직접 몽둥이를 들고 직원들을 마치 현역병 다루듯 한다는 소문이 나 있던 분이었다.

그러다 보니 소관 조사과 업무를 추진할 때도 당신의 마음에 들지 않으면 불호령이 났다. 반면 당신 마음에 들면 물불 안 가리고 뒤를 밀어 주시는 정말 성격이 단순한 분이셨다.

나보다 나이가 10세나 많은 분이어서 나는 그때 막내 동생 같은 마음으로 사심 없이 열심을 다해 보필해 드렸다. 그분도 웬만한 일들은 모두 나에게 지시하셨다. 그 덕분에 나는 2년 만에 사세서기보(지금의 9급)에서 사세서기(8급)로 진급의 영광을 맛보았다.

나에게만 진급의 혜택이 있었다면 인사특혜라는 시비가 있을 수 있겠으나 임용 동기생(1966년 개청 요원) 두 사람도 함께 진급했다. 그들은 나이도 나와 같았다. 당시만 하더라도 국세청이 개청된 지 얼마 되지 않아 가급적 말단 9급은 기본 승진소요 연수年數가 지나면 사기진작 차원에서 대부분 진급시켜 주었다.

어찌됐든 최말단 9급에서 8급으로 진급하고 나니 모든 업무에서 이제는 조수가 아니라 사수로서 독자적으로 업무를 담당하게 되었다. 이에 따라 나 자신도 굳은 책임감과 함께 차츰 공직자 신분과 분위기에 젖어들고 있었다.

이때가 나이 22세 때였다.

내 학벌은
대학교 중퇴

22세 청년이던 나는 2년간 세금쟁이 경력이 붙었는데도 아직은 완전한 공직자 신분이라기보다는 대학생으로서 하루하루를 즐기면서 살아가고 있었다.

정든 가족들과 떨어져 혼자서 하숙하면서 낮에는 일하고 밤에는 학교에 가서 강의를 듣는 이중생활을 반복했다. 그래도 늘 동경해 오던 삶이었기에 세무서와 학교를 오가는 고단한 삶에도 하루하루가 즐거웠다. 무엇보다도 나를 간섭하는 가족들이 없었으니 자유로웠다.

그런데 날이 갈수록 문제가 조금씩 나타나기 시작했다. 주경야독 생활이 그다지 어렵지는 않았지만 중간고사나 학기말고사를 비롯해서 이따금씩 제출해야 하는 리포트 과제들이 쏟아지면서 남들이 쉴 때 나는 하숙집에서만 보내야 하는 시간이 늘어났다.

1장. 애송이 세금쟁이 탄생

여기에다 일요일만 되면 서울에 이미 올라와 있는 친구들과 함께 명동에서 만나 흥청망청 어울렸다. 마치 그곳이 나의 아지트인 것 같은 기분으로.

그렇게 된 것은 그동안 대구에서 살면서 억눌려 있던 자존심이 일종의 과시욕으로 나타났기 때문이다. 또 그들과는 달리 직장에 다니다 보니 어느 정도 경제적으로 여유가 있었다. 이런 이유로 또래 친구들이 나를 찾는 일이 잦았다.

처음이 어렵지, 도둑질도 여러 번 반복하면 점점 무감각해지듯이 이런 생활에 길들여진 나는 그동안 잘 지켜 온 신앙생활도 제대로 하지 못했고, 무엇보다 군대에 갈 나이가 지났는데도 정당한 사유 없이 계속 입영을 연기하는 일에 대해서도 아무런 죄책감을 갖지 않게 되었다. 여기에는 세속적인 재미에 푹 빠진 나머지 군대에 끌려가기 싫다는 반발심도 작용했다.

그러나 지금 생각해 보니 내가 신봉하는 하나님께서는 이런 잠깐 동안의 세속적 유혹을 통해 나를 볼품없는 하찮은 사람으로 만들어버렸다.

지금 반추해 봐도 '그때 악착같이 주경야독에 힘써야 했었는데!' 하고 후회하지 않을 수 없다. 그토록 어렵게 공부해서 서울에 있는 명문대학에 편입했는데도 갑작스러운 3년간의 군 입대로 인해 학업의 끈을 꼭 붙잡지 못한 채 그만 대학교 중퇴라는 학력에 머무르고 말았다. 공부도 젊을 때 열심히 해야 하는데….

나는 지금까지 이를 두고두고 안타깝게 여긴다. 이제는 어찌할 수 없는 일이 되어 버렸지만 40년 가까이 공직생활을 하면서 가장 후회한 일이 바로 이 문제였다.

물론 3년간의 군복무를 마치고 복학하여 학업을 계속할 수 있었지만, 나 자신의 게으른 성격과 함께 일에 너무 재미를 붙이다 보니 자연히 공부와는 멀어졌다.

그럼에도 2010년 연말, 성균관대학교 김준영 총장으로부터 반가운 소식이 왔다. 내가 그동안 해온 진정성 있는 나눔과 섬김의 봉사활동이 성균관대학교의 명예를 더 높여 주었고 무엇보다 후배 재학생들에게 크게 귀감이 되었다면서 명예졸업장을 주겠다는 것이었다.

그 이듬해인 2011년 2월 학위수여식 때 나를 특별히 단상에 올려 세워 명예졸업장을 수여하는 행사장에서 나는 느꼈다. 사람이 살아가면서 표면적인 학벌이 중요한 것이 아니라 국가와 사회를 위해 어떤 일을 하는가가 더 소중하다는 것을. 그리고 어려운 이웃과 소외된 사람들을 위해서 더 열심히 일해야겠다는 것을.

나는 나름대로 변명 아닌 변명도 해보았다. 남들만큼의 번듯한 학벌이나 제대로 된 여건을 갖추었다면 아마도 나는 누구 못지않게 자만심이 매우 강했을 것이며, 무엇보다 나만의 독특한 아집과 고집으로 주위 사람들을 자주 아프게 했을 것이다. 나의 학벌 부족 자체가 하나의 아킬레스건腱이 되어 지금까지 다른 사람들을 격려해 주고 겸손해지려고 노력하는 데 큰 도움이 되지 않았나 자위해 본다.

2011년 2월 25일, 성균관대학교 학위수여식에서 받은 명예졸업장

풋내기 세금쟁이의
첫 번째 아픔과 실수

서울에 올라와서 두 번째 근무지인 중부세무서 개인세과로 옮긴 지 얼마 되지 아니한 1969년 여름으로 기억한다.

대구에 살고 있는 가족들로부터 참으로 안타깝고 슬픈 소식을 받았다. 나보다 5살 위로 우리 집 장남인 형이 친구들과 술을 마시다가 의식을 잃어 심장마비로 사망했다는 부음訃音이었다. 형은 당시 경북 안동시 교육청에 근무하는 공무원이었다.

며칠의 연가를 얻어 급히 대구로 내려갔다. 병원에 도착했을 때 형은 이미 싸늘한 주검이 되어 있었다.

형은 평소 술을 잘 못했는데, 술만 마시면 주사가 있어 우리 가족의 걱정꺼리 중 하나였다. 아마도 아버지로부터 물려받은 좋지 못한 버릇일까?

어린 시절 형과 함께 보낸 참으로 어려웠던 시절이 갑자기 떠

1장. 애송이 세금쟁이 탄생

올랐다. 6·25 전쟁 중 아버지가 인민군에 끌려가기 싫어서 몰래 밀항선을 타고 해방 전부터 살던 일본 오사카로 가시는 바람에 형과 함께 어머니를 따라 경남 의령에 있는 외갓집에서 더부살이를 하며 고생했던 일들, 함께 산에 가서 나무를 하던 일 따위가 주마등처럼 스쳐 갔다.

나는 소리도 내지 못하고 그 자리에서 얼어붙은 듯 선 채로 울고 또 울었다. 누구보다 갑작스런 사고로 장남을 잃은 어머니는 제정신이 아니었다. 형의 주검을 흔들며 일어나라고 고함을 질렀다.

얼마 전까지만 해도 서로의 안부를 묻던 형과 다시는 대화조차 나눌 수 없다는 현실에 하늘이 무너지는 듯한 상실감이 찾아왔다. 서른 살이 가까운 형에게는 이미 결혼을 약속한 여자가 있었고, 얼마 후면 약혼식을 치르게 되어 있었는데….

나는 형의 시신을 화장해서 유골을 대구 인근에 있는 금호강에 뿌렸다. 한 줌 가루가 되어 버린 형은 가볍게 부는 바람에도 쉽게 흩날렸다. 그렇게 바람에 날리고 강물과 함께 흘러가는 형을 보면서 "인간의 삶이란 이렇듯 허망한 것인가?"라고 소리쳐 보았다.

그러면서도 한편으로는 나의 삶도 되돌아보았다. 짧은 세월이었지만 세상의 온갖 유혹에 푹 빠져서 내 멋대로 세상을 살아가고 있구나 하는 생각이 들었다.

아울러 공직자로서 가져야 할 올바른 음주문화와 관련해서도, 그동안 나의 잘못된 행동과 아버지로부터 물려받은 잘못된 술버릇을 이제는 바꿔야겠다는 굳은 각오를 하게 되었다.

그때부터 나는 공직자로서 많은 술자리를 가졌지만 한 가지 원칙만은 꼭 지켜 왔다. 즐겁게 술 마시고 또 내가 마신 술로 인해 다른 사람들에게 절대로 피해를 주지 않겠다는 나 자신과의 약속이 바로 그 원칙이다.

결과적으로 당시 형의 안타까운 죽음을 통해 나의 음주습관에 큰 변화가 일어나 지금껏 감사하게 여긴다. 다시 한 번 다정했던 형이 그리워지며, 그 형이 못다 한 우리 집 장남 역할을 잘 감당하고자 지금까지 부단히 노력하고 있다.

◆◆◆◆◆◆◆◆◆◆◆◆

형의 장례를 마치고 서둘러 서울로 올라온 나는 한동안 멍한 상태였다. 장남을 잃은 대구 부모님을 생각하니 일이 손에 잡히지 않았다.

비통에 잠긴 부모님을 서울로 모시고 와서 신촌 부근에 전세방을 얻어 임시방편으로 살았다. 이후 대구 집을 헐값에 처분하고 서울 마포 신수동에 자그마한 단독주택을 구입하여 가족들과 함께 본격적인 서울생활을 하게 되었다.

1장. 애송이 세금쟁이 탄생

대구의 아픈 기억을 잊고 세금쟁이 일상으로 돌아온 나에게 또 하나의 사건이 기다리고 있었다. 직전 근무처인 동대문세무서 조사과에서 상사로 모셨던 오혁주 과장께서 결혼하자마자 중부세무서 개인세과장으로 자리를 옮겼는데, 우연히 나도 다른 선배 한 분과 함께 중부세무서 개인세과로 옮기게 되었다.

그때 총무처(지금의 행정안전부)에서 우리나라 공직사회에서는 처음으로 서울 용산구 동부이촌동에 공무원아파트를 분양했는데, 오 과장께서는 본인을 비롯해서 자기와 함께 중부세무서로 오게 된 나와 또 한 분의 선배 이름을 빌려 아파트 청약을 하였다. 경쟁률이 5 대 1이 넘었던 것으로 기억한다.

'은행알'로 추첨하는 원시적인 추첨현장에서 다행인지 불행인지 내가 당첨되었으며 곧바로 나의 명의로 분양계약을 체결하게 되었다. 그런데 입주 조건은 계약자가 반드시 살아야 한다는 것이었다. 실제 소유자인 오 과장께서는 당시 신혼생활을 하고 있어 내가 그 부부와 함께 살아갈 수 없었다. 그래서 할 수 없이 분양받은 아파트 내 방 3칸 중 한 칸에 쓰던 책들과 책상 그리고 간단한 의복 몇 벌만 갖추어 놓고 마치 내가 직접 사는 것처럼 위장했다.

그런데 주위의 제보인지는 몰라도 어느 날 총무처 연금국에서 호출이 왔다. 영문도 모른 채 불려간 나는 분양 받은 본인이 실제로 입주하지 않았다고 하여 "당신은 공직자로서 파면감이야!"라는 호통을 들었다. 물론 이름을 빌려 준 나뿐만 아니라 실제 소유자인 오 과장도 같은 처분을 받아야 한다는 것이었다. 이에 애송이 세금쟁이는 덜컥 겁이 났다.

다행히 당시 오 과장께서는 국세청에서 공보 업무를 담당한 경력이 있어 그때 가까이 알고 지내던 기자들을 통해 겨우 합의를 보게 되었다. 합의내용은 내가 반드시 살겠다는 약속이었다.

그리하여 나는 오 과장 부부와 함께 동거 아닌 동거를 하게 되었다. 당시 오 과장께서는 내 또래의 동생이 있어서인지 나를 막내 동생처럼 여기시겠다고 하였으나 10살이나 많은 직속상사와 하루 종일 동거하는 것이 마음이 편치 않았다. 심지어 출근도 같이 하게 되었다. 그러다 보니 내가 근무하는 중부세무서 개인세과에서는 나를 보고 '부剛과장'이라는 존칭으로 불러 주기까지 했을 정도였다.

당시 내가 맡은 업무는 충무로2가 일대(지금의 신세계백화점 부근)의 부동산 임대업자에 대한 세금 부과업무였다. 그때만 해도 빌딩에 대한 과세 현실화가 제대로 되어 있지 아니한 상태라, 세금을 다소 올려 부담시켜도 대부분이 재력가들이라서 그런지 이에 반발하거나 불만을 표시하는 납세자들이 없었다.

그런데도 고질적인 체납자 때문에 체납세 징수 실적이 다른 동료, 선배들에 비해 저조했다. 그 후 일이지만 그 성적이 빌미가 되어 서울 시내 세무서가 서울청과 중부청 둘로 쪼개질 때 나는 서울청 소속 용산세무서로 옮겨가게 되었다.

그때 애송이 세금쟁이는 또 하나의 교훈을 마음에 새겼다. 다른 사람이 부동산을 매입하는 데 이름을 빌려주어서는 안 된다는 것이었다. 또 내가 부동산을 살 때는 반드시 내 명의로 해야겠다고 결심했으며, 아울러 공직자로서 이 부분에 대해서 약점이 있으면 안 되겠다고 다짐했다. 하지만 그 후에도 이 결심을 제대로 지키지 못해 나는 역시 인정에 약함을 절감했다.

'서울특별시 용산구 동부이촌동 공무원아파트 23동 206호'

지금도 잊지 않고 있다. 난생 처음으로 등기부상 내 명의로 아파트를 취득하게 되었으니. 비록 그것이 나의 실제 소유가 아니라 하더라도….

"당신은 공직자로서 파면감이야!"

요즘도 가끔 그 목소리가 귓전을 울린다.

8개월 만에
좌천당하다

당시 명동 일대를 관할하는 중부세무서는 명동성당 부근인 지금의 남대문세무서 자리에 을지로세무서와 함께 위치해 있었다.

낭만이 깃든 명동 지역에서 일하다 보니 젊은 기분에 왠지 모르게 세상이 온통 나를 중심으로 돌아가는 것 같은 착각에 빠지기도 했다.

퇴근 후면 죽마고우들과 함께 명동길을 거닐고, 빈대떡 안주에 막걸리 잔을 기울이면서 목표로 한 주경야독의 생활을 멀리하고 젊음을 만끽하려고만 했다. 무엇보다 열심히 하던 신앙생활도 자연히 멀리하게 되자 정신적으로 점점 메말라 감을 느꼈으며 까닭 모를 불안감에 사로잡혔다. 지금 곰곰이 회고해 보면 내가 믿는 신께서 그때 나를 가만 두지 않으시고 간섭하신 것 같다.

1장. 애송이 세금쟁이 탄생

얼마 후에 일어난 일이지만 중부세무서로 간 지 8개월 만인 1970년 2월에 국세청 기구가 크게 바뀌었다. 이전까지는 서울 시내 세무서는 모두 서울지방국세청 관할이었지만 그 절반을 중부지방국세청 관할로 넘겼으며 반면 경기도와 인천시를 서울 청으로 편입시킨 것이다. 그런데 나는 전입된 지 불과 몇 개월밖에 되지 않아서 중부지방국세청 관할인 중부세무서에 계속 남아 있는 것으로 알았으나 체납세금 징수실적이 다른 직원들에 비해 저조하다는 이유로 인사이동 대상이 된다는 것이었다.

그래도 70% 이상을 넘겼기 때문에 '설마 내가 그 대상이 되랴?' 하고 안심했는데 "전 직원 중 끝에서 세 번째이니 지방청에 가서 잘 이야기해 놓는 것이 좋을 것 같다"는 선배님의 조언을 듣고 짬을 내어 지방청 체납세금 담당과장님을 소개받아 면담 신청을 했다.

그분은 당시 '체납세금 해결사'라 불릴 정도로 유명한 분이셨다. 대뜸 찾아가서 큰절을 올리고 걱정을 털어놓았다. 소개해 준 선배님이 잘 이야기해 두어서인지 터프한 외모와는 달리 빙그레 웃기만 하시던 그 과장님께서는 부드러운 목소리로 나를 안심시켰다.

"자네 성적은 다른 세무서에서는 우수자에 해당하네. 시골로 안 가게 될 테니 걱정하지 말게나. 다만, 서울 시내 다른 세무서 로는 가야 할 거야."

시골로 안 가게 되었다는 덕담에 무조건 감사하다는 인사를 하고 자리를 떠나면서 마음 한편엔 안타까움이 엄습했다. 얼마 안 있으면 낭만과 젊음이 넘치는 이 명동 땅을 떠나야 한다니….

오랜 세월이 지난 후 내가 한국세무사회장에 출마했을 때 그 과장님께서 명퇴하시고 세무사로 활동하셔서 찾아뵈었다. 그분은 부드럽게 농을 건네시며 나를 격려했다.

"옛날에 자네를 잘 배려해 주었으니 세무사회장에 당선되면 나를 잊지 마시게!"

나도 머리 숙여 감사 인사를 올렸다.

"최 선배님! 오래오래 건강하게 사세요!"

＊＊＊＞○○○＜＊＊＊

1970년 2월, 드디어 용산구 후암동에 있는 용산세무서 개인세과로 발령 받았다. 8개월의 짧은 중부세무서 재직 중에 형의 죽음으로 부모님을 서울에서 모시게 되었으며, 죽마고우들과 함께 명동에서 나름대로 젊음을 즐기기도 하고 또 한편으로는 희한한 인연으로 맺어진 오 과장님과 동거 아닌 동거를 하면서 조금씩 사회물정을 익혀 가게 되었다.

그때 나는 혼자서 중얼거렸다.

"아! 지금 내가 체험하는 일들이 예삿일이 아니구나! 누군가의 큰 힘에 의해 메마른 이 광야에서 단련을 받아 가는 23세의 말단 세금쟁이구나!"

내가 누리는 젊음의 순간들은 이 잠깐의 시간으로 충분하다는 그분의 뜻에 따라 살아야겠다고 느꼈다.

그러면서도 한편으로는 불안감을 감출 수 없었다. 세 번째 근무지인 용산세무서에서는 또 어떤 사건과 연단이 나를 기다리고 있을까?

애송이 세금쟁이
군대 가다

용산세무서 개인세과로 자리를 옮긴 내가 맡은 담당구역은 숙명여대 입구인 청파동 일대였다. 여자대학 앞이라 그런지 자그마한 양장점을 비롯한 의류점, 액세서리 판매가게 등이 즐비했다. 이들 대부분은 영세한 사업자들이었다.

당시는 지금의 부가가치세가 아닌 '영업세 과세체계'여서 납세자 대다수가 장부나 세금계산서 또는 영수증과 같은 증빙자료를 갖추지 않았다. 업황業況과 시설 규모, 투자금(자본금)의 금리 등을 감안하여 세금을 매기는 인정과세(추계과세)가 대부분이었다. 따라서 여기에는 담당 세무공무원의 업종별 업황을 파악하는 합리적 기술이 필요했다.

나도 3년여간 조금씩 쌓은 세무실무 실력을 발휘할 만큼 자리를 잡아갈 즈음에 앞으로의 진로에 큰 획을 긋는 대형사건에 직면했다.

그동안 마음속에는 늘 켕기는 고민거리가 하나 있었는데, 다름 아닌 병역문제였다. 이 문제만 해결되면 마음껏 실력을 발휘해서 남들처럼 번듯한 자리까지 올라갈 수 있을 것 같다고 믿었다.

그러던 어느 날 대구지방병무청에서 그동안 나의 병역문제를 돌봐 주던 담당공무원이 야간열차를 타고 상경해서 직접 찾아왔다. 그분은 나를 만나자마자 지난 3년간 입대入隊를 연기해 준 것이 자칫 비리 혐의로 오인될 소지가 있으니 당장 입대해야 한다면서 소집영장을 내미는 것이었다. 그분의 이야기는 계속되었다.

2년 전인 1968년 1월 21일 김신조를 비롯한 북한 무장공비 일당이 청와대 부근까지 침투했다가 우리 군에 발각되어 모두 죽고 김신조만 생포되는 엄청난 사건이 벌어진 직후여서 박정희 대통령께서 병무문제와 관련한 모든 부조리를 척결하라는 엄명을 내리셨다고 한다. 그래서 그동안 이런저런 핑계로 군대에 가지 않은 해외 유학생들을 비롯한 모든 병역 기피자에 대한 대대적인 강제입대 조치가 내려져 내 경우도 어쩔 수 없다는 것이었다.

그 말을 들은 나는 가슴이 철렁 내려앉았다. 세상 재미에 푹 빠져 살아온 지난 3년여 생활이 이렇게 막을 내리다니…. 차라리 이럴 바에는 1966년 6월, 공직자로 임용되자마자 휴직계를 내고 곧바로 입대해 버릴 걸…. 이런저런 후회도 해보았지만 당시로서는 아무런 소용이 없었다.

나의 손에 쥐어진 소집영장을 보니 1970년 4월 20일까지 대구시 북구 칠성동에 있는 공설운동장으로 집결하라는 내용이었다.

그분과 헤어진 나는 곧바로 소속된 개인세과장과 계장에게 말씀드리고 내가 맡고 있던 모든 업무를 후임자에게 인계한 후 바로 집으로 돌아가 부모님께 인사를 드렸다.

부모님인들 나라의 부름을 어찌 막을 수 있겠는가. 당장 나만을 의지해서 살아가는 두 분과 여동생들의 생계문제가 마음에 걸렸다.

그 다음 날 대구에 있는 집결지로 향했고, 곧바로 논산훈련소로 가는 야간기차를 탔다.

그 후 나는 3년에서 한 달 모자라는 35개월간의 군대생활을 무사히 마치고 1973년 3월 15일 다시 용산세무서로 복직했다. 만약 3년간 입대를 늦추지 않고 적당한 나이에 입대했더라면 30개월 정도만 복무하면 됐을 텐데 3년간의 입대연기로 5개월 정도 복무를 더 하게 된 셈이었다.

어쨌든 그 기나긴 3년 동안 나는 세금쟁이가 아닌 육군 '쫄병' 으로서 엄청난 삶의 시련을 겪으며 더욱더 단련되어 갔다.

논산 훈련소로 가면서 만감이 교차했으나 이제는 모든 것을 내려놓고 주어진 현실에 충실하자고 몇 번이나 마음속으로 다짐했다. 다행히 국세청 근무경력 덕분에 훈련소로부터 행정병과(70) 주특기를 부여받아 6주간의 전반기 기본교육을 마치면 서울 인근에 있는 부대로 배치될 것이라는 일말의 희망을 가졌다.

그러나 당시 군 기강이 매우 엄격하게 변하면서 주어진 주특기에 관계없이 갑자기 공병병과(115)로 바뀌었고, 김해공병학교에서 8주간 후반기 교육까지 받게 되었다. 다행히 교육 성적이 좋아서 경기도 안양시 외곽에 있는 건설공병단으로 배속 받게 되었다.

그러나 자유로운 분위기에서 사회생활을 하다가 3년 정도 늦게 입대한 터라 서너 살 어린 선임병들에게 꼬박꼬박 존대를 해야 했고, 고참병들의 잦은 폭언에 시달렸으며, 깊은 밤에 집합해서 기합을 받고 보초까지 서야 하는 등 심신이 몹시 힘들었다.

그렇지만 입대하기 전에 사회선배들로부터 군대가 그런 곳이라고 많은 가르침을 받아서인지 3년간 '죽었다' 생각하고 선임들이 시키는 대로 열심히 복무했다. 어느 정도 시간이 지나면서부터 후임병도 하나둘 들어오고 군대생활도 어느덧 자리를 잡아 갔다.

1973년, 군복무 시절(오른쪽 두 번째가 저자)

그러나 가끔 외출을 나가 서울 마포에 있는 집에 가보면 마음이 아팠다. 아버지께서는 대구에 계실 때는 직조공장 기사 특기가 있어 일자리는 늘 있었으나 서울로 오시고부터는 직장을 구할 수가 없었다. 무엇보다 대구 집을 처분하고 남아 있던 약간의 현금도 청계천에서 기계 브로커를 하는 어떤 사기꾼에게 걸려 그만 몽땅 날려 버리고 말았다.

아버지는 그 충격으로 시간만 나면 술타령이었으며, 만만한 어머니를 괴롭히고 어떤 때는 폭행도 하게 되었다. 그 충격으로 얼마 후 어머님이 그만 중풍으로 쓰러지고 말았다.

하루 빨리 군대를 빠져나와야겠다는 마음으로 이곳저곳을 알

1장. 애송이 세금쟁이 탄생

아보니 '의병依病제대'의 길이 있다는 것을 알았다. 나는 고등학교 때 물놀이를 하다가 귀를 잘못 건드려 그때부터 중이염을 앓게 되었다. 궁리 끝에 복무하던 부대 내 의무대로 가서 '중이염'을 앓고 있으니 후송조치를 해줄 수 없겠냐고 물었더니 별 무리 없이 후송조치를 해주었다.

그래서 나는 서울 종로구 삼청동에 있는 국군수도통합병원에 입원하게 되었다. 한 친척 분이 평소 알고 지내던 군의관을 찾아가 내가 겪던 중이염과 어려운 가정 사정을 이야기해 놓은 것 같았다. 약 3개월간 입원하면서도 병실에서 누워 있을 수는 없고 해서 병원 서무병 업무를 도와주었다.

그러던 어느 날 담당 군의관의 이야기가 중이염으로 의병제대를 하려면 큰 수술을 받은 후 후송조치를 해야 한다는 것이었다. 그 말을 듣고 며칠간 곰곰이 생각해 보았다. 지금껏 1년 이상이나 군복무를 했는데 중이염 수술도 받아야 하고, 또 지방 병원으로 후송해서 거기서 까다로운 절차를 거쳐 의병제대를 해야 한다니. 차라리 그럴 바에는 고생을 좀더 하더라도 2년 더 복무하고 만기제대해야겠다고 판단했다. 또 중이염은 수술하지 않고 치료를 받아 보는 것이 좋겠다는 생각도 들었다. 무엇보다 아무리 어려운 가정환경이라도 좀더 참고 견뎌 보자고 다짐하니 한결 마음이 놓였다. 또 그동안의 나의 잘못된 생각과 행동이 한없이 부끄럽기도 했다.

그래서 약 100일 가까이의 통합병원 생활을 끝내고 다시 안양에 있는 건설공병단으로 원대 복귀했다. 입원 전까지 근무하던 본부 경리과에 가서 계속 근무하려고 하니 이미 나 대신 다른 후임병이 복무를 하고 있었다. 그래서 할 수 없이 유격훈련을 전담하는 예하부대 교육담당자로 배속 받았다. 결국 그 유격부대에서 2년간 더 복무하고 만기제대하게 되었다.

나는 지금도 그때 일을 떠올린다. 중이염 수술을 받고 의병제대했더라면 오늘까지 떳떳이 살아갈 수 있었을까? 나는 다행히 아직까지 큰 수술 한 번 없이 비교적 건강하게 살아가고 있다. 비록 아직도 중이염을 앓고 있어 청각에는 약간의 장애가 있지만 그래도 비교적 건강하게 살아가고 있음에 감사한다.

육군 졸병의
세금알바 생활

나는 35개월의 군복무 기간 중 17개월이나 병장 계급장을 달고 지냈다. 다른 병사에 비해 병장 생활을 오래 한 것이다. 그 이유는 내가 잘나서가 아니라 당시 김신조 무장공비 사건 이후 군 당국에서 사병들의 군복무 기간을 무려 5개월 정도 늘렸기 때문이다. 이 때문에 어떤 선임병은 갑자기 특명이 몇 달간 보류되어 일정한 보직도 없이 내무반에서 빈둥빈둥 놀았다. 그러다 보니 자연히 외출, 외박 아니면 휴가 명분으로 밖으로 나가는 경우가 자주 있었는데, 그때마다 주로 가는 곳이 서울을 비롯한 수도권 지역이었다. 고참 병장들은 주말이면 대부분 집이 있는 서울로 향했다. 나의 경우에도 예외는 아니었다.

그때 나는 가정형편이 몹시 어려웠다. 중풍으로 누워 계시는 어머니와 어머니를 수발하며 어렵게 고등학교에 다니는 막내 여동생, 또 종합병원에서 간호사로 근무하던 바로 밑의 여동생과 일정한 직업이 없었던 아버지와 함께 마포구 창전동에 있는 영세아파트에서 빈곤하게 살아가고 있었다. 돈이 없어 예전에 살던 대구 집을 처분하고 매입한 신수동 단독주택을 또다시 처분하여 신촌 창전동에 허름한 15평짜리 창전시민아파트를 마련한 것이었다. 아마도 내 생애에서 그때가 가장 곤궁한 시기가 아니었나 싶다.

그래서인지 외출이나 외박을 나갈 때에는 거의 대부분 집에 와서 내가 감당해야 할 일들을 많이 했다. 생계문제를 해결하는 것이 급선무였다. 그러나 어찌 할 방도가 없었다. 이런 나의 절박한 사정을 아시는 과거 직장 선배님들께서 자기들이 근무하는 세무서에 나와서 업무를 거들어 주는 아르바이트를 해보는 것이 어떻겠느냐고 제안했다. 가뭄 끝에 단비 같은 손길이었다. 그래서 틈날 때마다 그분들의 사소한 업무처리를 도와드리곤 하였다.

당시 국세청 선배님들은 낮에는 현장 확인업무와 밀린 세금을 받는 업무 등 외부 근무를 종일토록 하고, 밤에는 세무서 내에서 장부정리나 통계표 작성, 아니면 민원서류 처리에 매달렸다. 산더미처럼 쌓인 업무 때문에 정말 눈코 뜰 새가 없을 정도였다. 그래서 여러 선배님들은 미결 업무를 집으로 가져가는 경우도 많았다.

1장. 애송이 세금쟁이 탄생

그분들 중에 지금도 잊을 수 없는 선배 한 분이 계셨다. 상경 후 첫 근무지인 동대문세무서에서 함께 근무하며 알게 된, 나보다 7~8세 많은 분이었다. 그 선배님께서는 나의 곤궁한 가정형편을 잘 아시고 퍽이나 마음 아파 하셨다. 그러면서 자기 업무를 좀 도와주었으면 좋겠다 하셔서 틈만 나면 통계표 작성이나 영업세 대장 작성 등 비교적 간단한 업무를 도와드렸다. 그랬더니 수고했다면서 그 대가로 약간의 용돈을 주시곤 하셔서 그 돈을 참으로 요긴하게 사용했다. 휴가 때에는 휴가 기간 내내 열심히 그분을 도와드리고 받은 돈으로 어머니의 병원 치료비와 생활비에 보태 썼다. 얼마나 고마웠던지….

또 3년 동안이나 세무 일을 손 놓게 되면 복직했을 때 낙오되는 것이 아닌가 하고 걱정도 했는데 틈틈이 일을 도와드리면서 세무 행정의 흐름을 잊지 않아 한편으로 매우 다행스럽게 생각했다. 그때부터 그 선배님께서는 내가 제대한 후 용산세무서로 복직할 때까지 줄곧 불러 아르바이트 일거리를 주시고, 또 격려를 해주셨다.

아마도 내가 지금과 같이 나름대로 나눔과 섬김의 사역을 기쁘게 하는 것도 그때 그 선배님에 대한 고마움이 가슴에 쌓여서가 아닐까. 지금 어디서 무얼 하고 계시는지 뵙고 싶다. 선배님의 자상하신 그 얼굴을…. 당장이라도 달려가서 큰절을 하고 "그 어려울 때 도움을 주셔서 지금의 제가 있습니다!"라고 외치

1973년 2월, 제대를 앞두고 중대본부 사무실에서
(오른쪽 두 번째 통화하는 병사가 저자)

면서 그분의 가슴에 안기고 싶은 심정이다.

진심으로 존경합니다. 유일상 선배님!

또 이 지면을 빌려 그때 그 찢어지는 가난 속에서도 부모님의 딸로서, 내 여동생으로서 역할을 잘 감당해 준 두 여동생들에게 오라비로서 진심으로 고마움을 표한다. 그 여동생들은 지금 미국에서 안온한 삶을 누리며 살고 있다.

1장. 애송이 세금쟁이 탄생

내 생애 가장 큰 아픔,
어머니를 여의다

그러던 어느 날 부대 내 인사계 선임하사와 함께 서울 시내로 외출을 하게 되었다. 그분의 아들 문제로 상의를 하자는 것이었다. 부대 내에서 해도 되는데 기어코 서울 시내에 나가서 막걸리라도 한잔 하면서 진솔하게 이야기해 보고픈 심정이었던 것 같았다. 그분께서는 평소에도 연령으로 보나 사회 경력으로 보나 부대 내 다른 병사들보다는 나에게 좀더 믿음이 가는지 개인적으로 자주 대화하는 편이었다.

동대문세무서에서 근무할 때 자주 가던 신설동 부근의 허름한 선술집에 가서 저녁식사 겸 한잔을 하면서 그분 아들의 장래에 대해 함께 고민했다. 고교생 아들 때문에 마음고생이 많다고 했다. 그분은 배운 것도 없고 오랜 세월 군대에만 있었기에 사회 물정을 잘 모른다고 고백했다. 그러나 나 또한 국세청에서 하급 직원으로 4년간 근무한 경력밖에 없어 조언해 줄 처지가 아닌데…. 막내 삼촌 같기고 하고 큰형님 같기도 한 순박한 성품을 지닌 그 선임하사와 단둘이 막걸리 잔을 기울이면서 깊은 속내를 털어놓다 보니 술에 취해 그만 그 자리에서 함께 쓰러져 버렸다. 그날 밤 나는 꿈자리가 몹시 뒤숭숭하여 새벽녘에 깼다. 뭔가 갑자기 불안한 마음이 들었다. 그 길로 마포 창전동에 있는 아파트 집으로 달려갔다.

아니나 다를까 큰일이 벌어졌다. 중풍으로 1년여간 고생하시던 어머니가 그만 숨진 것이었다. 정신 차릴 겨를도 없고 그저 멍하고 아무것도 생각나지 않았다. 겨우 정신을 차리고 어머니의 싸늘한 시신을 만져 보고 나서야 '아! 어머니가 우리 곁을 떠났구나!' 하고 깨달았다. 가족들의 말에 의하면 어머니께서는 지난밤에 아들이 올 거라며 따뜻한 쌀밥 한 그릇을 아랫목에 묻어 놓고 손꼽아 오기만을 기다렸다고 한다. 새벽녘까지도 아들이 들어오지 않자, 어머니가 그 밥을 잡수시고 그만 조용히 누워 주무시면서 숨을 거두셨다고 한다.

오로지 아들만을 생각하시면서 밤이나 낮이나 집으로 돌아오기만을 기다리셨던 그 애틋한 어머니….

군대에서 휴가 나올 때면 그토록 고기가 먹고 싶다고 애걸하시던 어머니….

오래전인 6·25 전쟁 통에 아버지가 일본으로 가시는 바람에 어쩔 수 없이 어린 우리 4남매를 당신의 친정집으로 직접 데리고 가셨던 어머니….

먹을 것이 없었던 전쟁 난리 통에 막내아들(1949년생)을 영양실조로 잃어버린 어머니….

또 1969년 여름에는 심장마비로 숨진 장남을 먼저 하늘나라로 보낸 어머니….

아버지가 술만 드시면 당신을 괴롭히고, 욕하고, 때리실 때도 당하고만 계셨던 어머니….

대구 집을 처분한 알토란같은 귀한 돈을 사기꾼에게 날려 버린 남편과 다투다 그 충격으로 중풍에 걸려 몸저누운 어머니….

병 수발 한 번 제대로 해드릴 수 없는 현역병인 아들을 당신의 목숨처럼 귀하게 여기셨던 어머니….

무엇보다 이 세상에 태어나셔서 학교 문턱에도 못 가보셨던 일자무식인 불쌍한 나의 어머니….

이렇듯 한평생 서럽고 한스럽게 살아오셨던 그 어머니가 그만 52세의 젊은 나이에 우리의 곁을 떠나셨다니…. 무엇보다 그 어머니의 마지막 배웅도 제대로 해드리지 못한 이 불효자식은 지금도 두고두고 후회하고 한스럽게 생각한다.

그래서 나는 한 많은 어머니의 이름 '강성이姜成伊'의 가운데 성成자와 10여 년 후인 1984년 말에 돌아가신 아버지의 이름 '조석규趙石奎'의 가운데 석石자를 따서 석성石成장학회를 만들었다. 이를 통해 두 분의 애틋한 사연을 널리 알려 드려야겠다고 굳게 맹세했다. 그리고 지금까지 20여 년 동안 그 석성장학회를 내 목숨처럼 아끼고 있다.

그때가 나에게는 생애 중 가장 어렵고 외로운 시간이었다. 이런 경우도 있었다. 군대에서 보초근무를 하면서 하도 마음이 괴로워 몰래 부대 밖으로 빠져나가 술을 마시다가 상급자에게 적발됐다. 그 사건으로 나는 서울 영등포에 있는 6관구 헌병대 영창에서 일주일간 근신(영창생활)했다. 그 사건을 지금도 잊을 수 없다.

청년 세금쟁이로 출발

애송이 세금쟁이
허물 벗다

　　1973년 3월 15일, 나는 서울 수색에 있는 예비사단을 거쳐 35개월간의 군복무를 마치고 바로 용산세무서로 복직하게 되었다. 실로 만감이 교차했다. 3년간의 혹독한 시련을 견디고 무사히 제대했으니.

　다른 병사들보다 3~4년 늦은 나이에다 어려운 가정형편, 그 와중에 어머니의 죽음을 맞는 등 개인적으로 정말 참고 견디기 어려운 환경이었음에도 무사히 기나긴 고통의 터널을 빠져나왔다고 생각하니 한편으로는 나 자신이 대견스럽기도 했다. 또 다른 한편으로는 내가 믿는 하나님께서 전적으로 간섭해 주셨기에 이 모든 일이 가능했다고 믿으니 더욱 감사하고픈 마음이었다. 또 그 곤경 가운데서도 유일상 선배님과 같은 은인들이 일거리와 생활비를 주시고 덕분에 세무업무 공백도 크지 않았으니 참으로 다행스러웠다.

복귀 후 내가 배치 받은 곳은 조사과 조사계였는데, 군대 가기 전부터 갈고 닦았던 업무라서 생소하게 느껴지지 않았다. 이제 나는 공직자로서는 비록 8급이지만 입사 7년차로서 과거의 애송이 세금쟁이가 아닌 어엿한 청년 세금쟁이로 거듭난 것이다. 또 개인적으로는 앞으로 그 어떤 어려운 시련이 닥쳐와도 홀로 해결할 수 있을 것 같다는 자신감도 생겼다.

지금 생각해 보니 나는 그때 각오를 단단히 했던 것 같다. 그동안 나를 늘 괴롭혀 온 병역문제와 같은 큰 장애요인도 말끔히 해결되었으니 이제부터는 오로지 일로써 승부를 걸어야겠다고 각오를 다졌다.

'비록 지금은 빽이나 재력, 학벌도 없는 말단 신세지만 언젠가는 나도 남들이 바라보는 자리로 올라가리라! 그러기 위해서 내 인생은 내가 스스로 개척해야 한다! 그 길은 오로지 나만의 독특한 업무 추진력으로 달려야 한다!'

그때부터 윗분을 대하는 태도가 달라졌다. 이 글을 쓰는 지금까지도 그렇지만 "그 일은 안 됩니다", "문제가 있습니다", "못 합니다" 등의 부정적인 말은 거의 쓰지 않았다. 기관장이나 상급자 분들께서 시키는 일에 대해서는 "최선을 다해 보겠습니다"라고 말씀드리고 또 실제로도 최선을 다하는 모습을 보여드리려고 무던히 애를 썼다.

당시에는 직장마다 예비군 조직이 강화되어 있었고 국방부 등 군부대로부터 직장예비군 검열도 자주 있었다. 그때마다 나는 '따끈따끈한' 예비군 분대장으로서의 역할을 잘 해주어 세무서장의 칭찬을 들었고, 몇 년 후 국세청 본청으로 발령 받은 후에는 국세청 고위간부님들로부터 칭송을 많이 받았다. 내가 칭찬 받고 표창 받은 것은 제대한 지 얼마 되지 않은 이유도 있지만, 조직을 위해 남들보다 더 열심히 훈련에 임했기 때문이다.

나는 가끔 거쳐 온 전숲인생길을 100미터 달리기 경주에 비유해 보곤 했는데, 3년간의 군복무를 마치고 복직하는 시점을 달리기의 출발선으로 생각했다. 그 이전까지의 6년은 경주자로서 갖추어야 할 지식과 덕목을 쌓는 단계, 특히 군대 3년은 정신적으로 완전히 무장하는 세팅setting 단계라고 여겼다.

'지금부터 100미터를 본격적으로 달리면서 남들보다 앞서 나가기 위해서는 혼신의 힘을 다해서 뜀박질해야 한다! 그리고 옆에 달리는 다른 경기자와 비교하지 말자. 남이야 어떻게 달리든 내가 꿈꾸는 그 골인 지점을 향해 나는 나대로의 포부와 희망을 품고 뛰어야 한다!'

이런 각오를 굳게 다지면서 매일 아침 용산구 후암동에 있는 용산세무서로 향하는 나의 발걸음에는 웬지 모를 힘이 솟구쳐 올라왔다. 또한 그동안 말 못할 고생과 역경을 견뎌 낸 외로운 아버지, 그리고 두 여동생에게도 희망을 보여 주리라!

좌판장사 아버지와
막걸리 한잔

　　3년간의 군복무를 마치고 제대할 즈음에 나에게는 마음에 걸리는 과제 하나가 있었다. 15평 규모의 방 2칸짜리 영세아파트 지하실에서는 더 이상 살 수 없을 것 같았다. 낮에도 햇빛이 거의 들어오지 않는 컴컴한 곳에서 아버지, 다 큰 두 여동생과 함께 살기가 어려웠다.

　　또 그 즈음에 아버지께서는 남가좌동에 있는 모래내시장에서 1평짜리 좌판을 하나 구입해서 양말을 비롯한 간단한 생활용품을 팔고 있었다. 좌판에 있는 물건을 몽땅 팔아도 10만 원도 채 되지 않았지만 아내를 잃은 슬픔을 달래기 위해서인지 매일 그렇게 소일꺼리 삼아 장사를 하고 계셨다. 그래서 가족들과 상의 끝에 모래내시장 부근에 있는 단독주택에서 전세로 살기로 했다.

　　이때 나는 '가난'의 의미를 되새겨 보았다. 흔히 말하기를 세무공무원이라면 잘 먹고 잘산다는데…. 그래서 어느 날 퇴근 후 저녁식사 자리에서 아버지에게 막걸리 한 잔을 올리면서 그동안 마음에 담아 둔 이야기를 털어놓았다.

"이 세상에는 아버지와 저밖에 없네요. 어쨌든 건강하시고 무엇이든지 하고 싶으신 것 있으시면 언제든지 말씀하세요. 그리고 우리가 가난하고 힘없다고 다른 사람들 앞에서 절대 비굴하게 살지 마세요. 제가 비록 말단 세무공무원이지만 앞으로 열심히 노력해서 반드시 성공할 겁니다. 그때까지 살아 계셔야 합니다. 또 두 여동생도 그동안 고생 많이 했으니 이제부터 제가 뒷바라지 잘 하겠습니다."

그때 아버지께서 눈물을 흘리셨다. 모처럼 보는 아버지의 참모습이었다. 다행히 출가한 누나가 단칸방 신세지만 가까운 신촌로터리에서 노점상을 하는 남편과 함께 살고 있었고, 가끔은 어린 외손주들의 재롱도 볼 수 있어 그런 대로 행복하다고 하셨다. 그러시면서 아버지는 눈을 부릅뜨고 힘주어 말씀하셨다.

"이 세상에서 가장 무서운 것이 가난이다. 그러니 너는 악착같이 일해서 부자가 되어 남에게 돈을 꾸는 자가 되지 말고 꾸어 주는 사람이 되거라!"

그때부터 나는 그 뜻을 마음속 석판石板에 굳게 새겨 두었다. 말단 세금쟁이지만 나보다 더 어려운 사람을 생각하자. 또 내가 믿는 하나님께 기도했다. 날마다 하루에 한 사람이라도 좋으니 나보다 더 어렵고 가난한 사람을 보여 달라고.

다행히 이른 시일 안에 아파트가 팔렸고 그 돈으로 남가좌동으로 이사를 하게 되었다. 우리 가족은 날아갈 듯이 기뻤다. 무엇보다 두 여동생들의 기분이 달라졌다. 오빠가 제대하고 한집에서 살게 되니 얼마나 마음이 든든한지 모르겠다고 했다. 아버지의 대화 상대가 되어 주어서 좋다고도 했다. 또 아버지께서는 낮에는 인근 모래내시장에서 좌판장사를 하시면서 소일꺼리가 있어 좋다고 하셨다. 하지만 가끔은 술 한잔 하시고 우시기도 하셨다. 살아 계실 때 그토록 구박했던 조강지처가 생각나신 모양이었다.

그래서 여동생들과 상의 끝에 아버지의 기분전환을 위해 다시 집을 옮기기로 했다. 이참에 공기 좋은 수유리 쪽으로 가기로 했다. 수소문 끝에 10여 평의 하천부지를 깔고 있는 자그마한 단독주택을 발견했는데, 집값이 100만 원도 채 되지 않아 남가좌동 전셋돈에 약간의 은행대출을 받으면 구입할 수 있을 것 같았다.

다만 한 가지, 용산세무서까지 출·퇴근이 걱정이었다. 그럼에도 불구하고 주말이면 도봉산으로 등산도 할 수 있고, 무엇보다 아버지께서 좋아하시므로 서둘러 이사했다. 물론 모래내시장에서 하셨던 아버지의 좌판장사도 그만두시게 하였다.

제대 후 불과 몇 개월 만에 침울했던 우리 집에도 밝은 햇빛이 비쳤다. 그렇게 가정이 어느 정도 안정이 되다 보니 세무서에서 하는 일도 더 잘 풀렸고 오로지 일에만 몰입할 수 있었다. 무엇보다 납세자를 대하는 태도가 달라져 가고 있었다.

세무서 옆
친구 가게는
세금쟁이 아지트?

나는 복직 후 1년 만에 용산세무서 개인세과에서 광화문세무서 개인세과로 자리를 옮겼다. 내 마음으로는 법인세과로 배치 받아 세법 전반에 대한 체계적인 실무를 익히고 싶었는데, 업무가 비교적 단순한 개인세과로 가게 되니 혹시 이러다가 '개인 세금통通'으로 빠지는 것이 아닌가 하는 우려가 들었다. 그래도 다행이라 여겼다.

지금도 그렇지만 당시 일선 세무서 조직은 크게 세금을 매기는 부과과와 지원업무를 맡은 비非 부과과로 나뉘었는데, 직원들 대부분은 부과과 중에서도 법인세 분야를 가장 선호하였다. 그 다음이 개인세과, 조사과 순이었다. 그래서 기피부서로 알려진 총무과 근무만 아니어도 감사해야 했다. 원래 세무서란 세금을 법대로 부과하여 무리 없이 잘 거두어들이는 일선 집행관청이다. 그리고 유능한 세금쟁이란 세금을 잘 책정하여 무리 없이 잘 거두어들이는 공직자를 말하는 것으로, 지금이나 그때나 조직 원리는 마찬가지일 것이다.

또한 다른 부서 직원들도 마찬가지이지만 특히 부과과 직원들은 부지런하고 몸이 건강해야 했다. 그러려면 충분한 휴식도 필요한데 실상은 그러기가 몹시 어려웠다. 가끔은 휴식을 취할 시간과 장소가 있어야 했으나 실제로 사업장에 나가서 납세자와 씨름을 하다 보면 정말 스트레스도 받고 피곤할 때가 많았다.

당시 나는 광화문세무서 개인세과에서의 2년 근무 중 1년간은 개인소득세 업무를, 나머지 1년간은 개인영업세 업무를 맡았다. 직급이 낮아서인지 세원稅源은 적은 데 반해 지역은 넓은 곳을 맡게 되었다. 또 직접 걸어 다니다 보니 힘도 많이 들었다. 밀린 세금 독촉도 해야 하고, 직접 받은 체납세금을 바로 은행에 가서 입금도 해야 하는 등 하루하루가 매우 고달팠다.

다행히 중학교 다닐 때 가까이 지내던 한 친구가 우리 세무서 옆에서 주류 도매상을 하고 있었다. 사업장에는 자그마한 방도 하나 있고 사무실, 그리고 주류를 쌓아 놓는 창고도 있었다. 가끔 짬을 내어 그 친구 사무실에 가서 눈을 붙이기도 했다. 그렇게 하루 이틀 그곳을 이용하다 보니 개인세과에서 함께 근무하는 선배들도 하나둘 그곳에서 합류하게 되었다. 그러다 보니 자연히 친구 사업장이 우리들의 '아지트'가 되어 버렸다.

이곳에서 휴식도 취하고 잡무도 보게 되니 그 친구에게는 미안하지만 우리 동료 선배들에게는 여러 가지로 편리한 점이 많았다. 어떤 때는 친구 사업장에 있는 전화로 세금을 못 낸 사업자에게 전화 독촉도 하고, 무엇보다 세무서 사무실에서 전화가 오면 신속하게 세무서로 들어갈 수 있는 위치에 있어 여러모로 편리했다.

그 아지트를 이용하는 선배들이 몇 명으로 늘어나자 그 친구에게 퍽이나 미안했다. 그런데도 그 친구의 얼굴 표정에는 불평하는 모습이 전혀 어른거리지 않았다. 오히려 선배들을 나보다 더 잘 대해 주었다. 그런 일이 자주 있다 보니 아예 그 친구는 나보다 선배들과 더 친하게 지내고 있었다. 나중에 알았지만 가끔은 친구가 그들과 함께 화투놀이도 하게 되었다. 물론 도박 수준은 아니고 저녁 값 내기 정도였지만.

그래도 나는 다소 불안했다. 혹시나 불미스러운 일이 생기지 않을까 하고 걱정도 했다. 원래 세금쟁이는 공직자 신분으로 자기관리를 잘해야 하고 무엇보다 납세자들의 원성을 듣지 말아야 하는데….

그러나 어쩔 수 없었다. 사생활이 없는 세금쟁이의 현실을 실감하면서 나 또한 자연히 그런 흐름에 차츰 동화되어 갔다. 어쨌든 2년간의 광화문세무서 개인세과에서의 고된 생활에서 나는 그 친구의 큰 도움으로 다른 동료 선배들에 비해 비교적 빨리 일처리를 하게 되었다. 또 효율적으로 시간관리도 할 수 있었다. 그 후 그 친구는 인근 서린동에서 자신의 누나와 매형이 직접 개척한 우리나라 낙지집의 원조 유정낙지식당을 인수하여 사업을 크게 번창시켰으며, 지금도 여전히 수도권 일대에서 음식사업을 잘하고 있다.

지금은 가끔 전화로 안부를 묻는 사이지만 그때 그 이야기를 할 때면 그만 깔깔거리고 웃으며 아름다웠던 그 시절을 그리워하곤 한다.

"사랑하는 내 친구 김재홍金在鴻! 자네의 그 깊은 의리를 잊지 않을게. 고맙다. 부디 건강하시게나!"

화장실에서
몰래 뜯어 본 흰 봉투

　　1974년 여름으로 기억한다. 광화문세무서로 옮긴 지 몇 개월 후 난생 처음으로 관내에 있는 대형 언론사에 대한 소득세 실지조사팀에 참여하게 되었다. 당시 그 언론사는 조직 형태가 법인이 아닌 개인사업체였다. 물론 영업세는 면세 업종이지만 소득세는 납세 대상이었다. 조사팀은 나를 포함하여 3인이었다. 지금 돌이켜 보면 이해가 되지 않을 것이다. 당시 그 언론사는 우리나라에서 한두 번째를 다투는 큰 언론사였으며 오너 또한 당시 경제부총리까지 지내신 분이었다.

　어쨌든 나는 아는 세법 지식을 총동원해서 실지조사에 임했다. 젊은 세금쟁이의 불타는 의욕으로 세법을 나름대로 많이 보고, 조사비법도 많이 공부했다. 조사 업무를 열심히 하던 어느 날 그 언론사로부터 연락이 왔다.

당시 그 언론사에서는 2~3년 전부터 '봉황대기 전국고교야구대회'라는 이름으로 고등학생 야구경기를 개최하였는데, 해가 갈수록 인기를 더해 가고 있었다. 경리 담당 국장께서 "저희 회장님께서 세무서 조사팀원들과 함께 결승전 경기를 관람하고 싶다고 하신다"고 말했다. 세무서 직속상관에게 보고 드렸더니 흔쾌히 승낙해 주셨다.

드디어 결승전 당일 지정된 시간에 언론사에서 제공한 검은색 지프차로 동대문야구장에 도착했다. 안내자가 포수 바로 뒤에 있는 VIP좌석으로 우리를 안내해 주었다. 그때 나는 영광스럽게도 그 언론사 회장님 바로 옆자리에 앉게 되었다. 큰아버지 같은 모습에 성격도 매우 급해 보였다. 그렇게 지체 높으신 분 옆에 앉아 보기는 난생 처음이었다. 또 그분께서는 경기 도중에 나를 포함한 조사팀 일행에게 시원한 콜라 1병씩도 건네 주셨다. 그 결승전은 대구상고와 재일동포 간의 경기였는데, '타격의 달인' 장효조 선수의 맹활약에 힘입어 대구상고가 큰 스코어 차이로 승리한 것으로 기억한다.

지금도 잊을 수 없는 일이다. 그렇다고 우리 조사팀이 이를 핑계 삼아 세무조사를 느슨하게 한 것도 아니었다. 그때 그 언론사의 희망은 곧 닥쳐올 추석 명절을 대비하여 신문용지를 사올 때 미리 세금을 문 영업세를 환급 받아 기자들을 비롯한 사내 직원들에게 추석 보너스를 주어야 하니 빨리 세무조사를 마쳐 주었으면 좋겠다는 것이었다. 그러나 결국 그 영업세는 환급되지 못했고, 오히려 세금을 더 내야 하는 상황이었다.

얼마 후 추석 명절이 가까운 어느 날, 경리 담당 국장께서 세무서로 방문하셔서 조사팀 각각에게 은밀히 봉투 1개씩을 주고 가셨다. 물론 다른 사람이 보지 않게 몰래 주고 가셨지만 나는 몹시 긴장되었다. 아주 얇은 흰 봉투를 하루 종일 양복 주머니에 넣고 다녔으니….

몹시 궁금했다. 나는 얇은 봉투이다 보니 '아마도 수표 1장에 제법 큰 액수이겠지?' 하고 짐작했다. 오래 참을 수가 없어서 몰래 화장실로 갔다. 용변을 보는 척하면서 쭈그리고 앉아서 살포시 흰 봉투를 열어 보았다. 그런데 깜짝 놀랐다. 그 안에는 수표도 현금도 아닌 설탕 1포대짜리 상품권 1매가 들어 있었다. 한편으로 실망도 했지만 다른 한편으로는 그동안 내 기대감(?)에 대해 웃지 않을 수가 없었다.

나중에 경리국장의 이야기를 듣고 나서야 '그분은 역시 훌륭한 분이시구나!' 하고 느꼈다. 평소에는 당시 제법 인기가 있고 값비싼 '방석집'에 가는 것도 아무런 부담 없이 허락하시던 그분께서 유달리 현찰에는 인색하시다는 것이었다.

훗날 나는 40년 가까이 세금쟁이 생활을 하면서 유독 그 언론사와 몇 번의 큰 인연이 있었다. 1998년 서울지방국세청 재산세 조사과장 때는 갑작스런 교통사고로 돌아가신 그분의 아들에 대한 상속세 조사업무를 직접 처리했다. 또 2001년 전국 23개 중앙언론사에 대한 특별 세무조사 때는 국세청 공보업무를 총괄 담당하면서 유독 그 언론사에 대해서 각별한 관심을 가졌다.

지금도 잊을 수 없다. 화장실에서 쪼그리고 앉아 몰래 뜯어 본 흰 봉투 안에 들어 있던 설탕 1포대.

나에게 귀한 선물을 주시고 하늘나라에 가 계시는 그분께 다시 한 번 고개가 숙여진다.

2장. 청년 세금쟁이로 출발

나에게는
두 마리의 토끼가?

　　이 세상에 태어나서 만 29세가 된 1975년 6월 25일, 바로 그날에 나는 큰 생일선물을 받았다. 8급 세금쟁이가 드디어 7급으로 한 직급 승진한 것이다. 1966년에 입사하였으니 꼭 9년 만이었다.

　　여기에 더 기쁜 일은 10개월 후에 마포세무서 법인세과로 발령 받은 것이다. 그토록 가보고 싶었던 법인세 분야로 가게 되었으니, 그동안 잡고 싶었던 두 마리 토끼를 한꺼번에 잡은 셈이었다.

　　마포세무서 법인세과 법인2계에 배치 받았는데, 직원 서열로는 6급인 차석과 7급인 삼석 그리고 다음이 나였다. 10명 가까운 직원 중 3번째였으니 나는 몹시 고무되어 있었다. 그동안 잦은 실수와 혹독한 시련도 있었지만 이제는 어엿한 중견 세금쟁이로 올라서는 계기가 되었다.

'지금부터 정통 세금쟁이로 자리 잡자. 젊은 나이에 무엇인들 못하랴?'

그런 결심을 하니 '지금은 비록 남들보다 법인세 분야 실무 능력이 달리지만 더 많은 세법 공부와 실무에 열중하다 보면 좋은 길이 열릴 것'이라는 확신이 생겼다. 다행인 점은 나와 함께 일할 팀원이 나이는 또래이지만 나보다 법인세 실무 경험이 많다는 사실이었다.

그런데 어느 날 마포세무서장께서 나와 그 팀원을 서장실로 불러서 조심스레 말을 꺼냈다.

"우리 세무서 사정이 어쩔 수 없으니 자네 2명은 몇 달만 개인세과로 가서 소득세 실지조사 업무를 도와주시게. 법인세과 직원 가운데 개인조사에 경험 있는 직원들이 자네들밖에 없네."

나중에 안 사실이지만 개인세과 경험보다는 서열이 낮은 위치에 있다 보니 우리 팀이 차출된 것이었다.

1975년은 개인납세자에 대한 세금제도가 대폭 바뀌어 오늘날과 같은 전면적인 종합소득세 제도가 처음 실시되는 해였다. 쉽게 이야기하면, 1974년 이전까지는 사업소득, 부동산소득, 배당소득 등 소득 종류별로 분리해서 개인에 대한 소득세를 매겼다. 그러나 1975년부터는 개인별로 1년 동안 발생한 모든 소득들을 종합해서 소득세를 매기도록 바뀐 것이다.

2장. 청년 세금쟁이로 출발

한편, 1960년대 정부의 경제개발계획 추진에 따라 전국적인 토지개발 붐이 일어났다. 이에 1968년부터 개발예정지 대도시와 그 주변 일대를 '부동산 투기지역'으로 지정 고시하여 이곳에 있는 토지 등을 팔 경우에는 그 매매 차익에 대해 '부동산 투기억제세'로 세금을 매겼는데, 그 세금의 과세 근거법률이 1974년 말로 끝나게 됨에 따라 1975년부터는 소득세법에서 규정하여 이를 양도소득세로 매기도록 한 것이다.

그러다 보니 납세자 입장에서 볼 때는 갑자기 소득세 부담이 늘어났다. 그래서 장부에 따라 종합소득세를 신고하는 사람들이 많이 늘어났다. 여기에다 여의도 일대가 당시에는 영등포세무서가 아닌 마포세무서 관할이어서 소득세 납세자에 비해 개인세과 직원들이 턱없이 부족하다 보니 부득이 법인세과 요원들을 차출하지 않을 수 없었다.

나는 몇 달 동안 처리해야 할 10여 건의 실지조사 대상자를 배당 받았는데, 그들의 주소지는 여의도와 마포구이지만 사업장은 대개 서울 시내이고 심지어 지방에서 사업을 하는 사람들도 있었다. 또 그들 대부분이 사업장에 장부를 비치하고 있었기에 나는 일일이 사업장들을 돌아다녀야만 했다. 그런 와중에도 다행히 지정된 시일 내에 실지조사를 모두 마칠 수 있었다.

그러자 나의 업무처리 능력이 마음에 들었는지 담당 개인세과장께서 나에게 법인세과로 돌아가지 말고 개인세과에 그대로 남아 있으라는 것이었다. 마음이 아팠지만 어떻게 항변할 수가 없었다. 일 잘한다고 칭찬까지 해주셨는데…….

얼마 후 여름휴가를 다녀와 보니 나는 개인세과로 정식 발령이 나 있었다. 매우 섭섭했다. 그러나 어쩔 수 없는 노릇이었다. 다음 인사 때는 꼭 법인세과로 가기를 소망하면서 마음을 다잡고 주어진 일에 묵묵히 매달렸다. 그 즈음에 나는 뜻밖에도 갑자기 국세청 본청 소득세과로 발령 받았다. 그때 나에게는 또 한 번의 깨달음이 있었다. 나에게는 두 마리 토끼는 잘 잡히지 않는다는 사실을…….

내 사전에도
전화위복이 있네

　　1976년 9월 하순, 드디어 30세 나이에 국세청 직세국 소득세과 최말단으로 본청에 입성하게 되었다. 일선 세무서에서 좀더 실력을 닦은 다음에 들어가야 하는데 너무 일찍 들어가는 것은 아닌가? 또 그토록 법인세 일선 실무를 하고 싶었는데, 이제 그 기대가 물거품이 된다고 생각하니 갑자기 힘이 빠졌다.

　　당시 본청 소득세과장께서는 국세청에서 너무나도 유명한 분이셨다. 당신이 맡은 업무에는 엄청난 의욕을 가진 분 같았다. 그분을 처음 뵙는 순간 과연 내가 여기에서 잘 견뎌 낼 수 있을까 걱정이 태산 같았다.

　　그러면서도 '내 나이 이제 갓 30살인데 죽는 셈치고 시키는 대로 열심히 해보자!'라고 마음의 각오를 단단히 했다. 당시 분위기로는 대부분의 직원들이 승진 목적이 아니면 본청을 지망하지 않고 오히려 꺼려했다. 심지어 서울 시내 개인세과의 어떤 직원은 본청으로 발령 나자 그만 사표를 낸 사례도 있었다. 이유야 어찌됐든 공직자로서의 올바른 처세는 아니라고 보았다.

연말이 가까운 9월 하순경이면 일선 세무서에서는 세수 확보에 비상이 걸린다. 본청 소득세과장께서는 직원 2명이 부족하여 서울청에서 1명, 중부청에서 1명을 지명하여 수시 발령을 낸 것인데, 나는 서울청 '대표선수'인 셈이었다. 그래서 해당 세무서장들의 불평을 들은 당시 서울청장과 중부청장께서는 크게 불만을 표시한 것으로 기억된다.

그럼에도 불구하고 우리 2명 중 1명은 소득2계로, 나는 재산세계로 배치 받았다. 소득세과장께서는 욕을 먹으면서까지 자네들을 발령 냈으니 아무 불평하지 말고 열심히 일하라고 당부하셨다. 그분께서는 6·25 전쟁 때 38선 이북 두만강 부근인 중강진까지 북진한 해병대 출신으로서 큰 키에 성격도 대단하셨다. 보직 신고 때 그분 앞에 서 있으니 나도 모르게 겁이 났다.

"제가 맡은 분야는?"

"재산세계로 가서 양도소득세를 담당해!"

"제가 이제껏 한 번도 해보지 않은 업무이지만 열심히 노력해보겠습니다."

"알고 있으니 불평하지 말고 시키는 대로 열심히 해!"

아무 대꾸도 못 하고 재산세계장(배정현 사무관, 작고)에게 가서 신고를 하니 그분께서 조용히 말씀해 주셨다.

"자네를 추천한 사람이 다름 아닌 자네 고등학교 선배라네. 그리고 나 또한 자네 선배라네. 열심히 해봐!"

그 말씀을 듣는 순간 마음이 안정되었다. 이후 아침마다 수유리에서 태평로에 있는 국세청으로 출근하는 내 마음에는 왠지 모르게 자신감이 생기는 것 같았다.

그 무렵에 내가 지난 몇 개월간 근무한 마포세무서에서는 엄청나게 큰 사건이 터졌다. 내가 소속되어 있던 법인세과 직원들이 어떤 교과서 제작회사로부터 금품수수 관련 대형 비리사건에 연루됐다는 것이었다. 잦은 술 접대에 금품도 제공 받았다고 한다. 그런데 그 사고가 바로 내가 개인세과로 차출된 몇 달 사이에 이루어진 것이란다. 이로 인해 법인세과장을 비롯한 법인2계 모든 직원들이 검찰에 송치되었다.

그때 살아남은 사람은 바로 개인세과로 차출된 나와 팀원 단 2명뿐이었다. 어느 날 본청 소득세과장께서 특별히 나를 불러 눈을 찡긋하며 말씀하셨다.

"자네 정말 운 좋은 친구네! 마포세무서 법인세과에서 개인세과로 차출된 것과 또 본청으로 발령 받은 것, 모두가 자네 보기에는 섭섭한 일로 생각되겠지만 오히려 전화위복轉禍爲福이네. 그렇잖은가? 이 사람아! 그러니 더욱 열심히 해봐!"

과연 그랬다. 이때 나는 거듭 고맙다며 머리를 조아렸다.

"비록 일선 세무서에서 양도소득세 실무를 한 번도 접해 보지 못했지만 최선을 다해 보겠습니다!"

두 마리 토끼를 잡지 못한 것이 얼마나 다행이었는지 모른다. 지금도 그때 일을 잊을 수 없다. 그 이후부터 나는 인사이동을 할 때는 내가 어디로 가고 싶다고 무리하게 인사청탁은 하지 않았다. 오히려 그냥 물 흐르는 대로 따라가자는 것이 하나의 철칙이 되어 버렸다. 그렇게 지내고 보니 나중에는 그것이 나에게 크게 유익했다. 또 이런 경험들을 사랑하는 후배들에게 자주 들려주곤 한다.

"내 인생살이에도 전화위복이 가끔 있었다네."

부동산 투기 업무
원조가 되다

내가 배치 받은 국세청 소득세과 재산세계는 계장 (사무관) 밑에 직원이 모두 3명이었다. 차석은 상속세, 증여세, 주식이동조사 업무 등을 관장했다. 또 다른 한 분은 양도소득세 법령 업무를, 그리고 나는 관련통계 업무와 일반 서무를 맡았다. 아울러 나이가 제일 어렸기 때문에 각종 행사에 동원되는 일은 내가 도맡아 했다.

그런데 얼마 되지 않아 그 다음 년도 직원 정기 인사이동 때 는 선임 두 분 모두 일선 세무서로 전출하게 되었다. 그러다 보 니 나 혼자 남아서 상속, 증여, 양도소득세 관련 업무를 도맡아 보게 되었다. 새로 전입된 직원들 역시 일선 세무서에서 법인세 분야만을 전공하던 분들이라 새 업무에 생소했으므로 당분간은 나 혼자서 북 치고 장구 쳐야만 했다. 나 또한 실무 경험이 별로 없는 터에 ….

어쨌든 나에게는 일복이 터졌다. 몸으로 때우는 것은 좋은데 일선 세무서에서 걸려오는 법령 해석 문의에 답변을 해줄 때는 겁이 났다. 그래서 궁여지책으로 짧은 기간에 아예 세법 규정을 통째로 암기해 버렸다. 본청에서 모른다고 할 수 없는 노릇이었기에. 그런데도 가끔 법령을 해석해 달라 할 때는 몹시 괴로웠다. 그럴 때는 시치미 뚝 떼고 그냥 외우고 있던 법조문 자체만을 일러 주기도 했다. 그렇게라도 가능했던 것은 내가 머리가 좋아서가 아니고 양도소득세, 상속세, 증여세 관련 세법 조문이 다른 세법에 비하여 분량이 적은 편이었기 때문이었다.

또 퇴근 후에도 지난 5년간의 예규집과 질의응답집을 집으로 가져가서 계속 훑어보았다. 그렇게 한 달 동안 밤낮으로 공부하고, 그래도 의문이 나면 상급기관인 재무부 세제실에 문의하는 등 나름대로 몸부림쳤다.

그러는 과정에서 가끔 황당한 경우도 있었다. 상속세법에 가장 많이 등장하는 용어 중 "피상속인"과 "상속인"에 대한 확실한 개념 정립이 되지 않아 "피상속인"을 상속 받는 사람, 즉 유자녀로, "상속인"을 상속해 주는 사람, 즉 돌아가신 분으로 사실과 정반대로 해석해 줄 때도 있었다. 민법에 관한 지식 없이 그냥 상식적으로 해석해 볼 때는 그 말이 맞는 것 같아 보였던 것이다. 지금 생각해 보면 웃음이 절로 난다.

국세청 소득세과에서
근무하던 30대 초반의
저자

　그런 시행착오를 거치면서 모질게 학습한 결과 몇 달 사이 제산세제 관련 업무에 어느 정도 자신이 생겼다. 이제는 국세공무원교육원 등에서 강의 요청이 와도 자신 있게 나갈 수 있었다.

　그런 와중에 나를 더욱 못살게 한 일이 생겼으니 바로 부동산투기 바람이었다. 1977년경부터 서울을 비롯한 대도시 개발지역 등에서 부동산 투기 바람이 거세게 몰아쳤다. 불행히도 국세청에는 부동산 투기 업무만을 전담하는 부서가 없었다. 어쩔 수없이 양도소득세를 담당하는 나 혼자서 담당할 수밖에 없었다. 지금이야 우리나라 실물경제를 좌지우지하고 또 온 국민들에게 초미의 관심사가 된 부동산 분야지만 당시는 전혀 생각지도 못한 분야였으며 또한 이 업무를 전담할 정부 차원의 종합적인 총괄부서와 전문가도 없었다.

　당시 여의도에 있는 목화아파트를 위시해서 강남구 도곡동에 있는 개나리아파트, 반포아파트 등 서울 강남 요지의 고급 아파트가 신규로 분양됨에 따라 투기 바람을 타면서 아파트 값이 천정부지로 치솟았다. 청약률이 최소 100 대 1이 넘어 이를 틈탄 미등기 전매업자와 부동산 중개업자들이 세금 없이 뭉칫돈을 버는 사태가 속출했다. 그 와중에 나는 누구를 원망할 수도 없이 투기를 잡겠다며 고군분투해야 했다. 낮에는 해당 지방청과 세무서 직원들을 동원해 가면서 현장 단속을 하고, 밤에는 사무실로 돌아와 다음 날 해야 할 일을 챙겼다.

드디어 1978년 1월, 서울 강남에 있는 4개 아파트 지구와 개발 붐이 크게 일어나고 있는 전국 158개 동洞을 부동산 투기 지역으로 지정 고시하여 이 지역에서 부동산을 거래하는 경우에는 실지거래금액을 조사하여 양도소득세를 무겁게 매기게 했다.

이를 시작으로 본격적으로 부동산 투기가 예상되는 지역을 선정해 확대 고시하고 미등기 전매업자와 부동산 중개업자들을 색출, 단속해 나갔다. 나는 그때부터 한자리에서 이 업무만을 계속하게 되었다. 지금도 그렇지만 당시에는 매년 연초가 되면 사무관 이상 간부들에 대한 인사이동을 단행하는데, 내가 모시던 직속상관들이 1년만 되면 예외 없이 교체되곤 하니 자연히 나는 붙박이가 될 수밖에 없었다. 특히 모시던 국장들이 바뀔 때마다 나는 그분들의 명령에 따라 빠져나갈 수 없는 처지가 되어 버린 것이다. 국회나 청와대 같은 데서 그간의 투기 억제 실적과 앞

1983년, 국세청 소득세과 직원들과 가진 야유회(오른쪽 두 번째가 저자,
맨 앞쪽이 최명해 전 서울지방국세청장)

으로의 대응방안을 마련해 보고하라는데 그동안의 역사를 아는
사람이 나밖에 없었으니 ….

　이렇게 한 해 두 해를 지내다 보니 자연히 12년간이나 한자리
를 지키게 되었다. 1976년 9월, 7급에서 시작하여 6급을 거쳐 5
급 사무관으로 승진하여 2년간을 더 근무하다가 12년이 지난
1988년 7월 말경 일선 세무서 과장으로 자리를 옮길 때까지 이
재산세제 업무(특히 양도소득세)와 투기 억제 업무만을 담당했
다. 그때 주위에서는 나에게 "부동산 투기 업무 원조"라는 별칭
을 달아 주었다.

　참고로 그때부터 국세청에서는 부동산 투기 억제 업무의 중
요성을 깊이 인식하고 1984년 2월에 재산세과로, 1989년경 드
디어 재산세국으로 조직을 확대 개편했다.

'돌대가리 세금쟁이'에게
주어진 큰 선물

죄송한 이야기지만 나는 능력도 학력도 당당하게 내놓을 것 없는 부족한 사람인데, 내 스스로 생각해도 어디에 가나 일복 하나는 타고난 사람이라는 기분이 든다.

나는 1946년 '개띠'해에 태어났다. 어릴 때 어머니께서는 나에게 이런 격려를 자주 해주셨다.

"너는 개띠라서 부지런하게 살아갈 거다. 그러니 그저 건강하게 몸을 잘 관리해서 개처럼 마냥 뛰어 다니거라!"

그래서 그런지 몰라도 국세청으로 전입되자마자 나하고는 전혀 관계가 없을 것 같았던 부동산 투기 업무를 직접 맡게 되었다. 그런데 불행히도 당시는 관련 법령이 제대로 정비되어 있지 않아 그때그때마다 행정지침을 만들어서 다스리는 땜질식 집행을 해나가다 보니 몹시 힘들고 고달팠다. 낮에는 현장에서, 밤에는 밤늦도록 사무실에서 행정조치를 마련하느라 밤낮이 없을 정도였다. 또 틈틈이 관련 기관에 보내야 할 보고서와 국회 답변 자료를 작성하는 등 닥치는 대로 일을 하다 보니 식사하고 화장실 가는 시간 외에는 잠시라도 자리를 비울 수 없었다. 불안해하시는 윗분들이 시도 때도 없이 부르거나 전화를 걸어 찾으시니까….

또 버스로 퇴근해서 밤 10시 가까이 되어서야 집에 오면 내일 시행해야 할 서류도 챙겨 봐야 했다. 다음 날 정한 시간에 출근하여 상사가 출근하시면 바로 보고해야 하므로 그야말로 눈코 뜰 새가 없었다. 그 당시는 야간통행금지(밤 12시부터 새벽 4시까지)가 있었기에 아무리 늦어도 밤 10시경에는 집으로 가야 할 형편이었다. 지금처럼 지하철이 제대로 연결되어 있지 않아 몹시도 피곤했다. 어떤 때는 버스 안에서 졸다가 내려야 할 정류장을 훨씬 지나 되돌아오는 경우도 있었다.

이런 나의 상황을 아셨던지 소득세과장께서는 1978년 9월 직원들 진급 때는 국세청장께 말씀드려 7급으로 승진한 지 3년 3개월밖에 되지 아니한 나에게 특별 승진까지 시켜 주셨다. 세금쟁이로 입문한 지 13년 3개월 만이었다. 그것도 3년간의 군대 휴직기간을 빼면 실지 근무경력 10년 만인 셈이다. 그때 나는 느꼈다. 진급에도 절대 공짜가 없으며, 반드시 대가를 치러야 한다는 것을….

이렇게 몸을 내던져 일할 수 있었던 것은 다름 아닌 내 좌우

명인 "절대로 안 된다고 하지 말자. 예! 열심히 해보겠습니다. 최선을 다해 보겠습니다!"라는 긍정적 사고가 마음판에 깊이 자리 잡고 있었기 때문이 아닌가 한다.

당시 모시고 있던 소득세과장께서는 나에게 특별히 '돌대가리'라는 말씀을 많이 하셨다. 물론 당신께서 만만하다고 생각하는 직계 부하에게만 하셨지만…. 어떤 때는 업무를 지시하시면서도 당신 책상 앞에 1시간 이상씩 마냥 세워 두시면서 고함치셨다.

"야! 이 돌대가리야! 그렇게 머리가 안 돌아가나? 자…이렇게 해와!"

하루에도 몇 번씩 이런 말을 듣고 일했다. 삼촌 같기도 하고 큰형님 같기도 한 그 어른께서 그렇게 말씀하셨을 때 처음에는 가슴이 답답하고 불쾌했지만 희한하게도 한두 시간 지나고 나니 금세 그런 기분이 사라졌다. 그분께서도 언제 그런 말 했냐는 듯 곧 잊어버렸다.

어쨌든 그분은 주어진 일에는 욕심이 많으신 분이라 일할 때는 정말 무섭고 혹독하게 나를 훈련시키셨다. 스파르타 방식 그 자체였다. 그런 과정을 자주 겪으면서 다행이었던 것은 나 또한 업무능력이 점점 향상된다는 기분이 들었다는 사실이다. 또 '내가 능력이 부족해서 그렇지'라고 긍정적으로 생각하니 금방 평상심으로 돌아가 자연스럽게 일할 수 있었다. 참으로 다행이었다.

                 2장. 청년 세금쟁이로 출발

그때부터 나는 내가 맡은 분야에서 더욱 적극적인 사고를 가지고 윗분을 모셔야 한다는 결심을 굳혔다. 또 내가 맡은 업무 내용이 언론에 조금이라도 나면 즉시 사실을 확인하고 그 내용을 윗분에게 보고 드린 후 후속 조치도 함께 취했다. 그렇게 3년 동안을 그분과 함께 일사불란하게 일했다. 그분 밑에서 3년 동안 치열한 담금질을 받으면서 참모들이 기관장을 어떻게 모셔야 하는지를 내 나름대로 몸에 익히게 되었으니 얼마나 감사한지 모른다. 지금도 그때를 잊지 않고 있다.

그런 인연으로 헤어진 후에도 그분은 나를 진심으로 아껴 주셨다. 어떤 때는 가족들의 안부까지 물어봐 주시고. 지금은 하늘나라에 가 계시는 그분을 그리워하며 문안을 올린다.

"감사합니다! 지금의 제가 있도록 쉼 없이 채찍질하며 훈련시켜 주신 김갑열 청장님! 부디 하늘나라에서 편히 쉬십시오. 사랑하고 존경합니다!"

질풍노도의 청춘 시절

외로운 세금쟁이에게
나타난 '평생 짝꿍'

　　물불 가리지 않고 일에 흠뻑 빠져 있던 나에게 어느 날 평소 친형님 이상으로 존경하는 유일상 선배님의 긴급 제안이 왔다. 당시 서울 시내 세무서에서 근무하시던 그 선배님께서는 성동구 구의동 명성여고 인근에 있는 아담한 양옥집에 살고 계셨다. 당시 그 지역 일대는 신흥 택지개발 지역으로, 어떤 주택업자가 지어서 내놓은 집을 싸게 매입해서 자녀 2명을 포함한 네 식구의 단란한 보금자리로 삼고 있었다. 그런데 그 선배님이 갑자기 강원도 지역으로 전출가게 된 것이다. 부득이 네 식구 모두 이사를 가야 하는데 남에게 팔자니 아깝고 또 나의 어려운 형편을 알기에, 내가 살고 있던 수유리 집과 맞교환하고 차액 300만 원은 자기가 은행 대출을 받아 가겠다는 것이었다.

　　당시 나는 아버지와 새로 모시게 될 어머니, 또 다 큰 두 여동생과 함께 살게 되니 다소 넓은 집이 필요할 것이며, 그렇게 하는 것이 서로에게 유익하다는 것이었다. 나에게 또한 정말 반가운 제의였다. 선배님의 진심 어린 배려로 본의 아니게 우리 식구들은 새롭게 지은 양옥집에 살게 되었다.

나는 갑자기 영세서민에서 신분이 한 단계 승격된 기분이었다. 평소에 언제 나도 저렇게 예쁜 집에서 한번 살아 보나 했는데, 그 꿈이 현실로 이루어져 환호했다. 선배님의 주택은 1천여만 원으로, 내 집은 700만 원으로 인정해 준 것으로 기억한다. 그러나 실제로 내 집값은 그보다 훨씬 못 미치는 것이었다. 어쨌든 선배님의 크나큰 배려는 지금껏 잊을 수 없다. 무엇보다 내가 군복무 중일 때 휴가 때마다 '세금 알바'로 일하게 해주신 큰 은혜는 아마도 평생을 두고 다 갚을 길이 없으리라.

그 무렵 아버지께서는 평소에 가까이 지내시는 친구 분의 소개로 한 분을 우리 집으로 모셔와 함께 살게 되었다. 그런데도 아버지께서는 조강지처가 자꾸 생각나시는 모양이었다. 그래서 두 분은 가끔 다투기도 하셨다. 집을 제대로 꾸려 나갈 사람이 아니었기 때문이다. 그러면서 나에게 "직장 일도 중요하지만 이제는 가정을 꾸려야 하지 않겠느냐?"고 자주 채근하셨다. 또 무엇보다 손주를 낳아 당신에게 안겨 달라는 것이었다. 그러시면서 여기저기에 혼처婚處를 알아보셨다.

어떤 때는 '정말 이 사람은 아닌데…' 할 정도로 내가 싫어하

는 사람만을 골라 오니 …. 그래서 아버지와 나는 많이 다투게
되었다. 일생고락을 함께할 평생의 반려자를 찾는데도 아버지
는 '우리가 가난하니까 부잣집 여식이면 됐지'라는 단순한 생각
만 하신 것이다.

한편으로는 그렇게 인간적으로 간절하게 애원하시는 아버지
를 봐서라도 이제는 빨리 '잃어버린 갈비뼈 하나'를 찾아야겠다
고 작정하였다. 그 즈음 바로 아래 여동생이 어떤 '낭군'을 만나
교제 중이었는데, 빨리 결혼하여 시댁이 사는 미국으로 이민을
가겠다는 것이었다. 그래서 나보다 동생을 먼저 출가시키게 되
었다.

출가 후에도 당분간 우리 집에 머물던 여동생은 미국으로 건
너가기 위해 종로에 있는 영어회화학원을 다니면서 함께 수강
하던 한 여성과 친구처럼 친하게 지내고 있었다. 어느 날 우리
집으로 그 친구를 데리고 왔다. 아마도 그때부터 내 여동생은 무
슨 꿍꿍이가 있었던 것 같다. 그날만큼은 일찍 들어오라는 동생
의 연락을 받고 '칼퇴근'해서 귀가해 보니 웬 낯선 여성이 동생
과 함께 식사를 하고 있었다.

처음 보는 순간 평소 내가 그렇게도 꿈꾸던 환상이 현실이 되
어 내 눈앞에 나타난 듯했다. 예쁘기도 했지만 경상도 사투리를
쓰는데 당시 나에게는 그렇게 예뻐 보일 수가 없었다. 더구나 고
향도 같은 지역이었다. 이튿날부터 여동생에게 그녀에 대해 자

세히 알아보라고 재촉했다. 며칠 후 동생은 그녀가 1남 6녀 중 맏딸이며 경북여고를 거쳐 이화여대 법대를 졸업하고 가정법률 상담소(당시 소장은 작고하신 이태영 박사)에서 근무하고 있다고 귀띔해 주었다. 아버지가 여고 3학년 때 갑자기 돌아가시는 바람에 가족의 생계를 책임지고 있으며, 또 자기 집안 식구들을 잘 챙겨 줄 남편감을 찾고 있다는 말도 덧붙였다.

바로 이 여성이다! 그토록 찾아 헤매던 내 평생 짝꿍.

그때부터 그녀의 마음을 얻기 위해 무던히도 노력했다. 그리고 반드시 이 여성을 내 반려자로 맞이할 수 있게 해달라고 매일매일 간절하게 기도했다. 또 그녀를 직접 만나 지금은 비록 국세청 6급 직원에 불과하지만 앞으로 점점 좋아질 것이니 부디 내 배우자가 되어 달라고 졸라 대었다. 처음에는 별 반응을 보이지 않던 그녀도 몇 개월간의 끈질긴 구애작전에 결국 백기를 들고 말았다.

하나님 감사합니다! 제 기도에 응답해 주셔서.

나중에 알았지만 그녀는 신앙심이 독실하고 아버지 같은 느낌이 있는 결혼 상대자를 찾고 있었는데, 처음에는 나를 별로라고 생각하고 아예 염두에도 두지 않는데 차츰 시간이 지날수록 자기도 모르게 호감이 가더라는 것이었다.

아내는 가정법률상담소를 거쳐 나중에는 서울지방검찰청에 소송사무를 담당하는 사무관으로 특채되어 잠시 근무하다가 결

1980년 2월, 결혼식 때

혼 후 지금은 내가 직접 설립한 (재)석성장학회 이사장직을 맡아 자원봉사자의 마음으로 잘 섬겨 주고 있다.

　아내는 40년 가까이 나와 함께 살아오면서 숱한 갈등과 마찰 속에서도 못난 나를 남편으로 여기고 평생 세금쟁이의 아내로서 어려운 고비마다 잘 견뎌 주었다. 내가 무사히 공직을 명예퇴임할 수 있도록 불평 없이 헌신해 준 아내에게 진심으로 고맙게 생각한다. 또 현재는 나와 함께 사회 곳곳의 어려운 이웃들에게 다가가 나눔과 섬김의 사역들을 당당하게 실천해 나가는 진정한 동역자로 살아가고 있어 나는 그 어느 때보다 행복하다.

　"나의 영원한 짝꿍, 류영혜 이사장! 그대는 진정 나의 영원한 존재 이유라네!"

6급 세금쟁이,
국세청장과 함께
목욕

내가 본청으로 전입된 지 6년가량 되었을 즈음에 당시 군부軍部에서는 제5공화국 건립을 위해 이른바 '국가보위 비상대책위원회'(줄여서 '국보위'라 했다)를 조직하고 국정쇄신 30대 과제를 제시했다.

또 구체적인 작업을 위해 재무위원회 등 국정 분야별로 소위원회를 구성하여 운영하였는데, 국세청 업무소관인 재무위원회 간사위원실로부터 세무행정에 밝은 실무자 1명을 파견해 달라는 요청이 왔다. 그때 특별히 나를 지명하여 요청한 것이다. 영문도 모른 채 당시 종로구 삼청동에 있는 국보위 재무위원회 간사위원실로 갔다. 그때 그 방에는 오혁주(작고) 당시 부산지방국세청 간세국장께서 이미 파견근무를 하고 계셨다. 나중에 알았지만 오혁주 국장께서 간사위원에게 나를 추천하여 지명하신 것이었다.

참으로 묘한 인연이었다. 1968년 5월 대구에서 서울 동대문 세무서 조사과로 전입되었을 때 처음 만났으며, 그 후 중부세무서 개인세과장으로도 모시게 되었다. 무엇보다 내 이름으로 공무원아파트를 분양 받아서 잠시나마 그 아파트에서 함께 거주한 적도 있었다. 어언 10여 년이 흘러 이렇게 국보위에서 같은 팀이 되어 함께 근무하게 될 줄이야.

그때 우리 팀에 주어진 과제는 '조세행정 개혁방안 마련'이었다. 몇 달간에 걸쳐 각종 불합리한 조세제도와 아울러 비효율적인 세무행정에 대한 혁신책을 함께 마련하라는 것이었다. 한마디로 세금정책과 관련한 모든 실천 가능한 개혁방안을 마련해서 보고하라는 지시였다. 담당 실무자였던 나는 당시 국세청으로부터 많은 자료 협조도 받았으며, 또 내 나름대로 그동안 겪었던 각종 불합리한 사례들을 토대로 하여 개선책을 찾으려 노력했다. 기업인과 심지어 뜻있는 세무사들도 많이 만나 현장의 목소리를 들었다. 또 효율적인 업무 추진을 위해 국보위 사무실보다는 별도의 사무실을 임차하여 밤낮으로 그곳에서 일했다.

집에 가서도 내 머릿속에는 온통 조세행정에 대한 개혁방안만이 가득 차 있었다. 그러다 보니 밤잠을 설칠 때가 많았다. 그러던 어느 토요일 오후에 며칠간 밤샘근무를 한 탓에 몸이 너무 피곤해 지쳐 있었을 때 당시 간사위원과 오혁주 국장께서 어디 가서 좀 쉬었다 오라고 말씀하셨다. 그래서 평소 친하게 지내던 세무서 친구와 함께 강남구 신사동에 있는 Y호텔 사우나탕에 들어가 모처럼 홀가분한 기분으로 목욕을 했다. 그때 갑자기 당시 국세청장께서 발가벗은 몸으로 목욕탕 안으로 들어오시는 것이 아닌가. 얼마나 놀랬던지! 그 친구는 그만 겁을 먹고 허둥지둥 목욕탕을 빠져나갔고 둥그런 탕 안에는 그분과 나 단 둘만 마주보고 있었다.

그때 국세청장께서는 나를 보시면서 다정하게 말씀을 건네셨다.

"제가 최근에 압구정동에 있는 아파트로 이사를 왔습니다."

그때 나는 정말 당황했다. 왜냐하면 지난 몇 개월 동안 가끔 국세청장실로 가서 국보위에 파견된 우리 팀에서 추진하는 업무에 대한 중간 진행사항을 보고 드리곤 했는데 국세청장께서는 내가 젊어서인지 몰라도 그만 국세청 출입기자로 착각하신 듯했다. 더 늦기 전에 내 신상을 밝히는 것이 좋을 것 같았다.

"저는 직세국 소득세과에 근무하고 있는 6급 조용근입니다. 제가 몇 개월 전부터 오혁주 국장님과 함께 국보위에 파견 나가 있는데 며칠간 계속 밤샘근무 때문에 너무 지쳐 있으니 윗분들께서 잠깐 쉬다 오라고 해서 지금 목욕 중에 있습니다. 저는 본청으로 들어온 지 6년이 되었습니다. 비록 몸은 피곤하지만 즐겁게 일하고 있습니다. 아마도 본청 근무가 체질에 맞는 것 같습니다."

내가 본청에서 재직하는 당신의 직계 부하라는 말에 그분의 표정이 금세 달라지셨다.

　나중에 안 사실이지만 그날 국세청에서는 국세청장으로서 매우 화가 난 사건이 하나 있었다. 서울 시내 세무서 개인세과에서 오래 근무하던 어떤 직원이 본청으로 인사 발령이 나자 그만 사표를 냈다는 것이다. 그래서 그날 오전에 갑자기 직원 조회 겸 정신교육을 하신 후 곧바로 피곤한 몸을 이끌고 목욕탕으로 오신 것이다. 그런데 엉뚱하게도 나 같은 별난 직원을 만났으니…. 그 사건 이후에도 나는 가끔 오혁주 국장을 모시고 국세청장실에 들를 기회가 있었다. 그때 국세청장께서는 나에게 빙그레 웃으며 농담을 건네셨다.

　"어이 조용근 주사! 우리 앞으로 목욕탕에서 만나면 서로 아는 체하지 마세."

　그분께서는 국세청장으로 취임하시면서 곧바로 비서실 직원들에게 앞으로 사무관 이하는 국세청장실에 출입시키지 말라고 하셨는데 이 사건 이후에 나만은 예외로 하셨단다. 심지어 어떤 때는 양도소득세를 비롯한 상속세, 증여세 민원이 들어오면 나를 직접 부르기도 하셨다. 왜냐하면 그분도 나처럼 말단 출신이셨다고 한다. 학벌도 없이 도청에서 심부름만 하는 사환(급사)으로 출발하셔서 나중에는 경상북도 도지사를 지내시다가 국세청장으로 영전해 오신 정말 입지전적인 인물이셨다.

　오랜 세월이 지난 후 가끔 전직 국세청 공무원 모임인 '국세동우회'에서 주관하는 신년하례식 때 특별히 그분께서 참석하실 때는 주최 측에서 일부러 나로 하여금 옆에 앉게 하여 그분의 말동무라도 해드리라고까지 배려해 주었다. 왜냐하면 그분께서는 그때까지도 내 이름만은 꼭 기억해 주셨기 때문에.

"어이 조용근, 자네 잘 지내고 있나? 자네가 세무사회장이 되었다면서?"

환하게 웃으시던 그 모습, 지금도 잊을 수가 없다. 내게 평생 세금쟁이로서 꼭 한 분 '멘토님'으로 모시고 싶은 분이 있다면 다름 아닌 김수학 국세청장님이다. 나중에는 건설부장관도 하시고 토지개발공사 사장, 새마을운동중앙회장을 거쳐 말년에는 고향 경주에서 명예읍장까지 하셨으니 ….

"몇 년 전에 하늘나라로 가신 나의 영원한 김수학 멘토님! 진심으로 뵙고 싶습니다. 그때 그 목욕탕에서 …."

그러나 이제는 ….

자네!
제대로 한 건 했네!

　이참에 부족한 세금쟁이지만 사랑하는 후배들에게 자랑할 것이 한두 가지 있어 부끄러움을 무릅쓰고 고백하고자 한다.

　국보위 파견근무 중에 일어난 일이다. 지금도 그런 경향이 있지만 신군부 실세들이 집권한 당시에도 세금쟁이에 대한 인식은 꽤나 부정적이었다.

　당시 파견지에서 내가 모시던 국보위 재무위원회 간사위원께서는 비록 영관급 장교였지만 핵심 실세였다. 특별한 지휘보고 없이도 당시 국보위 위원장에게 직보直報가 가능할 정도였으니….

　그분께서는 자기의 초급장교 시절 일을 가끔 언급하셨다. 친한 친구가 같은 지방에서 세무공무원으로 근무하고 있었는데 그 친구의 아들 돌잔치에 초대 받아 간 적이 있었단다. 그때 친구 집에 가보니 상다리가 부러질 정도로 지나치게 음식이 많이 차려진 것을 보고 '역시 세무공무원의 생활은 다르구나!' 하고 느꼈다는 것이다.

그때부터 그런 선입견이 그분 머릿속에 깊이 박혀 있었는지는 몰라도 세무공무원에 대해서 굉장히 부정적이었다. 게다가 당시 국보위의 많은 위원들도 자기 생각과 같다는 것이었다. 그래서 사정기관을 총동원해서라도 세무공직자 정화 차원에서 서울시내 몇 개 세무서를 집중 감찰해야겠다는 것이었다.

그 말을 들은 나는 당황했다. 어떻게든 빨리 이 일을 수습해야겠다는 생각이 들었고, 먼저는 이분을 설득해야겠다고 결심했다. 마침 사무실에 그분과 단 둘이 있을 때 조용히 말씀드렸다.

내가 그동안 겪어 온 세무공무원으로서의 애환과 또 어느 조직이든 일부 몰지각한 공무원은 존재한다는 사실을 말씀드리고, 무엇보다 이런 부조리 문제를 땜질하는 방법으로 물리적 제재를 가하는 것보다는 근본적인 예방장치가 필요하다고까지 건의 드렸다.

그러면서 그동안 내가 겪었던 일선 세무공무원으로서의 고충들을 털어놓았다. 세금을 거두어들이는 데 세무공무원의 개인 호주머니를 털어야 하는 경우가 많음을 하소연했다. 예를 들어 출장비나 소모품비를 비롯해서 심지어 체납세금 징수를 위해 지방자치단체에 재산조회를 할 경우에 답변 문서를 빨리 받기 위해서 비공식적으로 비용이 들어가는데, 이런 것들까지도 세무공무원이 개인적으로 부담해서야 되겠느냐고 말씀드렸다. 지금이야 전산시스템이 잘 구축되어 있어 그런 문제는 없지만….

그리고 지방국세청장이나 세무서장은 물론이고 간부나 직원들이 지방으로 발령 받으면 다른 부처와는 달리 국가에서 운영하는 관사나 사택도 없으니 부득이 자기 부담으로 거소를 마련해야 한다는 사정도 아울러 말씀드렸다. 그러면서 "얼마간의 말미를 저에게 주시면 제도 개선방안을 마련해 별도로 보고 드리겠다"고 했더니 그분도 일응 수긍하시는 것 같았다.

또 때맞춰 국세청으로 달려가서 국보위의 이런 분위기를 알려드렸다. 그리고 내 나름대로 몇몇 일선 동료 선배들의 도움을 받아 현실적으로 일선 세무공무원들이 자기 돈으로 부담하는 경비를 파악해서 관련 보고서도 직접 만들어 그분에게 사실대로 보고 드렸다. 보고를 받으신 그분도 꽤나 놀라는 표정이었다. 그러면서 당시 국세청의 오랜 숙원사업이었던 지방청장과 세무서장 관사 확보에 소요되는 예산지원(지금 기억으로는 25억 원인 것으로 추정) 건에 대해서도 보고 드렸다. 그랬더니 그분께서 이 문제를 해결해 주면 세수를 얼마나 늘릴 수 있겠느냐고 물으셨다.

"아마도 10배 이상은 늘어날 것입니다."

나는 또렷한 목소리로 자신하게 말씀드렸다.

다행히 그분은 재무위원회 간사위원으로 오시기 전에 예산부처를 담당했던 경제위원회 간사위원으로 계셨다고 하시면서 내가 보는 앞에서 바로 경제기획원 고위관료에게 전화를 하시는 것이었다. 그때 전화 상대방의 음성이 수화기 밖으로 또렷이 들렸다.

"예 간사님! 적극 검토해 보겠습니다."

그때 나는 이것이 꿈인가 생시인가 할 정도로 놀랐다. 그 후 그분의 적극적인 관심과 지원으로 오늘날 지방국세청장이나 세무서장 관사를 비롯한 간부들의 숙소가 마련된 것으로 알고 있다. 그때 나는 내심 감탄했다.

'역시 화끈한 분이시네! 오직 나라만을 위해 일하시는 훌륭한 분이시네! 만약 그 자리에 민간인 공직자가 계셨다면 어땠을까?'

그때부터 나는 그렇게 시원하게 일사천리로 국세청의 오랜 숙원사업을 해결해 준 신군부정권에 개인적으로 박수를 보내기도 했다.

또 나는 그런 과정을 거치면서 또 다른 진리 하나를 깨쳤다. 모름지기 공직자는 내가 어느 계급(직책)에 있느냐가 중요한 것이 아니라 비록 직급은 낮더라도 어떤 일을 했느냐가 중요하다는 것을….

그때 더 놀란 것은 그분께서 계획하셨던 몇 개 세무서 집중 감찰 문제도 없던 일으로 한 것이다. 물론 당시 국세청에서도 조직적으로 위기에 잘 대처했지만 나도 담당 실무자로서 내 역할을 잘했다는 자부심을 가졌다. 나는 지금도 잊지 않고 있다. 그때 그 절박한 상황들과 또 해결되는 과정들을…….

그 후 이런 일련의 상황들을 종합해서 김수학 당시 국세청장께 보고 드렸더니 내 어깨를 툭툭 두드리며 칭찬하셨다.

"조용근! 자네가 제대로 한 건 했네!"

몇 달 후 국보위 파견근무를 마무리하고 국세청으로 원대 복귀하니 당시 6급 세금쟁이로서는 상상할 수 없는 대통령 표창과 함께 보름간의 미주지역 선진세정 견학을 위한 해외출장 기회까지도 배려해 주셨다. 아마도 이렇게 파격적으로 격려해 주신 것은 그동안 내가 제대로 '한 건' 한 것에 대한 보답이라고 생각했다.

"진심으로 고맙습니다! 국보위에서 오로지 국가를 위해 밤낮으로 헌신하셨던 오관치 간사위원님! 지금도 잘 계시지요? 꼭 한 번 찾아뵙고 큰절 올리겠습니다."

평생 실업자 신세
면했네요!

거듭 밝히지만 능력도, 지혜도 부족한 나에게 하나 내세울 것이 있다면 그저 맡겨 준 일에 나름대로 최선을 다해 보자는 '뚝심' 하나라고나 할까.

당시 국보위 파견근무를 하면서도 비록 하찮은 6급이지만 어떻게 하면 이런 힘 있는 조직을 이용해서 그동안 우리 국세청에서 풀 수 없었던 난제들을 해결해 볼까 하는 궁리만을 했다. 10여 년의 짧은 세금쟁이 생활에서 나름대로 겪었던 각종 불합리한 세금 관련 문제들과 이에 대한 개선방안들을 소신껏 마련해 보았다. 심지어 세무사 제도까지도 포함시켰다.

이렇게 하여 나름대로 최선을 다해 마련한 조세행정 개혁방안을 재무위원회 간사위원에게 보고했으며, 앞으로 있을 재무위원회를 거쳐 국보위 상임위원장에게까지 보고하려고 만반의 준비를 다하고 있었다. 그런데 그해 10월 말 국보위가 갑자기 문을 닫게 된 것이다. 그리고 진행하던 모든 업무는 청와대 해당 비서관실로 인계하라는 지시가 떨어졌다. 다행히 우리 팀 팀장이셨던 오혁주 국장께서 청와대 재경비서관으로 영전하게 되어 우리 팀에서 추진하던 조세행정 개혁방안에 대해서는 손쉽게 인계할 수 있었다.

그 즈음 오혁주 비서관께서는 나에게 청와대로 같이 가지 않겠느냐고 제의하셨지만 "저같이 부족한 사람은 갈 자격이 되지 않는다"고 정중히 말씀드렸다. 청와대로 가려면 아무리 못해도 사무관급은 되어야 하기 때문이다. 그래서 나는 국세청으로 다시 원대 복귀하였다. 그래도 내게 맡겨진 업무를 마무리하기 위해서 자주 그분의 호출을 받았는데, 그때마다 내 나름대로 열심히 그분을 보필해 드렸다.

지금 생각이지만 만약 그때 내가 무리를 해서라도 청와대로 자리를 옮겼다면 당시 마련했던 개선방안 중 최소한 몇 가지는 실행되었을 것으로 본다. 그래도 그나마 다행인 것은 그 몇 개월 간의 파견근무 중에도 빨리 시행되어야 할 한두 가지 불합리한 세제 문제는 소관부처인 재무부 세제실과 합의가 되어 빠른 시일 내에 입법조치가 되었으며 지금까지 잘 시행되고 있는 것으로 안다.

예를 들면 상속세법 중에 상속 개시일(사망일)로부터 소급해

3장. 질풍노도의 청춘 시절

서 1년 또는 2년 이내 재산을 처분한 금전이 어디에 사용되었는지 명확하게 소명이 안 되는 부분 가운데 일정 금액 이상에 대해서는 상속재산으로 보도록 하는 규정을 신설하는 사안은 당시 미국이나 다른 선진국에서도 이미 시행하는 제도였기에 시급을 요했다. 그전까지는 분명히 사망일 현재 상속 재산인데도 상속세를 물지 않기 위해 돌아가시기 몇 개월 전에 서류상 다른 사람에게 처분한 것으로 위장한다든지 은행 예금인 경우에는 돌아가시기 며칠 전에 은행에서 인출해서 다른 사람 명의로 예금하거나 부동산을 다른 사람 명의로 매입해 두면 자금 추적이 어려워서 상속세를 제대로 매길 수가 없었다. 어쨌든 새롭게 신설된 이 규정은 지금까지 30여 년간 많은 진전을 거듭하여 공평과세와 세수증대 측면에서 크게 기여해 온 것으로 알고 있다.

이렇게 사생활 없이 오로지 일에만 매인 나는 그 바쁜 와중에도 틈틈이 세법과 회계학 그리고 재정학 공부를 했다. 당시 나의 당면 과제는 세무사 자격증을 따는 것과 사무관 승진 문제였기 때문이다. 그래서 국보위에 파견되기 전까지는 평소 잘 알고 지내던 젊은 학원 강사 한 분을 교섭하여 국세청 부근에 사무실을 빌려 하루 한두 시간씩 개인 교습까지도 받았다. 지금도 그렇지만 당시에도 세무사 자격시험에 합격하면 진급을 위한 근무평가 시 일정한 가산점(1점)을 주므로 6급 공무원인 나는 여기에도 신경을 쓰지 않을 수 없었다. 다른 한편으로는 아내와 두 자녀가 있는 가정생활에도 충실해야 했다. 그러나 매일 사무실 근무 아니면 책과 씨름하고 있었으니 아내와 자녀들의 불만이 예사롭지 않을 터였다.

또한 집에서 모시고 있던 아버지께서 식도암이 발병하여 병원도 아닌 집에서 투병하고 계셨으니 오죽했으랴. 식구들에게는(특히 아내에게) 미안하지만 내 장래를 위해서는 어쩔 수가 없었다.

그럼에도 누군가가 '진인사 대천명盡人事 待天命'이라고 했던가? 그런 어려운 상황에서도 정신없이 주경야독晝耕夜讀하면서 내 나름대로 최선을 다해 시간을 활용했다. 1982년 여름에 있었던 세무사 자격시험을 치르고 난 후 나는 시험에 대해서는 까마득히 잊고 오로지 국보위 조세행정 개혁방안 마무리 업무에만 매달렸다. 그런데 그해 11월 어느 날 제19회 세무사 자격시험에 합격했다는 뜻밖의 기쁜 소식이 온 것이다. 그날 세무사 합격증을 받고 제일 먼저 사랑하는 아내와 아버지께 보여드렸다. 그랬더니 정말 마음고생이 많았던 아내는 떨리는 목소리로 축하해 주었다.

"여보! 당신 그렇게 열심히 공부하더니만 합격했네요. 축하해요! 이젠 죽을 때까지 실업자 신세는 면했네요. 그동안 나도 몹시 힘들었지만 일단 합격했으니 기쁘네요!"

옆에 계신 아버지께서는 영문도 모른 채 일단 합격했다는 소

1982년 12월, 미국 출장 때 백악관 앞에서

식에 진심으로 기뻐하셨다. 그 무엇보다 그해 연말 보름간의 미국 해외출장을 가기 위해 출국 비행기에 오른 나의 마음은 왜 그렇게도 홀가분했던지. 여기에다 대통령 표창까지 받았으니….
그때는 온 세상이 장밋빛으로 보이고 다 내 것만 같았다.

"여보! 나도 이제 평생 세금쟁이 됐네!"

아버지께
마지막 불효

　　본청으로 전입된 지 어언 8년이 지났으며, 6급으로 승진한 지도 6년쯤 되었을 1984년경에 드디어 사무관 승진 준비를 해야 할 기회가 왔다. 지금에 비하면 다소 경력이 짧다고 할 수 있겠으나 어려운 본청에서의 8년 이상 근무는 그렇게 쉽지 않은 일이라고 본다. 또 비록 그런 기회가 주어진다 해도 계속된 부동산 경기 과열로 인한 투기 억제 업무도 계속 늘어 가고 있었고, 이로 인해 내가 맡은 양도소득세 업무도 더없이 폭증하여 시험 준비는 어려운 환경이었다. 무엇보다 그동안 국세청에서는 부동산 투기 억제 업무의 중요성을 실감하여 1984년 2월 재산세과를 신설하여 전 직원이 부동산 투기를 막느라 바쁘게 돌아가고 있는데 나 혼자 별도의 시간을 할애하여 시험을 준비할 수는 없는 상황이었다.

그때 나는 재산세과 전 직원을 통틀어 최고참이 되었다. 그러나 시간이 흐를수록 새로 전입되는 직원들의 눈총을 의식하지 않을 수 없었다. 그래서 얼른 이 자리를 물려주고 하루 빨리 떠나고 싶었는데 그게 그렇게 쉽게 되지 않는 것이었다.

이에 비해 내가 모시고 있는 간부들은 부동산 투기 업무의 산증인으로서 내가 자리를 지켜 주고 있으니 퍽이나 안심이 되는 모양이었다. 그러면서 나를 별도로 불러 "다른 마음먹지 말고 꼭 사무관으로 승진해서 일선으로 나가라!"고 격려도 해주셨다.

드디어 그해 10월경 사무관 시험에 응시할 기회가 왔다. 그런데 불행히도 이태 전부터 식도암으로 투병 중이신 아버지가 그만 식도가 막혀 음식을 삼킬 수가 없었다. 또 평소 아버지 건강을 자주 체크해 주시던 의사 선생님께서도 몇 개월 못 사실 것 같다는 말씀을 하시면서 장례 준비를 하라는 것이었다. 이렇게 되다 보니 시험도 시험이지만 당장 아버지의 병원 입원과 장례 준비도 해야 할 처지에 놓인 것이다. 이런 어려운 형편을 아셨는지 모시고 있던 과장께서는 얼마간의 기회를 줄 테니 사무실 일은 다른 직원에게 인계하고 아버지의 병간호와 시험공부에 전념해 보라고 배려해 주셨다. 그 대신 급하게 연락할 일이 있으면 언제든지 빠른 시간 안에 사무실로 들어올 수 있도록 하라는 것이었다. 고맙고 감사했다. 아마 이러한 배려는 그동안 조직을 위해 불철주야 온몸을 던져 일한 것에 대한 보상이라고나 할까?

그래서 나는 시내 중심가에 있는 백병원에 아버지를 입원시켜 드리고, 인근 여관을 빌려서 틈틈이 책과 씨름했지만 좀처럼 집중이 되지 않았다.

그러던 어느 날 끝내 병원으로부터 아버지를 모시고 나가라는 최후통첩을 받았다. 할 수 없이 2년 전 아버지의 발병으로 구의동 단독주택을 팔고 이사 온 송파에 있는 방 3칸짜리 아파트로 모셔서 마지막을 준비하지 않을 수 없었다. 식도로 음식물이 들어가지 않아 병원에서 식도를 절단하고 새로 만든 고무호스를 통해 입에서 바로 뱃속으로 흘려보내도록 임시 장치를 해주었지만 그것도 얼마간에 불과했다. 그때 아버지께서는 얼마나 고통스러우셨을까? 그런 상태로 하루 이틀을 보내고 있을 즈음, 주위에서는 산소(묘지) 준비를 미리 해놓는 것이 좋을 것 같다 하여 지인의 소개로 경기도 포천에 있는 서능공원 묘지 약 30평을 확보하여 아버지가 돌아가시면 이미 1972년에 돌아가신 어머니와 합장해 드리기로 했다.

그렇게 꿈에도 그리던 사무관 시험을 준비하려던 나는 이런 어려운 상황에서는 합격이 어려울 것 같아 아예 시험을 포기하려 했다. 그래도 모처럼 주어진 시간이니 최선을 다해 보자고 하여 책과 씨름하는 한편 장례 준비도 열심히 챙겼다. 이렇게 혼자서 북 치고 장구 친 이유는 아버지를 모시고 있는 나 외에는 아무도 도와줄 사람이 없었기 때문이다.

아내와 나는 최선의 방법으로 역할을 분담했다. 외부 일은 모두 내가 하고 집에서 아버지를 수발하는 일은 모두 아내가 하기로 했다. 홀 시아버지를 모시고 하루에도 대여섯 차례씩 엉덩이에 진통제 주사를 직접 놓아 주는 것도 쉬운 일은 아니었다. 드디어 시험일자가 다가와 착잡한 마음으로 시험을 치렀고, 그 이튿날부터 평상시와 다름없이 맡겨진 일들과 씨름하였다.

그런데 불행히도 그때는 내가 하고자 하는 일들이 잘 안되려고 했던지 모든 것이 나에게 불리하게만 돌아갔다. 그 전까지는 사무관 응시후보로 일단 확정되면 그때부터는 후보자의 내신 성적에 관계없이 필기시험 점수 순위로 합격자를 뽑았는데, 유독 그해부터는 내신 성적 20%와 시험 성적 80%를 합쳐서 합격자를 뽑는다는 것이었다. 한 달 후인 12월 하순경에 30명의 합격자가 발표되었는데 예상대로 내 이름은 빠졌다. 발표일 저녁, 비통해 있는 나에게 총무처 고시 담당자로 근무하던 고등학교 동기로부터 전화가 왔다.

"자네, 진짜 너무 억울하게 탈락됐어. 필기시험 성적은 합격인데 내신 성적에서 떨어졌어. 마지막 합격자에 비해 0.07점이 부족하다네."

그러면서 내가 소속된 국세청 최고 책임자에게 이런 안타까운 상황을 말씀드려 1명을 더 뽑아 달라고 해보라면서 나를 위로해 주었다. 그때 누워 계셨던 아버지께서는 그 전화 내용을 들

1982년 10월, 아버님의 세례식 때 아내와 함께

으시고 당신의 병간호 때문에 시험에 떨어졌다고 생각하셨던지 몹시 미안해하시는 표정을 지으셨다.

"아버지! 이번 아니면 다음에는 되겠지요. 그런 걱정 마시고 꼭 건강을 회복하세요!"

아버지를 가까스로 달래 드리고 내방으로 들어와 나는 몹시 울었다.

그런 일이 있었던 며칠 후인 1984년 12월 30일 새벽 1시 30분경, 참으로 한 많은 삶을 사셨던 나의 아버지께서는 69세의 나이로 이 세상을 떠나 어머니 곁으로 가셨다.

"아부지! 저는 마지막까지 효도 한 번 제대로 못 해드린 불효막심한 아들입니다."

삼수 끝에
사무관 승진

1985년 신년 초, 아버지의 장례를 마무리하고 다시 평상으로 돌아왔다. 출근해 보니 모시고 있던 국장과 과장께서는 나를 보고 위로의 말씀을 해주셨다.

"자네, 정말 억울하게 됐네. 그래서 국세청장께 억울한 사연을 말씀드렸더니 당장 총무처에 1명을 더 뽑겠다고 해보라 하셔서 협의를 했으나 총무처 입장은 사정은 딱하지만 일단 합격자 발표가 난 뒤라 곤란하다고 하네."

그러시면서 불원간 사무관을 더 뽑을 예정이므로 그때를 대비하라고 하셨다. 그런 위로를 받았는데도 한두 달가량은 손에 잡히는 것이 없었다. 만사가 괴로웠다. 그렇다고 지금 어떻게 할 수 있겠는가? 하루 빨리 괴로움을 잊는 것이 상책이다. 다행히도 당시 나에게 주어진 업무가 워낙 많아 하루 이틀 일에 파묻히

다 보니 자연스럽게 그런 고통의 순간들을 이겨 낼 수 있었다.

그때가 본청에 들어온 지 어언 8년이 지난 시기였다. 그동안 내가 따져 봐도 정말 많은 일을 했다. 그중 하나는 양도소득세 업무 절차를 완전히 바꾼 일이다. 과거에는 부동산 등기자료를 수집해서 이를 세무공무원이 수동으로 과세 자료전으로 만들어서 주소지 세무서로 보내고, 또 주소지 세무서에서는 그 자료에 의해 수동으로 양도소득세를 결정 고지하는 방식이었다. 이런 원시적인 업무절차를 거치다 보니 많은 부작용이 있었다. 손쉽게 자동화해 볼 수 없을까 하고 많은 궁리를 했다. 그래서 이 모든 업무 시스템을 전산으로 바꾸어 보면 어떨까 해서 윗분들에게 말씀드리고 전산실 요원들과 합력하여 T/F팀을 구성했다. 몇 개월간의 고된 작업 끝에 드디어 1981년 2월부터는 등기소로부터 부동산 등기자료를 수집하여 바로 전산실로 보내어 거기서 양도소득세 고지서를 직접 납세자에게 보내는 완전 전산화 시스템을 만들었다. 참으로 편리했다. 세무행정을 한 단계 업그레이드했다고 자부한다. 수동으로 작업하는 과정에서 감사원 감사를 비롯한 각종 감사에서 많은 지적을 받았는데….

그때 나와 함께 작업팀에서 많은 고생을 한 세금쟁이는 2년 전 대구지방국세청장을 끝으로 명예퇴임한 권기룡 청장이었다. 이렇게 모든 업무절차가 전산화됨에 따라 관련 업무규정인 '재산제세 조사 사무처리 규정'을 전면 개편하여 재산제세 종사 직원들에게 교육하는 등 내가 감당해야 할 일들이 너무나도 많았다.

매일매일을 그런 복잡한 업무에 파묻혀 지내다 보니 금세 6개월이 흘렀다. 그 시점 어느 날 또다시 사무관 시험이 있다는 소식이 들린 것이다. 이번에는 같은 실수를 범하지 않기 위해서 틈틈이 시험 준비를 했다.

드디어 1985년 중반에 두 번째 시험을 치렀다. 그런데 이게 웬일인가? 첫 번째 시험처럼 또 0.03점이 모자라 불합격됐다는 것이었다. 이번에도 첫 번째와 마찬가지로 필기 점수(80%)는 합격하고, 내신 성적(20%)에서 떨어졌다는 것이었다. 왜 이런 똑같은 현상이 두 번씩이나 나에게 오는 것일까? 그때 주위에서 비통해 있던 나에게 이런 말을 해주었다.

"자네! 삼재三災 중中에 있네."

나는 그 뜻을 잘 몰랐다. 지난해 첫 번째 시험에 떨어지고, 뒤이어 아버지가 돌아가시고, 이번에 또 떨어지고. 진짜 삼재일까? 그때 나 자신이 얼마나 초라해 보이던지…. 마냥 죽고 싶은 심정이었다.

먼저는 아내를 볼 면목이 없었다. 그리고 가족들, 또 무엇보다 주위 직원 동료, 선배 심지어 상사들에게까지 얼굴을 들 수가 없었다. 그때 나는 심한 자괴감에 빠졌다. 사무실에 출근하는 것조차 싫었다. 일도 손에 잡히지 않았다. 하루 종일 멍하게 정신 나간 사람처럼 행동했다. 그때 나는 세무공무원 생활을 그만두고 세무사 개업이라도 할까 하는 생각도 했다.

할 수 없이 아내와 상의를 했다. 그때 아내는 늘 불안한 세무 공무원 가족으로 사는 것보다 차라리 편안하고 자유로운 민간인 신분으로 살자고 제의해 왔다. 그래서 깊이 고민하던 중 어느 날 모시고 있던 조중형 직세국장께서 나를 불러 따뜻한 위로의 한마디를 해주셨다.

"조용근 씨, 마음고생이 심하지? 나도 그 심정 이해하네. 그러니 딱 한 번만 더 기회를 줄 테니 최선을 다해 보게. 마지막 삼세판이네!"

뜻밖의 말씀이었다. 국장실을 나온 나는 화장실에 가서 대성통곡을 했다. 그 따뜻한 말씀 한마디에 그만 울음이 나온 것이다. 그 후 마음을 가다듬고 낮아질 대로 낮아진 내 모습을 보면서 하루하루를 지냈다. 몇 개월 후 어느 날 또다시 사무관을 뽑는다는 소식이 들려 왔다. 두 번째 시험 후 약 6개월이 지난 시점이었다. 희한한 일이었다. 왜 이렇게 전에 없이 시험을 자주 보게 되는지 ….

그때부터 나는 집으로 퇴근하지 않고 사무실 인근 여관에 방한 칸을 빌려 시험 준비를 했다. 그리고 이것이 마지막이라고 생각하고 최선을 다했다. 시험을 마치고 초조한 마음으로 하루하루를 보내던 어느 날 퇴근하여 집에 도착해 보니 온 식구들이 기뻐하며 "합격!"이라며 환호했다. 나와 함께 응시했던 같은 또래 동료가 기쁜 소식을 조금 전에 전화로 전해 준 것이었다.

나중에 알게 되었지만 나는 몇 번째 등수 안에 들어가는 꽤나 높은 점수로 합격했다. 그때 내 머리에는 그동안 나에게 일어났던 일들이 주마등처럼 지나갔다. 아버지께 마지막까지 효도해 드리지 못한 일, 동료 후배들 볼 면목이 없어 괴로워했던 일 등이 스쳐 가는 것이었다. 또 나는 나름대로의 큰 깨달음이 있었다. 이것은 내가 믿는 하나님께서 최근 1~2년 사이에 일어난 일련의 괴로운 일들을 통해 철저하게 나를 훈련시키면서 더욱 낮아지라는 교훈을 주신 것이라는 신앙적 확신이 들었다.

이튿날 출근해서 국장과 과장 그리고 모시고 있던 간부들에게 그동안 마음 써주셔서 감사하다고 큰절을 했다. 그리고 그동안 누구보다 나를 격려해 주셨던 지창수 국세청 차장께 인사를 드렸더니 진정 어린 격려를 해주셨다.

"조용근 사무관은 다른 사람들보다 1~2년 늦게 합격했지만 그 사람들보다 더 빨리 승진할 수 있을 것이네. 아무 걱정하지 말고 맡은 일이나 열심히 하게."

그때가 나에게는 세금쟁이 전全인생에서 가장 큰 고통의 순간들이었다. 그때 내 나이 40세였으며, 세금쟁이 20년째였다.

세금쟁이
두 날개를 펴다

'삼재三災'라는 고통의 긴 터널을 빠져나온 나는 시험 합격을 계기로 왠지 모르게 힘 솟는 희망의 빛을 보게 되었다. 합격자 발표 후 8주간에 걸쳐 중앙공무원교육원 사무관 후보교육을 마치고 국세청으로 복귀한 나에게 떨어진 과제는 재산제세 종합 실무교재를 만들어서 일선 세무서 종사 직원들에게 대대적인 직무교육을 실시하라는 것이었다.

관련세법 규정들이 수시로 바뀌고 또 이에 대한 업무지침도 자주 바뀌다 보니 일선 세무서 직원들이 매우 혼란스러워하고 있으며, 무엇보다 각종 감사에 자주 지적된다는 것이었다. 그것이 고의든 고의가 아니든 간에 감사기관에서는 이를 직원들의 비리로 본다는 것이었다. 그래서 그간 각종 감사 시 지적된 사항들과 함께 재산제세 관련 업무에 대한 종합적인 직무교육을 하

3장. 질풍노도의 청춘 시절

1986년 4월, 중앙공무원교육원에서 임관 동기들과 함께
(앞줄 오른쪽 네 번째가 저자)

게 되었다.

약 6개월에 걸친 직무교육을 마무리하고 나니 사무관 정식 임용과 함께 특별한 보직 발령을 받게 되었다. 지금도 그렇지만 그때도 6급에서 사무관으로 승진하면 예외 없이 지방 일선 세무서 과장으로 발령 받았는데, 나만 유독 본청 계장으로 발령 받았다. 그 이유는 대부분의 사무관들이 본청 재산세과를 기피하고, 그렇다고 마땅히 발탁할 적임자도 없다는 것이었다. 무엇보다 국회나 감사원, 아니면 청와대 등으로부터 정책 질의가 오거나 답변을 해야 할 경우 그간의 업무 추진 내용과 과정을 잘 알아야 하는데 제대로 아는 사람이 없었다. 그러나 나는 한자리에서 무

려 10년 이상 근무를 했으니 …. 아마도 50년 가까운 국세청 역사에서 이런 특별한 인사는 내가 처음이 아닐까 한다.

갑자기 6급 직원 자리에서 사무관 계장으로 올려 앉으려니 송구스럽기도 하고 쑥스럽기도 했다. 하지만 하루 이틀 지나다 보니 자연스러워졌다. 무엇보다 다행스러운 것은 나와 함께 근무해 온 직원들도 무척 편하게 생각했다는 점이다. 왜냐하면 자신들보다 내가 업무 내용을 더 잘 알고 있다 보니 자신들을 거치지 않고 내가 직접 기획문을 만들어서 국장이나 청장에게 신속하게 보고하여 시간관리 면에서도 매우 효율적이었기 때문이다. 자신들을 대신해 나 혼자 자리를 지켜 주다 보니 다른 부서와는 달리 직원들이 스트레스를 덜 받는다는 것이다. 그 대신 나는 직원들에게 비교적 여유 있는 시간에 틈틈이 세무사 공부를 하든지 아니면 다른 공부를 해보라고 기회를 주었다.

이런 분위기로 2년 가까이를 지내다 보니 신체적으로 더 이상 견딜 수가 없었다. 드디어 1988년 7월 말, 사무관 인사이동 때 윗분들에게 말씀드렸더니 수긍하시며 나를 자유롭게 풀어 주셨다.

1976년 9월, 7급으로 국세청 본청으로 들어와서 6급을 거쳐 그 자리에서 사무관으로 승진하여 2년가량 더 근무함으로써 12년 동안을 한자리에서 한업무만을 맡아 오다가 비교적 업무가 단순한 부천세무서 부가세2과장으로 나가게 되었다. 그러면서 국세공무원교육원에서 재산제세 관련 교관직도 함께 겸하게 되

1987년, KBS〈무엇이든 물어보세요〉에 출연한 저자

었다. 오전에는 부천세무서에서, 오후에는 수원에 있는 교육원에서 일하게 된 것이다.

이렇게 끈질기게 한자리에서 오랜 생활을 하다 보니 나도 모르게 2가지 이상한 신기록을 세운 셈이 되었다. 그중 하나는 12년 동안 한업무만을 해온 기록이고, 또 다른 하나는 6급 직원에서 바로 사무관 자리로 올라앉게 된 기록이다.

나는 본 지면을 빌려 2만여 명의 사랑하는 국세청 현직 후배들과 독자 여러분, 특히 젊은 청년 여러분에게 들려주고 싶은 이야기가 있다. 첫 번째는 내가 남들이 하지 않았거나 해보기를 꺼려했던 재산제세 업무 한 가지에만 12년간 집중한 것처럼, 우리 각자도 성공하는 삶을 살려면 남이 하지 않는 업무를 해보는 것이다. 사업도 마찬가지다. 남들이 하지 않거나 하기 싫어하는 사업을 해보라는 것이다.

두 번째는 한번 맡은 일에 대해서는 이리저리 자주 옮겨 다니지 말라는 것이다. 즉 한 우물을 계속해서 파보라는 것이다. 흐르는 돌에는 이끼가 끼지 않는다는 속담도 있지 않은가.

부족하기 짝이 없는 내가 감히 이렇게 권면勸勉하는 이유는 내가 훌륭하게 되어 높은 자리에 올라 있어서가 아니라, 현직 시절의 이런 귀한 체험을 바탕으로 지금껏 행복하게 살고 있기 때문이다.

3장. 질풍노도의 청춘 시절

4장

출퇴근 시간만도 4시간 걸려

주민등록 위장전입
전과자 되다

늘상 긴장된 국세청 본청 분위기에서 10년이 넘도록 근무하다 일선 세무서로 풀려날 즈음에 나는 서울 송파에 있는 방 3칸짜리 아파트에서 서울 동남쪽 끝자락에 있는 강동구 상일동의 연립주택(일명 빌라)으로 이사했다. 시내 중심부에서 많이 떨어져 있어 공기도 좋고 시골 냄새가 물씬 나는 변두리 지역이다 보니 그간 몹시 찌들었던 심신이 하루가 다르게 회복되어 가는 것 같았다.

그런데 문제가 생겼다. 이 집에서 새로 발령 받은 부천세무서까지는 몇십 킬로미터나 되는 먼 거리여서 출퇴근 문제가 장난이 아니었다. 한마디로 서울 동쪽 끝에서 서쪽 끝을 지나 한참을 더 가야 하는 거리였다. 더구나 운전면허도 없으니 자가운전도 할 수 없었다. 그러다 보니 대중교통 외에는 달리 방도가 없었다. 집에서 버스를 타고 2호선 지하철역인 성내역을 거쳐 신도림역까지, 거기서 다시 1호선으로 갈아타고 부천역까지, 거기에 도보로 10분을 더해 장장 2시간 정도 걸리는 거리였다. 그러다 보니 새벽녘에 집에서 나와 퇴근 때는 밤이 깊어야 귀가하게 되었다. 더욱이 수원으로 강의를 가는 날에는 서울에서 부천으로, 다시 수원으로, 수원에서 서울 집으로 되돌아오는 일을 되풀이했다. 그러니 몸이 견딜 수가 없었다.

나의 이런 고충을 아는지 함께 근무하던 직원들이 나에게 한 가지 제안을 해주었는데, 빨리 운전면허를 따라는 것이었다. 또 운전면허는 서울보다 부천에서 더 쉽게 딸 수 있다면서 급히 주민등록지를 부천으로 옮겨 놓으라는 말도 함께 들려주었다.

하루 이틀도 아니고 계속 이런 식으로 왕복 4시간이나 걸리는 출퇴근을 계속할 수 없는 노릇이다 보니 그들의 이야기대로 실행하지 않을 수 없었다.

나는 즉시 부천 중동에 사는 직원 친구 아파트로 주민등록을 잠시 옮겨 놓고, 세무서 부근에 있는 자동차학원에 교습신청도 했다. 막상 신청해 놓고 보니 매일 쏟아지는 업무와 교육원 강의 준비 때문에 운전교습을 제대로 받을 수가 없었다. 그런 상태로 하루 이틀을 흘려보내다 보니 운전면허 문제는 전혀 진도가 나가지 않았다.

그 무렵 같은 동네에 살고 있던 국세청 후배 직원이 부천세무서로 전근을 오게 되었는데, 다행히 그 직원은 자가운전을 하고 있었다. 그래서 그 직원의 승용차에 편승하여 출퇴근하게 되니 자동차 운전교습 문제는 자연히 물 건너갔다.

그러던 어느 날 주민등록등본을 발급받기 위해 주민등록이 되어 있는 부천시 중동 동사무소에 들렀는데, 내 주민등록이 직권말소되어 있지 않은가? 담당 공무원에게 내 사연을 솔직하게 이야기했더니 즉시 재등록 신청을 하라고 일러 주었으며, 돌아가서 기다리면 내가 살고 있는 서울 집으로 주민등록이 옮겨질 것이라고 친절하게 설명해 주었다.

다행히 위장 전입한 2개월 동안 큰 문제는 없었지만, 설령 내가 한 행위가 단순히 운전면허를 따기 위한 것이라 하더라도 결과적으로 나는 주민등록법을 위반한 '전과자'가 된 셈이다. 그런데도 내 마음에는 아무런 양심의 가책이 없었다. 또 법을 위반했다는 진정한 뉘우침도 없었다. 그러면서 마음 한켠으로는 매일매일 후배 직원의 승용차에 편승해 가는 것에는 무리가 있다고 생각했다. 그 직원에게도 개인적인 사정이 있고 나와는 근무 여건도 다른데….

그래서 할 수 없이 주말을 이용해서 서울 시내에 있는 운전교습학원에 다니게 되었다. 나에게는 운전면허증 따는 문제가 몹시 시급했기에 열심히 운전교습을 받았다. 그리고 이듬해인 1990년 서울 강남에 있는 자동차운전면허시험장에서 3차례의 실패 끝에 면허증을 땄다. 그리고 그때부터 서툴지만 조심스레 자가운전을 하게 되었다.

그 이후 나는 장관을 비롯한 각급 고위공직자 후보 인사청문회에서 주민등록 위장전입에 대한 이런저런 이야기가 나올 때마다 혼자서 쓴웃음을 지었다.

"나도 저 후보와 똑같은 전과자인데⋯."

토초세인지?
초토세인지?

　　부천세무서에서 근무한 지 1년여 정도 지났을 즈음에 당시 국세청 재산세과장으로부터 호출이 왔다.

　　"조 사무관! 당분간 본청에서 나와 함께 근무해야 할 것 같네."

　　내용인즉 당시 나라 안 곳곳에서 부동산 투기 열풍이 거세게 불고 있어, 자칫 나라의 존립이 흔들릴 정도가 되어 이를 안보安保 차원에서 다스려야 한다는 것이 정부 당국의 강력한 의지이며, 그 실천 방안으로 '토지 공개념公槪念' 관련 법안들을 만들어 강력하게 시행할 예정이라는 것이었다.

　　그중 국세청 소관이 될 '토지초과이득세법'이 곧 제정되어 1990년부터 시행될 예정이니 관련 행정조치 사항들을 빨리 마련해야 한다는 것이었다. 이를 위해 국세청 재산세과 내에 별도의 '토지초과이득세 시행준비단'을 발족하는데, 내가 실무팀장으로 내정되었다는 것이다.

그러나 나는 본청을 떠나온 지 불과 1년여밖에 되지 않았는데 또다시 본청 근무를 하라고 하니 가슴이 답답했다. 무엇보다 법률도 확정되지 아니한 상태에서 향후 3년 동안 국세청이 추진해야 할 업무 로드맵road map을 만들어 보라니, 참으로 황당한 말씀이었다. 그러면서 나에게 건네주신 서류는 재무부(세제실)에서 만든 '토지초과이득세 법률(안)' 초안과 함께 파견근무할 10여 명의 직원 명단이었다. 눈앞이 캄캄했다. 그렇다고 "저는 할 수 없습니다"라고 말할 수도 없었다.

"네! 최선을 다해 보겠습니다. 언제부터 출근하면 되겠습니까?"

"다음 주 월요일부터 출근하게. 그리고 지금 조 사무관이 맡고 있는 업무는 당분간 부가세1과장에게 인계해 놓고."

그날 밤 퇴근한 나는 잠이 오지 않았다. 그 다음 주부터 국세청 재산세과로 출근했다. 10명 가까운 직원들과 함께 재산세과 사무실 한쪽 모퉁이에 칸막이를 치고 업무를 시작했다. 처음으로 대면한 직원들에게 시행준비단의 성격과 해야 할 일들을 이야기해 주었다.

"지금 우리에게 주어진 것은 토지초과이득세 관련 법률초안 뿐이네. 그렇다고 국회에서 이 초안대로 확정된다는 보장도 없다네. 이런 상황에서 우리는 지금부터 무無에서 유有를 만들어 내야 하네."

당시 '토지초과이득세' 초안 내용을 요약해 보면, 나대지裸垈地 같은 실제로 쓰이지 않는 개인 또는 법인 소유 토지 등에 대해서 매 3년마다(지가가 급등한 경우에는 1년마다) 땅값을 평가해서 땅값이 전국 평균 땅값 상승률보다 더 많이 올라간 경우에는 상승한 지가地價의 일정분(30~50%)을 토지초과이득세로 매기겠다는 것이었다. 그것도 토지가 팔리지 않은 상태에서. 겉으로 보면 일견 수긍이 갈 것 같지만 이를 집행해 나가야 할 국세청으로서는 엄청난 행정력을 쏟아 부어야 한다.

먼저 세금을 매겨야 할 대상이 되는 비업무용 토지(쉽게 이야기하면 노는 땅)의 범위는 법령으로 정하겠지만 실제로 과세집행이 잘 되려면 합리적으로 기준을 제시해야 하고, 둘째로 매년 땅값이 어느 정도 올랐는지도 정확하게 평가해야 하는데, 전국에 있는 수천만 필지의 토지마다 정확한 평가를 할 수 있을까? 무엇보다 이 과세 제도는 우리나라에서 한 번도 시행해 본 적이 없고 외국의 사례도 없었다. 다만 내가 알기로는 유일하게 영국에서 노동당 집권 때인 1964년경부터 5년간 토지개발세(D.L.T: Develop Land Tax) 제도를 시행해 보았는데, 토지평가의 어려움 등으로 1969년에 폐지되었다.

그때부터 나는 주어진 환경에 최선을 다하기 위해 다른 직원보다 일찌감치 출근하여 그날 직원들에게 맡길 일들을 미리 챙겨 일을 배분해 주는 등 일사불란하게 추진해야 할 처지에 놓였다. 잠시도 여유를 가질 수 없는 상황이었다. 무엇보다 우리 팀과 업무 파트너 관계에 있는 재무부 세제실과 유기적인 협조와 정보 교환이 시급했다.

당시 재무부 담당과장은 김진표 재산세제과장으로, 나와는 과거부터 친분이 있는 터라 일하기가 편했다. 나도 누차 강조했지만 재무부에서도 신설된 토지초과이득세의 핵심은 무엇보다 집행에 어려움이 없어야 한다는 것이었다. 그래서 수시로 만나 '도상圖上 연습'도 해보았다. 그러기 위해서는 토지 종류별로 샘플을 선정해 일일이 현장을 다녀 봐야 했다.

그때 비록 5~6개월의 짧은 기간이었지만 단위당 업무량을 따지면 아마도 내 생애에서 가장 많은 일을 하지 않았나 생각한다. 아무런 참고자료도 없이 오로지 12년 동안 체험한 실무 경험을 바탕으로, 여기에 과거 내무부 시절 잠깐 시행되었던 '토지과다보유세' 자료 등을 참고해서 향후 1990년부터 3년간 국세청에서 추진해야 할 일정(로드맵)을 정성껏 만들어 국세청장을 거쳐 청와대 등에 보고했다. 또 틈만 나면 부동산 투기 업무 총괄부처인 건설부(토지국) 회의에도 참석하여 관련 정보를 수집하는 등 정말 눈코 뜰 새 없을 정도였다. 여기에다 퇴근 후가 되면 정부 각 부처 조직업무를 전담하는 총무처 조직국 간부들과 토지초과이득세 시행에 따른 국세청 인력 보강 문제, 그리고 본청, 서울청 및 중부청 등에 재산세국을 신설해야 하는 조직 보강 문제를 놓고 밤새 머리를 맞대기도 했다.

이런 바쁜 상황에서도 직속상관 이건춘 과장과는 호흡이 잘 맞아서 비록 몸은 피곤했지만 정신적 스트레스는 받지 않아 참으로 편안하게 일할 수 있었다. 훗날 국세청장과 건설부장관을 거쳐 지금은 국세청 출신 모임인 국세동우회 회장으로 계신 그분께 다시 한 번 고개 숙여 감사드린다.

그리고 당시 업무 파트너였던 재무부 김진표 과장과는 그 일을 계기로 지금까지 더욱 각별한 사이로 잘 지내고 있다. 훗날 경제부총리와 교육부총리를 거쳐 야당 원내대표까지 지내신 그분의 탁월한 경륜과 훌륭한 인품에 대해 지금도 무한한 신뢰를 보내고 있다.

아무튼 토지초과이득세(토초세)인지? 초과토지이득세(초토세)인지? 어느 말이 맞는지는 모르겠지만 그때도 내 평생에서 결코 잊지 못할 순간들이었다. 그 후 말도 많고 탈도 많았던 토지초과이득세법은 실현되지 아니한 이익에 대한 과세라는 문제로 1994년경 헌법 불합치 판정을 받아 1998년에 폐지된 것으로 알고 있다.

출근은 서울에서,
퇴근은 인천에서

 1990년 2월경, 토지초과이득세 시행준비단에서 만든 업무 로드맵에 따라 드디어 '국세청 재산세국'이 출범하였다. 그때 나는 재산세국에 계속 남아 있으라는 윗분의 지시가 있었지만 도저히 몸이 견딜 수 없다고 말씀드리고, 그동안 맡고 있던 업무 일체를 재산세국에 인계했다. 그리고 수원세무서 법인세과장으로 잠시 근무하면서 동수원세무서 개청 준비를 도왔다.

 1990년 4월 부천세무서 법인세2과장으로 정식 발령을 받았는데, 한두 해 전에 이곳에서 부가세2과장으로 1년가량 근무한 적이 있어 그렇게 생소하지 않았다. 그러면서 틈틈이 국세공무원교육원에서 재산제세 실무 강의도 했다.

 그런데 당시 부천세무서는 서울과 인천 사이에 위치해 있어 편리한 점도 있었지만 불편한 점도 있었다. 특히 부천시 전 지역과 김포군, 강화군까지 관할하다 보니 세원 관리와 더불어 직원 관리도 힘들었다. 또 공직 부조리를 담당하는 검찰청이 인천 시내에 소재해 있어서 그 기관과의 관계가 어정쩡한 상태에 있었다. 지금이야 검찰지청이 부천 시내에 있어서 각종 기관장 모임을 통해 상호간 정보교류가 쉽게 이루어지지만, 그 당시에는 그렇지 못했다. 그래서 세무서 간부회의에서 과장들의 대외행정 기관 전담제를 실시하기로 했는데, 나는 인천지방검찰청을 맡기로 했다. 부천세무서라는 조직과 후배 직원들을 위하는 일이라 거절할 수도 없었다.

틈만 나면 검찰청 간부들과 접촉하곤 했다. 어떤 날은 그들과 저녁 미팅을 하기 위해 퇴근 후 집이 있는 서울의 정반대쪽인 인천으로 가야 했고, 그들과 소통하기 위해 때로는 못 마시는 술도 마셔야 했다. 이렇게 서로 자주 만나다 보니 몸은 다소 피곤했지만 정情도 들고 소통도 잘되었다.

또 진심이 서로 통하다 보니 어떤 날은 서로 의기투합하여 밤늦게 노래방에 가기도 하고, 함께 서울에 가기 위해 영업용 택시(일명 '총알택시')를 타고 12시가 넘어서 집에 들어가기도 했다. 그 후 내가 국무총리실로 파견 발령 받기까지 1년 이상 그런 관계를 유지하였다. 그것을 계기로 내가 현직에서 퇴임한 후에도 그분들과는 계속 좋은 인연을 맺어 오고 있다.

이 자리를 빌려서 사랑하는 후배들에게 조언해 주고 싶은 이야기 하나가 있다. 지금도 그분들은 국세청은 다른 어떤 조직에서도 볼 수 없는 상명하복上命下服이 잘되고, 조직을 위해 스스로 몸을 던지는 선후배들이 많은 조직이라고 부러워한다는 것이다. 그런데 "과연 그럴까? 그런 전통은 이미 흘러간 옛날이야기 아닌가?" 하고 반박하는 선배들도 상당수 있는 것으로 알고 있다. 무엇보다 최근에 발령 받은 후배들은 조직을 사랑하는 강도가 많이 떨어졌다고들 한다. 물론 그렇게 볼 수도 있지만, 그런 현상은 비단 국세청뿐만 아니라 모든 부처에 걸쳐 보편적으로 일어나는 트렌드로 봐야 할 것이다. 그런 반면 국세청을 먼저 떠난 선배들도 현직 후배들에게 좋은 모델이 되어야 하는데, 나도 선배의 한 사람으로서 후배들에게 그렇게 좋은 귀감이 되지 못하고 있다고 생각하니 그저 송구할 뿐이다. 그럼에도 불구하고 나를 비롯한 절대다수의 선배들은 국세청을 친정집처럼 진정 사랑하고 깊은 애정을 갖고 있다고 감히 확신한다.

　나는 1966년에 문을 연 국세청 개청요원의 한 사람으로서 9급 최말단에서 출발하여 그동안 훌륭한 선배님들의 많은 가르침을 받고 36년을 보내었으니 누구 못지않게 국세청을 사랑하고, 후배들을 아껴 주고 싶은 심정만은 간절하다. 그리고 당시 부천세무서에서 함께 고생하던 후배 직원들을 보호해 주기 위해 내 스스로 시간과 물질을 써가며 작은 방패막이 역할을 한 것에 대해서 지금도 가슴 뿌듯하게 생각한다. 또 그렇게 나의 작은 희생으로 함께한 직원들의 사기에 다소라도 도움을 주었다고 생각하니 조직의 일원으로서 그저 감사할 뿐이다.

그때 사귀었던 후배들로는 김형균 전 광주청장을 비롯해서 현재 세무서장으로 재직하거나 재직했던 신충호, 임재원, 손윤, 민영일 후배 등이 있다. 이들이 사회 각계각층에서 나름대로 열심히 살아가는 모습을 옆에서 지켜보고 있노라면 내 자신이 왠지 모르게 진한 행복감에 젖어든다.

그러면서 다시 한 번 내 자신에게 물어보고 싶다.

부천으로 출근하고, 인천 쪽으로 퇴근하라면?

전과자가
공직감찰?

       이렇게 마냥 일이 좋아서 물불 가리지 않고 서울, 부천, 수원, 인천 등지를 왔다 갔다 하다 보니 1년이라는 시간이 금방 지나갔다.

  그러던 1991년 4월 어느 날, 국무총리실 제4조정관실이라는 곳에서 한 분이 전화를 주셔서 내가 그쪽으로 파견 발령이 날 것이라고 귀띔해 주었다. 그곳은 바로 공직자에 대한 사정司正업무, 즉 공직기강을 담당하는 곳인데, 국세청에서 나를 추천했다는 것이다. 그러면서 빨리 와서 조정관실 최고 책임자에게 신고를 하라는 것이다. 그래서 국세청 여기저기를 알아보니 다른 말하지 말고 얼른 가서 열심히 근무하겠다고만 말씀드리라는 것이었다.

  하지만 내가 생각하기에 나 자신이 별로 깨끗하지 못한데 그런 곳에 가서 다른 공직자를 감찰한다는 것은 어불성설語不成說이었다.

"뭐 묻은 개가 겨 묻은 개 나무랄 수 있겠는가?"

내 눈 속에는 나무토막이 깊이 박혀 있는데 남의 눈 속에 있는 작은 티눈을 빼주겠다고 할 수 있겠는가? 하는 성경 말씀도 떠올라 몹시 주저했다. 나 자신을 살펴보니 전혀 그런 곳에 갈 그릇이 못 되었다.

1년 전, 자동차 운전면허를 따기 위해 두 달 동안 주민등록을 위장전입한 사실도 있었고, 몇 년 전부터 서울 변두리에서 상가 건물 지하를 빌려 개척교회를 담임하고 있는 목사인 매제(여동생 남편)와 함께 교회를 세울 목적으로 강화도의 온천 개발 예정지에 있는 임야 1천 평을 공동 매입한 일도 있었기에 더욱 그러했다(나의 지분은 곧바로 매제에게 넘겼고, 매제는 온천이 개발되지 아니하여 별 이익도 없이 어렵게 매각 처분했지만).

당초 의도는 옳았지만 결과적으로 올바르지 못했던 나의 이런 행동들과 무엇보다 내 양심에 비추어 보니 도저히 그곳에 갈 용기가 나지 않았다. 그래서 윗분들과 상의해 보니 국세청 본청에서는 이미 파견근무 발령이 났다고 해서 어쩔 수가 없었다.

할 수 없이 맡고 있던 업무를 법인세1과장에게 인계해 주고 청와대 부근에 있는 국무총리실 제4조정관실에 출근 신고를 했다. 그곳에는 이미 검찰청과 경찰청을 비롯한 각 부처에서 파견

된 감찰요원들이 몇 개 팀으로 나뉘어 있었다.

당시 내가 소속된 팀의 팀장은 지금 천안시장으로 재직 중인 구본영 과장이었다. 그곳에서 우리 팀에 주어진 업무는 주로 공직자들의 비리 첩보 수집과 공직 비리에 취약한 부처에 대한 현장 감찰이었다. 또 출장을 마치고 돌아오면 출장 보고서도 작성해야 하는 등 하루도 제대로 쉴 수 없는 복잡한 일정이었다. 그러면서 무엇보다 나 자신도 깨끗하게 살아야 하니 늘 긴장된 생활이었다.

다행히 근무하는 동안 '국세청 대표선수'라는 마음을 가지고 사심 없이 열심히 일해 주었더니 당초 1년간으로 예정된 파견근무가 2년이 넘도록 연장되었다. 그리고 그 대가로 1992년 10월 '근정포장'이라는 큰 선물도 받게 되었다. 그러면서 나는 나름대로의 두 가지 근무 원칙을 마음에 품고 있었다.

첫째는 내가 맡고 있는 일로 단 1명이라도 억울하게 희생되는 공직자가 있어서는 안 되겠다는 것이었다. 거듭 이야기하지만 나 자신도 깨끗하지 못한데 나보다 더 깨끗한 사람을 잘못되게 해서는 안 된다는 원칙이었다.

둘째는 말도 안 되는 이야기로만 들릴지 몰라도 내가 몸담은 국세청 직원들은 적극 보호해야겠다는 것이었다. 별 것 아닌 것을 가지고 세무공무원이라 해서 무리하게 희생시킨다는 것은 내 자신이 용납할 수 없었다. 그래서 혹 다른 부처에서 파견된

1990년, 국무총리실 근무 당시 간부들과 함께
(오른쪽 첫 번째가 저자, 맨 왼쪽이 구본영 천안시장)

감찰요원들이 국세청 직원들에 대한 비리자료를 수집한다는 정
보가 들리면 내가 직접 해명해 주기도 하고 아니면 나에게 넘겨
달라고 했다. 그리고 넘겨받은 자료는 즉시 해당 지방청장에게
인계해서 자체에서 조용히 해결해 달라고 말씀드렸다. 그렇게
해야만 나중에 파견근무를 마치고 떳떳한 마음으로 원대 복귀
할 수 있을 것 같았다.

　나의 이런 '기특한' 마음을 아셨던지 당시 추경석 국세청장께
서는 간혹 나를 조용히 불러 따뜻하게 격려해 주셔서 더욱 힘이
났다. 그분 역시 누구 못지않게 국세청 조직을 사랑한 분이셨다.
나중에는 국세청장을 연임하신 후 건설부장관을 끝으로 공직을

명예롭게 마감하셨는데, 몇 년 전까지 국세청 출신 모임인 국세
동우회장을 오랫동안 맡으셨으며, 지금도 후배들의 훌륭한 멘
토로서 항상 우리들 곁에 계시는 든든한 분이시다.

"존경하는 추경석 장관님! 부디 오래오래 건강하게 지내십시
오. 그리고 늘 감사드립니다."

1992년 8월, 가족과 함께

세무조사통으로
자리 잡다

2년 2개월간의 국무총리실 파견근무를 마치고 1993년 7월 드디어 친정인 국세청으로 돌아왔다. 그동안 나는 많은 것을 깨닫고 또 공직자로서 마음가짐도 새롭게 하는 계기를 가졌다. 무엇보다 다른 공직자들을 감찰하는 나 자신을 매일매일 되돌아보고 혹시나 다른 사람들이 눈살을 찌푸리는 일이 없어야 한다고 스스로를 채찍질했다. 그래서인지 상급자가 가급적 삼가라는 것에 대해서는 철저하게 지켜 왔다.

이 지면을 빌려 솔직히 고백하지만, 나는 국세공무원으로 36년을 재직하는 동안 한 번도 골프채를 잡아 본 적이 없다. 남들다 하는 운동을 나 혼자 안 했다고 해서 그것이 무슨 큰 자랑거리냐고 항변할지는 모르지만 어쨌든 현직 시절에는 그 운동을 배우겠다는 마음을 한 번도 가져 보지 못했다. 그 이유는, 불행히도 그런 계기가 나에게는 오지 않았다. 대체로 승진해서 지방으로 가면 여가를 이용해서 골프연습장에라도 들락거린다는데 나는 6급에서 곧바로 본청 사무관으로 근무하게 되었고, 나중에 세무서장으로 내려갔을 때는 그 지역이 농촌지역이라 골프연습장이 아예 없었다. 또 사무관으로 수도권에서 근무할 때는 본청 파견 등 바쁜 일 때문에 아예 손도 못 대었다. 또 일요일이면 교회에서 하루 종일 봉사활동을 하다 보니 개인적으로 그럴 시간적 여유도 없었다. 그러다가 이제는 좀 여유가 있겠다 생각했을 때는 바로 국무총리실 공직감찰반에 투입되다 보니 자연히 골프와 인연이 없었다. 그런 이유 때문에 공직을 떠나 10년이 지났는데도 아직도 골프에 대해서는 초보자 수준을 면치 못하고 있으니 참으로 '불쌍한' 사람이 아닌가? 그렇다고 아직까지 한 번도 후회해 보지는 않았다. 단지 함께 골프 운동하는 일행들에게 '민폐'(?)를 끼칠 뿐….

파견근무를 마치고 되돌아온 나에게 국세청에서는 그동안의 고생에 대한 보답 차원인지 몰라도 서울지방국세청 조사관리과 2계장으로 발령 내주었다. 지금도 그런 경향이 있지만 당시 국세청의 주력 부대라고 하면 단연 조사국이었다. 따라서 간부들이나 직원들이 자기 능력을 인정받으려면 어떻게 해서든 조사국으로 가야 했다.

지금은 서울지방국세청의 경우 조사1, 2, 3, 4국을 비롯해서 국제거래조사국까지 조사국이 모두 5개 국이나 되다 보니 조사요원으로 지원할 수 있는 길이 비교적 넓지만 당시에는 조사1국과 2국밖에 없었다. 조사1국은 주로 대기업 정기 세무조사를 전담했으며, 조사2국은 지금의 조사4국과 같은 특별 세무조사를 전담했던 것으로 기억된다.

조사1국 조사관리과에서 내가 맡은 업무는 직접적인 세무조사가 아니라, 일선 세무서와 나와 함께 근무하는 직원 10여 명이 자체적으로 수집한 탈세정보 자료를 종합해서 본청 조사국으로 보고하는 일종의 조사지원 업무였다. 그때 나는 정보수집 업무체계를 종전의 개별 자료 위주 방식에서 업종별 기획수집 방식으로 바꾸었다. 그렇게 해보니 훨씬 양질의 탈세정보 자료를 수집할 수 있었다. 나는 그런 이유로 본청 조사국 핵심 간부들로부터 높은 점수를 받아 얼마 후 본청 조사국 조사1과 3계장으로 발령 받았다.

그러다가 당시 황수웅 조사2과장께서 지난 2년간 나의 업무 스타일을 잘 보셨던지 부족한 나를 2달 만에 조사2과 선임계장(1계장)으로 발탁해 주셨다. 그곳은 전국에서 올라오는 모든 탈세정보 자료에 대한 처리 방향과 기준들을 만들어 지방청별로 내려 보내는 일을 담당했다. 6개월 동안 역시 최선을 다했더니 이번에는 진짜 아무나 갈 수 없는 조사1과 선임계장(1계장)으로 또 자리를 옮겨 주셨다. 그러니까 본청 조사국으로 전입된 지 채

1년도 되지 않은 그 짧은 기간 동안 2번씩이나 다른 자리로 옮긴 것이다.

그때 나에게는 또 하나의 깨달음이 있었다. 어느 조직에서나 아무리 비핵심 멤버라 할지라도 자기 자리에서 최선을 다해 일하면 상상도 못 할 큰 보상이 굴러들어 온다는 사실이었다. 다시 말해, 실력도 중요하지만 무엇보다 성실함과 최선을 다하는 모습을 상사들에게 보여 주어야 한다. 내 경우에는 정확히 9개월 동안 3차례씩이나 승승장구했다.

그때 나는 확신했다. 세금쟁이 28년 만에 드디어 세무조사통으로 자리 잡았다는 사실을….

드디어 나도 세무서장

나도 세무서장이 됐네!

　　1996년은 나에게 또 하나의 큰 행운을 가져다 준 한 해였다. 만 50세로서 세금쟁이 노릇해 온 지 30년이 되는 해였다. 드디어 꿈에 그리던 서기관 자리에 오른 것이다. 비록 몇 개월간 복수직 서기관 자리에 있었지만 그해 7월에 세무서장으로 나가게 되었으니 정말 의미 있는 한 해였다.

　　20세 약관의 나이에 최말단 9급에서 출발하여 8급, 7급, 6급, 5급 사무관을 거쳐 무려 다섯 단계를 차례차례 숨 가쁘게 뛰어 올라왔다. 정말 운 좋게 달려왔다. 지금 고백하지만 이것은 절대 내가 잘나서가 아니라 하나님의 100% 보살핌이었다고 감히 말하고 싶다.

　　이렇게 국세청 핵심 간부로 올라서게 된 개인적인 원동력이 있었다면 그것은 한마디로 "예! 해보겠습니다!"라는 말과 끝까지 해보겠다는 끈질긴 근성이 아닌가 한다. 또한 설사 내 자신이 그렇더라도 남다른 행운 없이는 절대로 안 될 일이다. 그래서 나는 내 자신을 스스로 행운아라고 여기며 퍽이나 만족했다. 무엇보다 남들이 그렇게 부러워하는 국세청 조사1국 조사1과 1계장 자리에서 서기관으로 승진했으니 "이제 죽어도 여한이 없다"고 할 정도로 내 모든 소원을 이룬 셈이었다.

지금 생각해 보니 나는 정말 '운7 기3'(운수가 70%, 실력은 30%)의 인생이 아닌가 싶다. 그때 본청 조사국에는 나보다 먼저 들어온 사무관도 있었는데, 그분은 안타깝게도 근무평점 관리가 잘 되어 있지 않아 승진 배수에 들어가지 못하는 바람에 그 다음 순서였던 나에게 행운이 돌아온 것이다.

이제 서기관 자리로 한 단계 올랐으니 더욱더 조직을 위해 헌신해야겠다는 각오가 생겼다. 그래서 밤낮없이 사무실 일에 매달렸다. 또 퇴근 후에는 대검찰청을 비롯한 관련 대외기관 실무 간부들과의 만남을 통해 국세청 관련 정보를 수집하여 윗분들에게 보고해서 조직에 문제가 없도록 했다.

그러면서 어떤 날에는 못 먹는 술도 마시게 되었다. 당시 직속 상관인 조사국장이나 조사1과장께서는 체질상 전혀 술을 마시지 못하시다 보니 내가 대신 희생을 한 것이다. 비록 그동안 우리 가문에 술 때문에 좋지 않은 일들이 몇 차례 일어났지만 어쩔 수 없었다. 이렇게 하여 어울리기 힘든 그들과 자주 어울리다 보니 서먹서먹했던 서로의 관계에 변화가 일어나게 되었다.

하지만 이렇게 사무실 일만 열심히 하다 보니 집에서 일어나는 일에 대해서는 전혀 신경을 쓰지 못했다. 날이 갈수록 아내나 아들, 딸과의 관계가 점점 서먹서먹해지는 것이었다. 어떤 때에는 아예 하숙생이나 지나가는 나그네 취급도 받게 되었다.

그런 상태로 몇 개월이 흘러갔을 무렵, 명예퇴임하는 선배 세무서장들로 인해 세무서장 인사이동이 있었는데, 나도 그중에 끼게 되었다. 지금은 복수직 서기관 자리가 많아서 세무서장으로 나가는 데는 다소 많은 시간이 걸리지만 그 당시에는 복수직 직제가 생긴 지 얼마 되지 않아 몇 개월 만에 세무서장으로 나가게 되었다.

드디어 1996년 7월 초 당시 임채주 국세청장께서 나를 부르셨다.

"조용근 서기관! 그동안 정말 수고 많았네. 이번 인사에서 세무서장으로 나가게 될 텐데, 시골이라도 괜찮겠나?"

"네! 물론 괜찮습니다. 어디든 보내 주시면 열심히 일하겠습니다."

그 다음 날 또 부르셨다. 그리고 전날과 똑같은 말씀을 해주셨다. 나도 똑같은 말씀을 드렸지만 '설마 진짜 산골짜기는 아니겠지?'하고 생각했다. 그 다음 날 발령이 났는데 경북 '의성세무서장'이었다. 그때 나는 이해했다. 국세청장께서 왜 두 번씩이나 시골인데도 괜찮겠느냐고 말씀하셨는지를. 당시 의성세무서는 경상북도 의성군과 군위군을 관할하고 있었는데 연간 세수 규모가 100억 원밖에 되지 않는 전국에서 제일 작은 세무서 중 하나였다.

"정말 존경하는 임채주 청장님! 잘 계시지요? 초임 사무관 시절부터 누구보다 부족한 저를 아껴 주시고, 일도 많이 시켜 주시고, 또 세무서장으로까지 보내 주셨으니, 그 은혜 결코 잊지 않겠습니다. 부디 건강하십시오!"

그날 저녁에 나는 사랑하는 식구들에게 자랑했다.

"얘들아! 드디어 나도 세무서장이 됐네!"

의성군수에
진짜 출마할 거요?

　　세무서장으로 발령 받은 후, 나는 30년 가까운 세금쟁이 생활을 되돌아보았다. 그저 출세하고픈 일념一念에 가족보다는 사회적 신분에 더 신경을 썼다. 그 결과 국세청 서기관이라는 사회적 신분은 얻었지만 가족과의 관계가 점점 망가져 가고 있었다. 그런 상태에서 갑자기 혼자서 시골로 내려가게 되니 무엇보다 아내에게 미안한 생각이 들었다. 학업에 열중하는 아들과 딸 곁에도 있어 주어야 하는데…. 또한 나 자신도 갑작스런 환경 변화에 불안하기도 했다. 며칠 전까지만 해도 눈코 뜰 새 없을 정도로 바쁘게 지내다가 갑자기 할 일 없이 사무실에서 멍하니 혼자 있자니…. 그렇다고 세무서장이 직원들과 한 사무실에서 머리를 맞대고 직접 일할 수도 없었다.

　　의성이 원체 시골이다 보니 가끔 관내 유관기관장들과 만나서 회식하는 일 외에는 만날 사람도 없었고 딱히 내가 나서서 지원해야 할 일도 없었다. 무엇보다 연간 100억 원도 되지 않는 세수 확보 문제도 군청을 비롯한 각급 관공서와 학교 교사들이 내는 근로소득세가 대부분을 차지하여 별로 신경 쓸 필요도 없었다.

그래서인지 직속상관인 대구지방국세청장께서도 직원들 관리에 신경 써 달라는 것밖에 달리 지시할 것도 없었다. 또 퇴근 후 가질 마땅한 취미꺼리도 없었다. 골프연습장 하나 없는 전형적인 농촌 지역이다 보니 골프채를 잡을 기회도 없었다. 그렇다고 몇십 킬로미터 떨어진 인근 도시로 나갈 수도 없는 터였다. 한마디로 이곳 세무서장은 그동안 고생한 대가로 승진해서 잠깐 쉬었다가 다시 다른 곳으로 가는 일종의 '경유지' 같은 자리로 보면 된다.

형편이 그렇다 보니 무엇보다 직원들이 다른 마음먹지 않도록 하는 것이 중요했다. 그래서 내가 겪었던 지난날들을 생각해서라도 직원들을 편안하게 해주고 싶었다. 한 달에 한 번씩은 전 직원이 세무서 잔디마당에서 삼겹살 파티를 하면서 서로의 마음을 나누게 했으며, 그달의 가장 모범적인 직원인 '이달의 의성인義城人'을 직원들 스스로 뽑게 해서 이틀간의 휴가와 함께 격려금까지 주며 축하해 주기도 했다. 또 매월 마지막 수요일 오후는 '체육의 날'로 지정, 야간 산행을 하면서 한마음으로 단합하게 했으며, 기숙사에 기거하는 직원들에게는 다른 마음먹지 말고 세무사 공부에 열을 올리게 했다. 이렇게 자주 직원들과 함께 하는 시간을 가지다 보니 직원들이 나를 큰형님이나 삼촌같이 대해 주었다. 또 각자가 가진 고민들을 털어놓게 하고 내가 해결할 수 있는 것이라면 빨리 해결해 주기도 했다. 그렇게 하다 보니 나도 퍽이나 즐거웠다.

그래서 주말이면 아무런 스트레스 없이 중앙선 열차를 타고 서울로 올라갔으며, 검찰 지청장과 함께 예천공항에서 비행기를 타고 올라갈 때도 있었다. 내려올 때는 일요일 밤에 청량리역에서 출발하는 중앙선 야간열차를 이용했다. 이렇게 일보다는 직원 단합하는 일을 1년 이상 하다 보니 국세청 본청에서 몸을 던져 가면서 밤낮없이 열심히 일하던 내 모습이 점점 사라져 가고 있었다. 그래서 상급기관에 다른 곳으로 보내 줄 수 없느냐고 물었더니 나는 곧바로 서울로 올라갈 사람이므로 이곳에서 1년 이상 근무해야 한다는 것이었다. 그런데도 관내에서는 "조용근 세무서장이 이번 의성군수 출마에 뜻이 있어서 일부러 다른 곳으로 가지 않는다"는 유언비어가 나돌았다. 이는 당시 내가 관내 납세자들과 유지들로부터 평판이 좋았기 때문이기도 했다.

어느 날 당시 정해걸 군수께서 조용히 좀 만나자는 연락이 왔다. 참고로 당시 정해걸 군수의 며느리가 의성세무서에 근무하고 있어 정 군수와 나는 '우리는 사돈 관계'라고 가끔씩 농담을 주고받기도 했다.

"조 서장! 이번 군수 선거에 진짜 출마할 거요?"

나는 빙그레 웃으면서 대답했다.

"세무서장이라고 군수 출마 못 하란 법 있습니까?"

그러면서 정 군수에게 내 입장을 이야기해 주고, 재선이 꼭 성공되기를 빈다고까지 말해 주었다. 그 후부터 정 군수는 명절 때가 되거나 모처럼 서울 집으로 올라갈 때는 꼭 인근 정육점에 가서 한우고기 몇 근씩을 사서 나에게 보내 주었다. 이렇게 산골에서 재미있게 보내다 보니 어느덧 1년 6개월이란 세월이 흘렀다.

1998년 1월, 김대중 정부가 들어서자마자 나는 서울지방국세청 재산세 조사과장으로 발령 받았다.

"그때 의성군수에 한번 출마해 볼 걸!"

요즘도 가끔 혼자서 이렇게 농담 삼아 중얼거리며 의성 시절을 되뇌어 본다.

- - - - - - - - ❈ - - - - - - - -

이참에 국세청을 비롯한 우리 세무관서(특히 시골 세무서)의 위상에 대해 내가 당시 느꼈던 소감을 이 지면을 빌려 솔직하게 고백하고 싶다. 일반적으로 국세청이나 지방국세청이라고 하면 납세자들에게는 두려움의 대상이 되겠지만 관청이나 일반 국민들에게는 그렇지 않은 것 같다. 특히나 세원이 아주 빈약한 시골

3급지 같은 곳에서는 세금에 대한 관심이 적은 데다가 관할 세무서장의 잦은 인사이동으로 인해 아예 세무서를 무시해 버리는 경향이 있다. 지역 분위기가 그렇다 보니 기관장 모임이나 각종 행사를 할 때 정해지는 의전 서열에서 일반 관공서는 물론이고 심지어 일반 민간단체보다 밀리는 경우가 더러 있다.

내가 의성세무서장으로 부임하자, 지역에서는 "이번 세무서장은 과연 얼마나 있다 갈까?"하고 수군대는 소리를 들었다. 여기에다 나보다 먼저 거쳐 간 전임 서장들도 다른 기관장들과는 별로 많은 접촉을 하지 않았다. 형편이 이렇다 보니 지역 검찰청에서도 세무서를 별로 좋게 보지 않았다. 그래서인지 어떤 때는 별로 큰 사건이 아닌데도 세무공무원이라 해서 구속을 시킨 일이 더러 있었다고 한다.

그래서 당시 대구지방국세청장께서도 나에게 특별히 이 점을 당부하셨다. 나는 부임하자마자 최우선적으로 관내 유관기관과의 소통 문제에 대해 특별히 신경을 썼다. 그런데 더 큰 문제는 이 지역 납세자들도 덩달아 세무서의 협조 요청에 잘 따르지 않는 것이었다. 그중 몇몇은 마치 자기가 이 지역 골목대장인 것처럼 으스대면서 세무공무원 알기를 우습게 아는 것이었다.

그중에서도 슈퍼마켓을 운영하는 어떤 납세자는 특히 심했다. 과거 경찰 간부 출신이라고 뽐내면서 부가가치세와 소득세를 무려 20여 차례나 일부러 체납한 사람이었다. 세금을 내지 않는 것을 자랑 삼아 떠벌이면서도 자기는 고급 승용차를 타고 다니고 있으니…. 나중에 안 사실이지만 그곳에서는 아무도 그 사람을 제재할 수 없다는 것이었다. 그런 사실을 담당 계장이 나에게 보고하면서 이 사람은 전형적인 상습 국세 체납범이니 가만히 두어서는 세정을 펴나가는 데 큰 장애가 될 수 있다는 것이었다.

그 말을 들은 나는 몹시 화가 났다. 어떻게 이런 사람이 버젓이 활개 치고 다니도록 놓아 주었는지? 한마디로 이것은 나를 비롯하여 그동안 이곳을 거쳐 간 전임 세무서장 모두의 책임이었다. 그래서 담당 계장으로 하여금 즉시 조세범처벌법에 의한 '상습 국세 체납범'으로 검찰에 고발 조치토록 했다. 그리고 내가 직접 검찰청에 가서 고발인 진술을 했다. 국가 공권력을 우습게 아는 사람으로 가만히 두어서는 안 되겠다고 강하게 이야기했더니 검찰지청장과 담당검사도 수긍하면서 바로 구속시켜 버렸다. 이런 사건이 관내에 알려지자 일부 뜻 있는 사람들이 나에게 잘 생각해 보라고 이야기했다. 그 사람은 인맥이 보통이 아니어서 자칫하면 세무서가 다칠 수 있다는 것이었다. 심지어 어떤 때는 그 아들이 나에게 협박전화를 했지만 나는 끄떡도 하지 않았다. 결국 그 상습 체납자는 재판에서도 실형을 선고 받았다. 또 밀렸던 세금도 모두 완납했다.

이런 일이 있은 후 직속상관인 대구지방국세청장에게 이 사실을 보고했더니 우리 세무행정에 좋은 수범 사례가 되었다고 하시면서 격려도 해주셨다. 그렇지만 한편으로는 의성세무서가 생기고 처음 있는 사건이라 혹시나 우리 직원들이 다치지 않을까 하고 속으로 몹시 안절부절못했다. 그런데 다행스럽게도 이런 소문이 퍼져 나가자 지역 내 다른 납세자들도 바짝 긴장하는 분위기였으며 세금을 체납한 다른 사람들도 서둘러 밀린 세금을 내게 되었다.

이참에 한 가지 더 자랑하고 싶은 것이 있다. 지금도 '의성 육쪽마늘' 하면 전국적으로 잘 알려진 이 지역 특산물인데, 서울에는 가짜 의성 육쪽마늘이 너무 많다는 정보가 나에게 들렸다. 이곳에서 생산한 육쪽마늘 수량보다 서울에서 팔리는 수량이 10배가량이나 많다는 것이었다. 그래서 큰맘 먹고 세무서 전 직원을 총동원해서 007작전을 폈다.

의성읍으로 들어오는 길목은 2~3개밖에 없는데, 직원들 모두에게 밤샘 근무를 시켜 이 길목마다 지키게 했다. 그리고 타 지역에서 생산한 마늘을 싣고 이 지역으로 들어오는 화물차를 샅샅이 조사했다. 그랬더니 경상남도나 전라도 등 다른 지역에서 생산된 마늘이 이 지역으로 몰래 들어와 갑자기 의성 육쪽마늘로 둔갑되어 다시 서울로 올려 보내지는 것으로 확인되었다. 의성세무서에서는 여기에 가담한 관내 마늘 판매업자들에 대해 엄중한 특별 세무조사를 실시했다. 확인 결과 이들은 자기 상호

1997년 12월 31일, 의성세무서를 떠나며

를 빌려주는 대가로 상당액의 수수료를 챙겼으며, 이들이 직접
그런 '장난질'을 한 사실도 확인되었다. 그래서 이들을 불러 "당
신들의 고향 특산품은 당신들이 지켜야 하지 않느냐?"고 다그치
면서 특별 정신교육도 시켰다. 그리고 다시는 그런 일이 없도록
하겠다는 서약을 받고 이들이 빼먹은 세금만 추징한 후 풀어 주
었다. 그리고 이런 내용을 의성 군수에게도 보내 앞으로 사후 관
리를 잘하라고도 했다. 이렇게 의성을 위한 올바른 지역 세정을
폈더니 의성세무서의 위상이 과거에 비해 한껏 올라갔다. 무엇

보다 군청을 비롯한 여러 기관장이나 지역 유지들이 나를 만날 때마다 크게 칭찬해 주었다.

"이번 의성세무서장은 정말 대단한 사람이네! 한칼 쓰는 사람이네. 진짜 군수 출마해도 되겠네."

1997년 12월 말, 정든 이곳을 떠날 때 찾아와 눈물을 흘려 준 군수를 비롯한 많은 기관장들과 지역 유지분들을 지금도 잊을 수 없다.

착한 세금쟁이들이 만든
목야 산악회

1998년 1월 김대중 정부가 들어설 무렵, 나는 1년 6개월간의 의성세무서장 근무를 끝내고 서울로 올라왔다. 국세청 재산세과에서 12년간 맡아 온 부동산 투기업무 경력을 인정받아 서울지방국세청 재산세국 부동산 투기 조사담당관으로 발령 받았다. 이곳은 100명 가까운 조사 요원들이 양도소득세와 상속세, 증여세 조사를 비롯하여 비상장 법인들의 주식이동 조사까지 하는 나름대로 방대한 조사팀이었다. 이 조직이 1년 후에는 지금의 서울지방국세청 조사3국으로 확대 개편되었다.

그때 내가 직속상관으로 모시게 된 분은 다름 아닌 권을선 국장(작고)이셨다. 이분의 고향은 경북 안동이었는데 정말 인품도 훌륭하시고 지혜가 있으신 분이라 비록 짧은 기간이었지만 나는 많은 것을 배웠다. 그런데 얼마 안 있어 병원에 입원하셨는데, 불행히도 완쾌가 되지 않으셨던지 계속해서 자리를 비우게 되었다. 그래서 100명 가까운 조사요원들을 관리하기에는 턱없이 능력이 부족한 나로서는 정말 불안했다. 일일이 조사 대상자에 대한 조사 범위와 방법까지도 함께 제시해 주어야 했으며, 매주 한두 차례씩 조사 진행상황까지 보고 받아야 했다.

우리가 담당하는 세무조사 대부분이 거래 상대방을 포함해서 관련인 조사도 함께 해야 하다 보니 자칫하면 조사 대상자가 아닌데도 세무조사를 하게 되는 경우가 더러 있었다. 그러다가 만에 하나 조사를 잘못하게 되면 납세자들의 민원을 비롯해 청탁도 자주 들어오게 되는 것이다. 그런데다 조사요원들과 함께 근무하는 나의 사무실이 국세청 본관이 아닌 인근에 있는 연합뉴스 건물 내에 있다 보니 조사요원들의 근무 기강에도 신경 쓰지 않을 수 없었다. 무엇보다 관리 책임자인 국장이 공석 중이다 보니 나 자신부터 몸조심을 하지 않을 수 없었다. 여기에다 국세청장을 비롯한 서울청장에게 세무조사 진행상황을 보고하기 위해 하루에도 몇 차례씩 국세청 본관 건물을 왔다 갔다 해야 했다.

설상가상으로 몇 개월 동안에 걸친 감사원 특별감사도 받아야 했다. 1995년에 새로 제정된 '부동산 실소유자 명의 등기에 관한 법률'에 따라 그해 7월부터는 실소유자 명의로 등기해야 하나, 그 법 시행 이전에 이미 다른 사람 명의로 명의 신탁한 사람들에게는 1년간의 실명 전환 기간(1995. 7~1996. 6)을 주어서 그 기간 내에 실명으로 전환하는 경우에는 세금에 혜택을 주겠다고 했는데, 혹시나 이 제도를 악용해서 세금을 빼먹은 위장 사례가 없었는지에 대한 특별감사였다.

몇 분의 감사관들이 국세청에 직접 나와서 특별감사를 하는데 내가 수감 책임자로서 일일이 감사를 받아야 했다. 그때 나는 '나에게는 왜 이렇게 바쁘고 골치 아픈 일들만 늘 따라 다니는지?' 하고 마음속으로 불평하면서 가끔씩 국세청장과 서울지방국세청장께 내가 겪고 있는 애로사항을 말씀드렸더니 조금만 더 기다려 보라고 하시면서 직원관리를 철저히 해달라는 부탁 말씀만 하셨다.

그래서 나는 '어떻게 하면 이 어려운 난관을 극복할 수 있을까?' 하고 깊이 고민하던 중 한 가지 아이디어가 나왔다. 바로 직전 근무지였던 의성세무서에서 매주 한 차례씩 50여 명의 직원들과 함께 했던 야간 산행 모임이 생각났다. 그래서 함께 근무하는 사무관들에게 매주 목요일마다 북한산으로 야간산행을 하면 어떻겠냐고 제안하면서 참가 회비는 예외 없이 1인당 1만 원으로 하되 그중 5천 원은 식사대(도시락 구입비)로 하고, 나머지 5천 원은 모아 두었다가 어려운 청소년들을 돕는 데 쓰자고 했더니 모두들 박수를 쳤다. 또 서울지방국세청장에게 이런 내용을 보고 드렸더니 흔쾌히 승낙해 주시고 그날만은 퇴근시간을 1시간 앞당기게 해주셨다. 그랬더니 예상보다 많은 조사요원들이 동참해 주었다. 그래서 매주 목요일이면 저녁 5시 30분 북한산 입구에서 출발하여 서너 시간 동안 산행을 하면서 산비 정상에서 함께 도시락으로 저녁 식사를 해보았더니 정말 꿀맛이었다.

그렇게 목야木夜 산악회를 조직하여 가을까지 약 6개월 정도 계속해 보았더니 무엇보다 직원들끼리 소통이 잘되었다. 여기에다 절반의 회비를 모아 종로구청으로부터 통보 받은 종로구 관내 불우한 청소년 몇 명을 도와주었으니 모두가 마음 착한 세금쟁이로 변하고 있었다. 나중에 이 아름다운 소식을 보고 받으신 서울지방국세청장께서는 자신도 이 모임에 동참하고 싶다고 하셨다. 국세청장께도 보고 드렸더니 역시 아름다운 미담사례라고 크게 칭찬해 주셨다.

집안에 보스가 안 계신다고 손 놓고 있을 것이 아니라 어려움을 극복하기 위해 이런 좋은 이벤트를 만들어서 스스로 운영해 보았더니 조사요원들이 자발적으로 더 열심히 일하는 원동력이 되었다. 그 후 연말에 한 해 업무를 결산해 보았더니 연초 우리에게 주어진 목표치보다 무려 150% 이상의 좋은 실적도 올렸고, 당초 우려했던 조사요원들의 근무 기강 문제도 아무런 잡음 없이 한 해를 마감할 수 있었다. 또 더 고마운 것은 몇 개월간의 감사원 특감에서 한 건의 지적도 받지 않은 것이다.

나는 가끔 권을선 국장 집으로 찾아가서 이런 내용들을 보고 드렸고, 권 국장께서는 매우 만족해하시면서 나에게 진심으로 미안해하셨다. 그 후 권 국장께서는 수원에 있는 국세공무원교육원장으로 영전하셨다가 얼마 후 그만 우리들을 남겨두고 세상을 떠나셨다.

"국장님예! 제가 약속 잘 지켰지예. 그만하면 잘했지예. 근데 그때 진짜 힘들었거든예…."

땀과 눈물로 얻은
귀한 자리에서 8개월

　　모시고 있던 국장께서 1년 가까이나 병석에 누워 계시는 가운데 나는 국장의 업무 대행을 하면서 100여 명 가까운 조사요원들을 직접 챙겨야 했다. 거기에 설상가상으로 몇 개월에 걸친 감사원 특별감사까지 받았으며, 무엇보다 윗분들이 걱정하시는 직원들의 복무 기강까지 책임져야 했으니 그 고통이 오죽했으랴.

　　그러나 결과적으로 우려했던 것과는 정반대로 아무런 문제없이 1년을 잘 마무리하게 되었다. 그 덕택에 그해 연말에 있었던 간부 정기 인사이동 때 나는 서울지방국세청 조사1국 조사관리과장으로 발탁되었다. 당시 많은 사람들은 "이번 인사에서 가장 눈에 띄는 인사"라고 평가해 주었다. 그 공적은 분명 내가 잘나서도 아니고 능력이 뛰어나서도 아니었다. 당시 안정남 청장(작

5장. 드디어 나도 세무서장

고)께서도 이런 점들을 높이 평가해 주셔서 부족한 나를 그 자리로 발탁해 주신 것이었다. 나는 이 지면을 빌려 하늘나라에 계시는 그분께 다시 한 번 고개 숙여 깊이 감사드린다.

참고로 당시 서울지방국세청 조사국은 1국과 2국으로 나뉘어 있었는데, 조사1국에서는 대기업 정기 세무조사를 위주로 했으며, 조사2국은 특별 세무조사와 주식이동조사를 주로 담당했다. 따라서 대부분의 조사요원들은 조사2국보다는 조사1국을 더 선호하는 분위기였다.

또 내가 맡고 있는 조사1국 조사관리과에서는 직접적인 세무조사보다는 직세국(법인세과) 등에서 매년 선정한 조사 대상 법인을 조사담당관실에 배정하는 일과 조사담당관실에서 조사를 잘할 수 있도록 각종 여건을 지원해 주는 일 등을 담당했다. 또 과장 개인으로서는 대외 유관기관 간부들과의 잦은 교류를 통해 세원 정보를 수집하는 일도 빼놓을 수 없는 업무 중 하나였다. 이런 귀하고 중차대한 자리에 부족한 나를 발탁해 주셨으니 조직을 위해 더 열심히 헌신해야겠다는 각오도 더욱 다졌다.

그런데 어느 날 갑자기 국세청장실로부터 호출이 온 것이다. 안정남 국세청장께서 느닷없이 호통쳤다.

"조용근 과장! 야 이 친구야, 직원관리 좀 똑바로 해!"

"무슨 말씀이십니까?"

구체적인 사연은 이러했다. 얼마 전에 있었던 초급 간부 인사이동 때 내 밑으로 온 간부가 정보기관 사람들과 만나서 국세청 장을 음해하고 다닌다는 것이었다. 그때 나는 그것이 사실이든 아니든 간에 몇 번이나 거듭 사죄를 드리고 국세청장실을 빠져 나왔다. 진땀이 났다. 그리고 사무실로 돌아와 직원들을 모아 특별히 당부했다.

"우리는 정권이 어떻게 바뀌었든, 어떤 분이 국세청 최고 책임자로 왔든 그 일은 중요치 않다. 또 국세청이라는 조직은 영원하다. 그러니 우리 모두는 국세청의 한 사람으로서 조직에 손해가 되는 일은 하지 말고, 말도 특별히 조심하자. 또 사무실에서 일어난 일들은 집에 가서 아내에게도 이야기하지 말자."

직원들은 침통한 표정이었다. 나는 더욱 열을 올려 말했다.

"새로운 정부가 들어서자마자 어려운 이 IMF 외환위기 사태로 온 국민이 발 벗고 나서서 심지어 집안 장롱 안에 모아둔 금 모으기 운동까지 전개하면서 나라의 어려움을 극복해 나가는 마당에 우리도 모두 한마음 한뜻이 되어 이 어려움을 극복하는 데 앞장서자. 그리고 절대로 다른 목소리를 내지 말자. 지금 우리 국세청에서는 제2개청까지 준비하는 마당에 우리는 더더욱 국세청 핵심요원들로서 한목소리를 내야 한다."

또 내가 평소에 자주 보는 성경 말씀 중 공유하고 싶은 내용을 전파했다.

"네가 남으로부터 비판을 받지 아니하려거든, 절대로 남을 비판하지 말라."

이 교훈을 각자의 마음판에 새겨 보라고 했다. 나 또한 내 마음판에 새겨 보려고 노력했다. 그런데도 나 자신도 매우 나약한 사람이다 보니 그것이 뜻대로 잘 되지 않았다. 틈만 나면 남을 험담하기 좋아하고, 옆에 있는 동료가 불행해지면 왠지 모르게 내가 행복해지는 기분이었다. 그때마다 그토록 노력하는데도 왜 실천이 안 되는지 나 자신도 알 수가 없었다.

그럼에도 불구하고 조금이나마 다행스러운 것은, 지금도 그런 경향이 있지만, 당시 내가 자주 사귄 사람들을 면면히 살펴보면 내 고향 출신 인사들보다는 오히려 다른 지역 출신 인사들이 더 많다는 것이었다. 내가 의도적으로 그렇게 한 것이 아니라, 내 생각과 코드가 같은 사람들과 자주 만나 마음을 통하다 보니 지역이나 계층에 관계없이 자연히 그런 인맥이 형성되었을 뿐이다. 지금 생각해 보니 당시 나의 이러한 오픈(?)된 성격이 1~2년 후 '23개 전국 중앙 언론사'에 대한 특별 세무조사 때 국세청 공보 담당관이라는 참으로 견디기 어려운 자리로 발탁되어 간 하나의 계기가 되지 않았나 하는 생각이 든다.

아무튼 그때 국세청 제2개청을 앞둔 어려운 상황에서 8개월간의 서울지방국세청 조사1국 조사관리과장 직책을 무사히 잘 마치게 되어 참으로 다행스럽게 생각한다.

조 과장은 왜
서면으로
보고하지 않나?

　20세기의 마지막 해인 1999년 9월은 국세청 역사에서 또 하나의 큰 획을 긋는 시점이었다. 국세청 제2개청이 선포되어 지난 30여 년간 조직의 근간을 이루어 온 '세목별 조직'에서 '기능별 조직'으로 탈바꿈한 것이다.

　설명에 앞서 참고할 것은 세금을 부담하는 자와 세금을 납부하는 자가 같은 소득세나 법인세 등을 '직접세'라고 하며, 세금을 부담하는 자와 세금을 납부하는 자가 서로 다른 부가가치세나 개별 소비세 또는 주세 등을 '간접세'라 한다. 지나간 30여 년 동안 국세청을 비롯한 지방국세청 그리고 세무서 조직을 이렇게 직접세와 간접세를 기본 축으로 하는 '세목별 체계'로 운영해 왔다.

　그런 과정에서 불합리한 문제점들이 많이 생겨 징세 분야를 비롯한 세금 불복 분야, 법인세원관리 분야, 개인세원관리 분야, 조사 분야와 같이 "업무 기능별 체계"로 바꾸게 된 것이다. 여기에다 150개에 달하는 일선 세무서를 100개 미만으로 대폭 줄이는 대신에 세무조사 기능을 대폭 강화하여 지방국세청별로 조사국을 한두 개 더 늘려서 1, 2, 3, 4국 아니면 1, 2, 3국으로 확대 운영하게 되었다.

어찌 보면 1966년 3월 3일 국세청 개청 이래 가히 혁명적이라 할 수 있는 대변혁이었다. 여기에다 기존 국세청 건물이 너무 낡아 재건축까지 하게 되어 임시로 인근 종각역에 있는 종로타워(현재 삼성생명 건물)로 이사도 했다.

나도 이런 어마어마한 제2개청에 따라 조사1국 조사관리과장에서 새롭게 발족한 조사4국 과장으로 자리를 옮기게 되었다. 이렇게 되고 보니 최근 1년 8개월 동안 조사3국 과장을 시작으로 조사1국을 거쳐 다시 조사4국 과장으로 옮기게 되었으니 짧은 기간에 조사국 분야를 대부분 거쳐 간 셈이 되었다. 참고로 조사2국 업무는 개인 사업자들의 소득세 조사 위주였으므로, 넓게 보면 조사 1, 2, 3, 4국 모두를 거친 셈이었다. 능력은 턱없이 모자라지만 아마도 윗분들께서 잘 봐주신 것 같아 참으로 고맙게 생각한다.

당시 내가 느끼기에는 조사4국을 별도 조직으로 처음 출범시키다 보니 아마도 적극적인 마인드를 가진 간부가 필요해서 부족한 나를 발탁한 것 같았다. 어쨌든 창설멤버로 뽑혔으니 최선을 다해 보는 수밖에 없었다. 무엇보다 7~8명의 조사반장(사무관)을 포함한 수십 명의 조사요원들과 한마음 한뜻이 되는 것이 중요하다고 판단했다. 또 업무 특성상 특별 세무조사이다 보니 일을 할 때 무엇보다 조사요원들과 투명한 소통이 있어야 함을 깨달았다. 그래서 자주 대하면서 서로의 느낌을 함께 공유해야 하는데, 문제는 그런 분위기가 잘 이루어지지 않는 것이었다. 또 조사반 일부는 국세청 본관에, 나머지 일부는 종로구 효제동에 있는 별도 청사(옛날 효제세무서 건물)에 나뉘어 있다 보니 조사요원들의 기강 문제도 신경을 써야 했다.

그럼에도 불구하고 1년 전에 담당했던 부동산 투기 조사과장 때보다는 훨씬 마음이 편했다. 조사4국장이 업무를 주도하여 과장이 해야 할 일이 별로 없었기 때문이다. 또 특별히 윗분들이 담당과장을 찾는 일도 별로 없었다. 그러나 간혹 국세청장실에서 찾을 때가 있었다. 그때마다 나는 별도의 보고서를 만들지 않았다.

이런 일이 있었다. 어느 날 당시 국세청장께서 내가 맡고 있는 어떤 기업에 대한 조사 진행을 별도 보고해 달라고 하셔서 서면 없이 구두로만 보고했다. 그때 국세청장께서 "조 과장은 왜 서면으로 보고서를 만들어 보고하지 않느냐?"고 다그치셨다. 그때 나는 간곡한 어조로 대답했다.

"청장님! 저를 믿으신다면 구두보고로 대신하게 해주십시오. 필요하신 부분은 이 자리에서 제가 직접 메모해 드리겠습니다."

그때 국세청장의 안색이 별로 좋아 보이지 않았다. 다른 과장들은 모두 서면으로 보고하는데…. 그래도 할 수 없었다. 한두 번 그렇게 구두보고를 드렸더니 그 후부터 나에게는 더 이상 서면보고 이야기를 꺼내지 않으셨다.

훗날 국세청에서는 세간을 깜짝 놀라게 할 만한 큰 사건이 하나 있었다. 다름 아닌 비공식 서면 보고서가 그 사건의 단초가 된 것이다. 그것을 보면서 나는 그때 내 생각과 판단이 옳았다고 생각했다. 그 후 국세청장께서는 나의 이런 충심을 아셨는지 나를 꽤나 믿어 주시는 것 같았다. 그리고 더 어려운 자리로 발탁해 주셨다.

이렇게 하여 20세기를 마감하는 마지막 한 해를 잘 마무리하고 나니 새로운 자리가 나를 기다리고 있었다.

30년 만에
다시 찾은 명동에서

20세기를 마감하는 1999년 연말年末 어느 날, 당시 류학근 조사4국장께서 업무보고 자리에서 갑자기 나에게 불쑥 제의했다.

"조 과장님! 내가 중부세무서장으로 추천하고 싶은데 희망하겠소?"

당시 직속상관이었던 류학근 조사4국장은 나와 동년배로서 매사에 합리적이고 강직한 분이었다. 그러면서 그동안 조사4국을 개국開局하는 데 열심히 일해 왔는데 제대로 대우해 주지 못해 미안하다는 이야기도 함께 들려주었다. 그때 내 느낌으로는 김대중 정부가 들어선 첫해 1년 동안 부동산 투기 조사과장 자리에서 국장도 공석 중인 가운데 열심히 일해 주었으며, 또 지난 연초에 조사1국 조사관리과장으로 자리를 옮겨 열심히 근무하고 있는데, 느닷없이 8개월 만에 조사4국 1과장도 아닌 2과장으로 좌천 발령을 낸 데 대해 미안한 마음이 들어서가 아닌가 싶었다.

"고맙습니다. 보내 주시면 열심히 일해 보겠습니다!"

큰 소리로 대답하고 국장실을 나왔다. 그로부터 며칠 후인 12월 30일에 나는 서울중부세무서장으로 정식 발령을 받았다. 그때 나는 속으로 '드디어 나도 서울 시내에서 세무서장으로 일하게 되었네'라고 생각하니 마음 한편으로 기뻤다.

그날 아침 일찍 집에서 출발해 삼일고가도로를 타고 명동성당을 거쳐 남산 입구에 있는 중부세무서로 향했다. 세무서에 도착하기 전에 먼저 부근에 있는 목욕탕을 찾아 목욕을 하면서 상념에 젖었다. 30여 년 전 말단 8급으로 이곳 개인세과에서 근무한 적이 있었는데 그 후 30년이란 세월이 흘러 이제는 세무서장으로 부임하게 되었으니 한마디로 금의환향이었다. 또 그때는 20대 중반의 철부지 청년이었는데 지금은 50대 중년이 되었으니 다른 한편으로는 세월의 빠름도 실감했다.

중부세무서 건물도 명동성당 대각선 맞은편에 위치한 낡고 오래된 옛날 건물이 아니라 남산으로 올라가는 입구에 있는 비교적 깨끗한 5층 건물이었다. 또 세무서 관할도 옛날과는 다소 달랐다. 명동, 충무로, 필동, 을지로6, 7가, 신당동, 남산동 등으로 과거 남산세무서 관할 일부가 새로 편입되었다. 세수 규모는 국민은행(KB)과 지금은 없어진 서울은행 등의 예금이자소득세 덕분에 연간 3조 원을 약간 상회하는 정도였으나, 반면에 납세자 대부분이 동대문 집단상가에 밀집해 있어 다른 세무서에 비해 세원관리에 어려움이 많은 편이었다.

세무서장으로서 내가 우선적으로 해야 할 일은 무엇보다 직원들이 서로 소통할 수 있는 분위기를 마련해 주는 것이었다. 그래서 고안해 낸 것이, 비록 적은 업무추진비이지만 직원들이 감동할 수 있는 일에 사용해 보기로 했다. 먼저 150여 명의 직원들 신상을 파악해서 본인과 배우자의 생일 그리고 결혼기념일을 챙겨서 이들을 축하해 주기로 하고 그날은 반나절만 근무케 했다. 아울러 배우자의 생일에는 축하 전보와 함께 간단한 케이크도 준비해 퇴근길에 들려 보냈다. 무엇보다 결혼기념일에는 이들 부부와 함께 점심식사를 하고, 인근에 있는 대한극장 영화 관람권을 구입해서 함께 관람토록 해주었다.

그리고 가끔은 평소부터 가깝게 지내는 윤석화 연극인이나 손봉호 서울대 교수 등을 초청해서 특강도 열어 주다 보니 얼마 안 가서 직원들의 분위기가 훨씬 부드러워지는 것 같았다. 그리고 일반 업무는 과장과 계장을 중심으로 책임지고 챙기라고 부탁하고 세무서장으로서 나는 그저 외부활동에만 신경을 썼다.

특히 이곳 납세자의 대부분을 차지하는 20여 개 집단상가에 대한 세원관리 업무는 우리 직원들의 간섭에 의하기보다는 자체 상가번영회를 통한 자율적인 신고를 권장했다. 이렇게 공개

2000년 2월 7일, 손봉호 교수 초청강연회

적으로 투명하게 세원관리를 해보았더니 직원들도 좋아하고 무
엇보다 집단상가 내 납세자들의 불만이 사라졌다. 그리고 세무
서장인 나도 자주 집단상가에 들러 이들의 고충을 청취해 주었
다. 얼마 후 국세청 본청에도 이런 사실이 알려져 전국 집단상가
에 대한 세원관리 업무에 좋은 모델로 선정되었다.

이렇게 사심 없이 조직원들과 똘똘 뭉쳐 하루 이틀을 보내다
보니 금방 몇 개월이 흘렀다. 그러던 6월 어느 날 느닷없이 당시
황수웅(작고) 국세청 차장의 전화 한 통화가 나를 또 다른 곳으
로 몰고 가고 있었다.

부임해 온 지 6개월도 채 되지 않은 시점인데….

여의도 평정
다 했지?

"조 서장! 오랜만이네. 왜 그동안 전화 한 통 없었어? 근무는 잘하고 있지? 그런데 당신 영등포 좀 다녀와야 되겠네."

2000년 6월 중순경, 늘 그렇듯이 친동생같이 대해 주시는 황수웅 차장께서 모처럼 전화를 주셨다.

"예? 자주 전화 못 드려 죄송합니다. 영등포에 무슨 일이 있습니까? 제가 다녀오겠습니다."

"그게 아니라 당신 곧 영등포세무서장으로 발령 날 거야. 그래서 말인데, 조금 있으면 안정남 국세청장께서 당신한테 전화하실 텐데 영등포로 갈 거냐고 물으시면 안 가겠다고 하지 말게. 알았지? 자주 연락하게나. 그럼 전화 끊을게."

아무리 그래도 그렇지 중부세무서장으로 발령 받은 지 불과 5개월 정도밖에 되지 않는데 아무런 이유 없이 또다시 자리를

5장. 드디어 나도 세무서장

옮겨야 한다니… . 당시 영등포세무서장은 10여 년 전에 나와 국세청 재산세과에서 함께 근무했던 행정고시 출신으로, 장래가 촉망되는 젊은 세무서장이었다. 그런데 데리고 있던 직원의 비리가 터지자 이에 대한 관리 감독 문제로 다른 곳으로 발령을 내려고 하니 이에 반발했다고 한다. 이것이 화근이 되어 그만둔다는 것이었다. 어쨌든 장래가 열려 있는 젊은 엘리트 간부를 그만두게 한다는 것은 심한 징계 조치라는 생각이 들었다. 당시 영등포 직원들 역시 세무서장이 사직한다는 소식을 접하고 다소 불쾌한 시선들이었다.

어쨌든 나는 중부세무서장 자리를 6개월도 채우지 못한 채 또다시 영등포세무서장으로 자리를 옮겨야 했다. 그래서 부임 인사 때 무엇보다 이들을 위로해 주어야겠다는 마음을 가지고, 전임 서장과는 대학 선후배로서 형제같이 가깝게 지내는 사이이니 동요치 말고 조직을 위해 열심히 일해 보자고 설득했다.

지금도 그렇지만, 당시 영등포세무서는 전국에서 세수 규모가 제일 큰 세무서로서 약 10조 원 가까이를 거두어 들였다. 또 다른 한편으로는 방송 3사와 〈국민일보〉 등 유수 언론사들을 관장하고 있어 일선 세무서장으로서는 가장 힘이 드는 세무서이기도 했다. 특히 방송 3사와는 늘 밀접한 관계를 유지하기 위해서 거의 매일 보도국 간부들과 직접 만나거나 통화를 하기도 했다. 그렇다 보니 내부 업무는 모두 과장들에게 맡기고 오로지 외부 일에만 열중해야 했다. 특히, 국세청 관련 사건사고 보도가 나오면 가장 먼저 달려가 잘못된 보도가 되지 않도록 설득도 해야 했다. 마치 군대로 따지면 5분 대기조와 같은 일이었다.

그런데 1년 전만 하더라도 이곳 여의도에는 여의도세무서가 별도로 있었는데 국세청 제2개청과 더불어 영등포세무서에 통합되었으며, 여의도세무서에서 쓰던 사무실 중 일부는 조사과 사무실로, 나머지 일부는 국세청장 별도 집무실로 사용하고 있었다. 어느 날 당시 안정남(작고) 국세청장께서 국회에 출석하시는 도중에 잠시 휴식하기 위해 이곳에 오셨다. 그리고 갑자기 질문하셨다.

"조 서장! 여기에 온 지 얼마나 됐나? 이곳 여의도 평정 다 했지?"

"예! 2주 되었습니다만. 아직⋯."

"빨리 해!"

그런 일이 있은 후 일주일이 흘렀다. 갑자기 서울 수서경찰서에서 세무공무원 비리와 관련한 수사 발표를 하면서 동시에 전 언론사에 보도자료를 배포했다. 어떤 지방청 소속 조사관이 양도소득세 감면과 관련하여 1억 원 이상의 큰 뇌물을 받아 그중 일부는 조직폭력배에게 떼주었다는 내용이었다. 그날 점심 때 국세청장실로부터 긴급 전화가 왔다. 빨리 막으라는 지시였다.

먼저 방송 3사 담당 부장들에게 가서 사정 이야기를 했다. 관할 영등포세무서장으로 부임해 온 지 20여 일밖에 되지 않았으니 부임 선물로 선처해 달라는 간곡한 부탁을 드렸다. 이에 두 군데 방송사에서는 보도를 안 할 수는 없으니 오후 4시와 5시 뉴스 시간에 살짝 내보내겠다고 약속해 주었다. 그런데 나머지 한 군데 방송사에서는 손톱도 들어가지 않았다. 담당 부장이 나의 고등학교 후배인데도 통하지 않았다. 오히려 심층 보도까지 하겠다고 으름장을 놓았다. 시계는 오후 6시가 되어 가는데 국세청장실을 비롯해서 몇 군데에서 어떻게 됐느냐고 계속해서 독촉전화가 왔다.

나는 몹시 화가 났다. 나도 죽을 지경인데 실상도 모르고 독촉전화까지 해대니…. 어쨌든 나는 내가 아는 모든 인맥을 총동원했다. 그랬더니 오후 6시 30분경 그 방송사 담당 부장으로부터 전화가 왔다. 7시 저녁뉴스에서 뺐다는 것이었다. 즉시 국세청장실로 보고 드렸다. 그랬더니 9시 메인뉴스에도 나가지 않도록 계속 챙기라는 것이었다. 알겠다고 보고 드리고 9시까지 계속 세무서장실에서 대기했다. 다행히 9시 메인뉴스에도 빠졌다. 뉴스가 끝나자마자 또다시 보고 드렸더니 11시 마감뉴스도 챙기라는 것이었다.

"예! 알겠습니다."

그리고 11시까지 계속 대기했다. 이것도 무사히 지나갔다. 자정쯤에 세 번째 보고 드렸다.

"조 서장! 수고 많았네. 그런데 마지막으로 내일 아침 6시 뉴스 시간에도 안 나가도록 신경 써주게!"

다음 날 아침이 되자 역시 무사히 지나갔다. 그러나 이번에는 보고도 안 했다. 그런데 아침 9시경 국세청장실에서 전화가 왔다.

"조 서장님! 어젯밤에 정말 고생 많았지요? 조금 전 안정남 국세청장께서 미주지역 국세청장 회의 참석차 공항으로 떠나시면서 조 서장님 이야기를 하셨답니다."

"내가 조용근 서장, 그 친구 영등포 서장으로 잘 갖다 놓았지? 정말 수고 많았다고 전해 주게."

얼마 전 이것 때문에 여의도를 빨리 평정하라고 하셨던가?

'아버지 학교'에 입학한
'일벌레' 세무서장

     50대 중반 나이에 영등포세무서장이 되기까지 30여 년 동안 오로지 직장 일에만 매달린 탓에 드디어 집안에서 문제가 터지기 시작했다. 일시적인 현상이 아니라 오랫동안 곪아온 상처가 터진 것이다.

     당시 나에게는 고등학교를 졸업하고 삼수三修를 하는 아들과 재수再修를 하는 딸이 있었다. 결론적으로 나는 남들이 좀처럼 경험하지 못한 오수五修를 한 자녀의 아버지가 된 셈이다. 무엇보다 문제는 아들이었다. 고등학교에 다닐 때는 아주 우수하지는 못했지만 그런 대로 공부를 잘하는 것으로 알고 있었는데 이상하게도 결과가 좋게 나오지 않는 것이었다. 내가 보기에는 이해가 되지 않았다. 내가 고등학교를 다닐 때는 어렵게 가정교사를 하면서도 3년 개근상을 탈 정도로 열심히 노력했는데…. 그래서 어떤 때는 화도 내고 매질을 할 때도 더러 있었다. 세상 부모들 다 똑같은 심정이겠지만 나도 정말 가슴이 답답했다.

그러던 어느 날 퇴근해서 집에 와보니 아내가 나에게 심한 핀잔을 주었다. 그리고는 메모지 한 장을 건네면서 다그쳤다.

"당신! 도대체 아들에게 어떻게 했길래 이런 낙서가 쓰였어요?"

메모지에는 이렇게 적혀 있었다.

"우리 아버지 언제 죽지?"

나는 깜짝 놀라 아무 말도 할 수가 없었다. 그날 밤새 고민을 하고 있는데 아내가 나에게 한 가지 제안을 했다.

"당신, 이참에 동부이촌동에 있는 어떤 교회에서 '아버지 학교'를 운영하고 있는 모양인데 등록금을 대줄 테니 다녀오세요."

나는 꽤나 고민했다. 그런데 다행히도 그 '아버지 학교'는 매주 토요일 오후 5시부터 11시까지 6시간씩 5주간만 운영한다는 것이었다. 어쩔 수 없이 아내에게 가겠다고 약속은 했지만 불안했다.

아들의 수능시험이 100일 정도 남은 8월 말경으로 기억된다. 첫 주는 오리엔테이션, 둘째 주는 아버지께 편지 쓰기, 셋째 주는 아들에게 편지 쓰기와 '아들이 자랑스러운 20가지 이유' 쓰기, 넷째 주는 아버지의 역할 실습, 그리고 마지막 다섯째 주는 아내와 함께하는 졸업식 등으로 이루어져 있었다.

솔직히 고백하지만 나는 그때까지 아버지의 역할이 무엇인지를 잘 몰랐다. 그저 자녀들의 등록금이나 대주고 직장 일만 열심히 하면 되며 자녀 문제는 아내가 알아서 하는 것이라고 알고 있었다. 그런데 그것이 아니었다. '아들의 장래를 위해 꿈을 키워 주고 잦은 스킨십을 통해 사랑으로 키워야 했는데, 그동안 직장 일에만 매달려 아들과 추억 한 번 없는 이름만 아버지이지 남남이나 다름없는 사이로 지내지 않았나?' 하고 많은 후회를 했다. 나의 피붙이이면서 또 내 대代를 이어 갈 외아들인데, 이처럼 소중한 아들을 그냥 방치해 두었으니 ….

특히 무학자인 아버지로부터 그런 교육을 한 번도 받아 본 적 없는 내가 아들에게 그런 교육을 전수할 리 만무했다. 그래서 아버지에게 원망도 많이 했다.

내가 청소년 때 아버지는 평소에는 말이 없는 분이셨다. 그런데 술만 자시면 성격이 완전히 변해 밥상이 날아가고 어머니를 때리고 심지어 우리에게까지 손찌검하시는 때도 있었다. 그럴 때마다 내가 우리 집 앞에 있는 초등학교 운동장을 돌면서 혼자 수없이 외쳐 댄 말이 있었다.

"아! 우리 아부지 언제 죽노?"

그 고백이 내 몸에 깊이 배어 먼 훗날 아들에게까지 전수되었으니 아마도 이것도 부전자전이 아닌가 싶다. 그 충격으로 어머니는 내가 군대에 있을 때인 1972년 겨울, 젊은 52세의 나이로 돌아가셨다. 어머니가 돌아가신 후 아버지도 몹시 괴로워하셨다. 남편으로서 또 아버지로서 역할을 제대로 못해 주어 늘 괴로워하시다가 1984년도 한 해가 저물어가는 마지막 날에 어머니 곁으로 가셨다.

아버지 학교 3주째 되는 날, 나는 아들에게 편지를 쓰면서 내가 겪은 청소년 시절과 20세 나이에 애송이 세금쟁이가 된 기막힌 사연들을 솔직하게 털어놓았다. 여기에다 정말 고생고생 끝에 '아들아! 네가 사랑스런 20가지 이유'도 함께 써서 아버지 학교에 제출했더니 아버지 학교에서는 그것들을 '내 아들의 주소'로 보냈다.

어느 날 퇴근해서 집에 와보니 아들의 방문이 잠겨 있었다. 궁금해서 아내에게 물어보니 글쎄 웬 우편물을 받고는 자기 방에서 나오지 않는다는 것이었다. 아마도 아들은 내가 쓴 편지를 읽고 마음에 큰 충격을 받고 많이 운 것 같았다. 다음 날 아침 일찍 출근하려는데 갑자기 아들이 내 가슴에 안긴 것이다. 나는 한동안 아들을 꺼안고 많이 운 것으로 기억된다. 그때부터 도시락을 두 개씩이나 싸들고 다니는 아들과 화해를 했다. 무엇보다 아들은 아버지인 나로부터 인정을 받아서인지 몰라도 자기가 원하는 대학교에 당당히 합격했다. 기적의 순간들이었다. 그때 나는 많은 것을 느꼈다. 이 세상 아버지들에게, 특히 세금쟁이 아버지들에게 감히 고하고 싶다.

"세금쟁이 일도 중요하겠지만 먼저 가족들과 화해하라. 그리고 화목하라. 집안이 편해야 세금쟁이 일도 편하다."

2001년 3월, 서울대 법대 입학식장에서 아내와 아들

서장님!
우리도 봄, 여름, 가을
그리고 겨울을…

　　나는 그 무렵 아버지 학교에 다녀오면서부터 가족을 보는 눈이 많이 달라졌다. 그래서 함께 근무하는 직원들에게 아버지 학교를 꼭 다녀 보라고 강권했다. 심지어 희망하는 직원들에게는 등록금(10만 원)도 대신 내주겠다고까지 했다. 각 가정마다 크고 작은 문제들이 다 있다는데, 그 원인이 자녀나 아내가 아니라 남편이나 아버지에게 있음을 알았기 때문이다. 또 집안이 평안해야 평소 상대하는 납세자나 민원인들에게 좋은 영향을 미친다는 사실도 알았다. 그때 내 이야기를 들은 상당수의 직원들이 아버지 학교에 다녀왔으며 특별히 그중 몇몇은 내가 등록금까지도 대준 것으로 기억된다.

　　그 즈음에 밥퍼나눔운동본부(대표 최일도) 홍보대사로 활동하는 연극인 윤석화 님으로부터 한 통의 전화를 받았다. 서울 서초

5장. 드디어 나도 세무서장

동 예술의전당에서 자신이 열연하는 〈봄, 여름, 가을 그리고 겨울…〉이라는 연극이 절찬리에 공연되고 있다면서 영등포세무서 과장들 부부와 함께 관람할 수 있는 커플석을 마련해 놓았으니 꼭 자리를 빛내 달라는 것이었다. 나는 큰맘 먹고 그동안 모아 둔 업무추진비로 고생하는 과장들과 아내들을 초청하여 함께 관람하기로 했다.

정해진 토요일 저녁, 설레는 마음으로 서초동에 있는 예술의전당 부부 커플석을 '점령'한 우리 일행은 모처럼 편안한 마음으로 연극도 관람하고 인근 식당에서 늦은 저녁식사까지 함께하고 헤어졌다. 그런데 그 다음 주 첫날부터 과장들의 표정이 완전히 달라 보였다. 생기가 돌았다. 그러면서 지난 주말에 자기 집에서 일어난 일들을 자랑 삼아 이야기하는데, 모두들 신이 난 듯했다. 또 한 사람의 관리자가 달라지니 사무실 직원들도 달라지는 것이었다. 몇 개월간 그런 분위기는 지속되었다. 그러다가 그해 연말에 내가 다시 다른 곳으로 자리를 옮기게 되어 그 과장들의 가정 분위기는 알 수 없었다. 그런데 놀랍게도 10여 년이 지난 최근까지도 그때 우리가 함께 본 연극 한 편의 '약발'은 계속 이어지고 있어 매우 놀랐다.

2014년 10월경 그때 그 과장들 부부 몇몇과 함께 모처럼 저녁식사를 하게 되었는데, 그때 참석한 부인들이 속내를 털어놓았다.

"조 서장님! 그때 우리가 남편과 함께 관람한 연극 〈봄, 여름, 가을 그리고 겨울…〉을 얼마나 감동 있게 봤던지…. 지금도 잊지 않고 있답니다. 10여 년이라는 세월이 흘렀는데도 왜 잊을 수가 없을까요?"

그때 나는 가슴이 찡했다. 십수 년이 흘렀음에도 왜 잊지 않을까? 이쯤에서 우리 세금쟁이들이여! 스스로 한번 반성해 보자. 사랑하는 집안 식구, 특히 아내에 대해서 얼마나 많은 걸 알고 있을까? 그녀들도 다른 사람들과 똑같은 심성과 감정을 가진 여성들인데 왜 우리들만 이렇게 무관심했을까? '그놈'의 세금쟁이란 신분 때문이 아닐까?

나라고 예외는 아니다. 어떻게 보면 더 심했는지도 모른다. 아무것도 내세울 것 없는 힘없고 빽 없는 말단 9급에서 오로지 성공해 보겠다는 한마음으로 하루하루를 남들을 의식하며 살다 보니 운 좋게 이제는 우리나라에서 가장 많은 세금을 거두어들이는 영등포세무서장 자리에까지 오게 되었지만, 그렇게 되기까지 내 사랑하는 가족들이 얼마나 많은 희생을 치렀는지? 오랜 시간이 흐른 지금 생각해 보니 내 자신이 참으로 어리석게 살아온 것 같다. 그렇다고 지금 후회해 본들 무슨 소용이 있겠느냐마는 그런 삶이 잘못된 삶이라는 것을 늦게나마 깨달았다는 게 그저 감사할 뿐이다.

"사랑하는 후배들이여! 현직 때는 긴장하라. 그것도 바짝 긴장하라. 그러면서도 사랑하는 가족들과는 당당하게 살아라. 신명 나게 살아라. 멋있게 살아라. 비록 힘들겠지만⋯."

아울러 이 시간을 빌려 그때 나와 함께 고생해 준 사랑하는 우리 과장들 한 사람 한 사람을 축복해 주고 싶다. 우리나라 최고 명문 S대 경제학과 재학 당시 누나뻘 되는 선배를 졸라 어렵게 결혼하여 예쁜 딸과 함께 행복한 가정을 잘 꾸려 가는 막내 이상우 과장(현 국세청 징세과장)을 비롯해 지금도 곳곳에서 현직 세무사로 아내와 더불어 행복하게 살아가는 그때 만난 후배 과장들과 아내들이여! 부디 건강과 행운을 빈다네.

그리고 불원간 또 다른 〈봄, 여름, 가을 그리고 겨울⋯〉을 함께 관람할 수 있는 행복한 시간을 꿈꾸며⋯.

진심으로 사랑합니다. 그리고 축복합니다. God bless you.

6장

살벌한 전쟁터에서 공보관 생활

공보관 맡아 볼래?

    21세기의 첫해인 2000년은 그 어느 해보다 바쁘게 보낸 것 같다. 연초年初 중부세무서장으로 나간 지 5개월여 만에 다시 영등포세무서장 자리로 옮겼으며, 7개월 동안 여의도 방송 3사 등과 '씨름'하며 바쁘게 하루하루를 보내다 보니 어느 덧 한 해도 마지막 문턱에 다다랐다.

    그러나 그 바쁜 와중에도 개인 신앙생활에는 꽤나 열성적이었다. 과거 험난했던 세금쟁이 생활에서 어려울 때도 더러 있었지만 그때마다 무사히 고비를 잘 넘길 수 있었던 데는 어떤 절대자의 적극적인 섭리가 있었다고 믿었기 때문이다. 그래서인지 주일이면 아내와 함께 예배드리는 일을 소홀히 하지 않았다.

    그해 성탄절을 며칠 앞둔 어느 주일날 오전에도 나는 예나 다름없이 인근 학교 강당을 빌려 사용하는 조그마한 교회에서 예

       6장. 살벌한 전쟁터에서 공보관 생활

배를 드리고 있었다. 그런데 갑자기 호주머니에 들어 있는 휴대폰이 울렸다. 잠시 후 끊겼다가 또다시 울렸다. 그렇게 하기를 3차례나 반복되기에 이상하다 생각하고 얼른 교회 밖으로 나와서 휴대폰을 들었다.

"여보세요. 조용근입니다."

그런데 뜻밖의 목소리가 들렸다.

"조용근 서장! 나 안정남 국세청장이야. 지금 어디야? 통화 가능해?"

"예! 청장님. 제가 교회에서 예배를 드리고 있습니다만. 무슨 일이 있습니까?"

그분이 천주교 신자인 것으로 알고 있던 나는 편하게 답변 드렸다.

"예배 중이니까 내가 간단히 말할게. 다름 아니라 당신 말이야, 공보관 한번 맡아 볼래? 그런데 그 자리가 어려울 텐데….정말 어려울 텐데…."

그때 나는 평소 소신대로 답변했다.

"예! 맡겨 주시면 열심히 일해 보겠습니다."

"그런데 사실 당신은 본청 재산세과장 자리가 적임인데…."

평소 안정남 국세청장답지 않게 계속해서 같은 내용으로 횡설수설 하시는 것이었다. 공보관 자리가 어려운 자리인 것은 알고 있었지만 "어려울 텐데…"라는 말씀을 몇 번씩이나 반복하시니 짜증이 났다. 그렇지만 그런 기분을 말로 표현할 수 없었다. 10여 분 동안을 그런 내용으로 통화하시고 마지막으로 이런 이야기를 아무에게도 말하지 말라고 당부까지 하시면서 휴대폰을 끊으셨다.

나는 한동안 멍했다. 왜 이 어른께서 뜬금없이 이렇게 횡설수설하실까? 다시 예배당 안으로 들어와 예배를 드리려고 하는데 마음이 혼란스러워 예배를 제대로 드릴 수가 없었다.

중부세무서장 5개월, 영등포세무서장 7개월. 그런데 또다시 다른 자리로 옮겨야 한다니…. 그것도 이번에는 정말 괴로운 자리로 알려진 '공보담당관'(이후부터는 편의상 '공보관'으로 호칭하고자 한다) 자리로 가야 한다니…. 당시 나는 50대 중반으로 젊지도 않은 나이인데 '영등포세무서장 자리가 끝나면 어디로 옮겨 갈까?', '더 높은 자리로 올라갈 수 있을까?' 하고 가끔씩 뜬금없는 희망을 가져 보기도 했지만 이렇게 갑자기 생각지도 못한 공보관 자리라니….

또다시 머리가 띵해지기 시작했다. 이런저런 생각 끝에 '일단 하나님께 모든 것을 맡겨 보자'는 결론에 도달하고 다시 정신 차려 예배를 드렸지만 그날 하루는 다른 일이 손에 잡히지 않았다. 그러면서 또 다른 한편으로는 안정남 국세청장의 통화내용으로 보아 무언가 심상치 않은 일이 있는 것은 아닐까 하는 의문도 들었다. 그런데 그 의문을 푼 것은 한 달가량 후에 터진 '전국 23개 중앙 언론사에 대한 동시 특별 세무조사'였다.

그때 나는 무릎을 쳤다.

"아하! 그것이 바로 이것 때문이었구나!"

지금 생각해 보니 당시 안정남 국세청장께서는 이 엄청난 일을 치밀하게 사전 준비해 놓으신 것 같은데, 문제는 언론사를 맡아 줄 공보관 자리에 누구를 앉힐 것인가에 대해서 꽤나 고민을 하신 것 같았다. 그러시면서 나를 유력한 후보자로 미리 점찍어 놓으신 듯했다. 지금 돌이켜 보니 당시 2~3년 동안 서울청 조사국 과장 자리 3군데와 중부세무서장과 영등포세무서장 등 무려 5군데 자리를 빠른 속도로 거치게 하면서 여의도 방송 3사를 비롯한 유수 언론사를 접촉하는 나의 능력 하나하나를 예의 주시하셨던 것으로 생각된다. 그런 과정을 통해 은밀하게 공보관 훈련을 시키신 것이 아닌가 하고 내 나름대로의 추정도 해보았다.

드디어 그해 연말, 나는 국세청 수뇌부로부터 국세청 공보관 자리에 내정되었다는 구두 연락을 받았다. 또 내정 사실을 출입기자단에게도 미리 통보하신 것 같았다. 그 때문인지는 몰라도 출입기자단 간사로부터 상견례를 겸한 저녁식사 제의도 받았으나 정식 발령을 받으면 그때 인사드리겠다고 정중하게 사전 양해를 구했다.

나는 그 어느 때보다 차분한 마음으로 정말로 바빴던 한 해를 마감하면서 앞으로 나에게 닥쳐올 태산준령 같은 어려운 고비

고비들을 잘 넘길 수 있기를 염원하는 간절한 마음으로 또 다른 새로운 한 해를 맞이할 준비를 하고 있었다.

6장. 살벌한 전쟁터에서 공보관 생활

언론사 특별 세무조사 발표일은
가장 자존심 상한 날

21세기의 두 번째 해가 되는 2001년 초, 나는 꾀나리봇짐을 들고 새로운 근무지가 될 국세청 공보관실 문을 두드렸다.

그동안 나는 세금을 매기고 거두어들이는 정통 세금쟁이였으나 이제는 언론사를 상대하는 일만을 맡게 되었다. 비록 몇 개월 동안 영등포세무서장으로서 방송 3사를 자주 접촉해 왔지만 어디까지나 부수 업무였다. 그러나 이제는 주된 업무가 되었다. 어떤 때는 국세청 입장을 대변해야 하고 또 어떤 때는 언론사의 입장에 서주어야 하다 보니 '절반은 세금쟁이, 절반은 기자' 신분이었다.

부임 첫날부터 매일매일의 국세청 관련 기사를 살펴보고 틈날 때마다 출입기자들과 그들의 데스크, 더 나아가 편집 책임자에게까지도 부임인사를 하다 보니 정말 눈코 뜰 새가 없을 정도였다.

당시 중앙 언론사는 통신사, 중앙 일간지와 경제지 그리고 방송사를 포함하여 모두 23개나 되었다. 하나하나 면면을 살펴보니 나름대로 특성들이 있기 때문에 어느 하나라도 가볍게 볼 수 없었다. 그러다 보니 각 언론사에서 파견된 출입기자 한 사람 한 사람이 나에게는 매우 소중한 존재였다. 왜냐하면 이들을 통해야만 소속 언론사를 보다 빨리 파악할 수 있었기 때문이다.

그렇게 바쁘게 한 달을 보내던 어느 날인가? 지금 기억으로는 1월 마지막 날이었던 것 같다. 그날 점심은 어떤 신문사 편집국장, 경제부장과 함께했다. 상견례를 겸해서 아주 편안한 마음으로 세상 돌아가는 이야기를 시작으로 국세청의 현안 문제까지 설명 드리면서 즐겁게 식사를 했다. 정말 유익한 시간이었다. 식사를 마치고 국세청 사무실로 되돌아왔다. 그런데 갑자기 기자실이 왁자지껄해졌다. 온통 난리가 난 것이다. 그러면서 출입기자들이 떼를 지어 나에게 몰려왔다.

"공보관! 정말 이럴 거예요? 우리와 무슨 원수 맺을 일 있어요?"

"전 기자! 무슨 일을 가지고 그렇게 화를 내는 거야? 일단 무슨 사연인지 이야기를 해봐."

연령으로 보면 대부분 조카뻘 되는 기자들이라 나도 그만 화가 나서 반말을 했다. 다짜고짜 그 기자는 메모지 한 장을 나에

6장. 살벌한 전쟁터에서 공보관 생활

게 건네주었다. 자기 부서 데스크(팀장)에게 보내는 기사 송고 문이었는데, "국세청, 전국 23개 중앙 언론사에 대한 특별 세무 조사 실시"라는 제목만이 달랑 기재되어 있었다.

통신사는 통상적으로 다른 언론사보다 먼저 보도가 나가야 하는데 그 통신사 기자는 이 사실을 까맣게 모르고 있었다. 황당한 것은 나 자신도 이 사실을 전혀 들은 바 없다는 점이었다. 나는 기자들에게 말 한마디 못하고 즉시 국세청장실로 달려갔다.

"청장님! 제가 공보관 맞습니까? 지금 출입기자들이 난리가 났습니다. 담당 공보관도 모르는 일을 이렇게 개별적으로 불러 발표해도 되는 겁니까? 진짜 저를 못 믿으시는 겁니까? 그러시면 다른 사람으로 바꾸어 주십시오. 제 수십 년 공직자 생활 중에 이렇게 심한 모멸감은 처음 느껴 봅니다."

두서없이 국세청장께 항의했다.

"공보관! 오전 중에 담당국장한테서 연락 못 받았어?"

"못 받았습니다."

"뭣? 못 받았다고?

"……."

그분도 한동안 말이 없으셨다. 나는 아무 말 없이 국세청장실을 빠져나와 기자실로 되돌아왔다. 그리고 기자들 앞에 섰다.

"기자 여러분, 정말 송구스럽습니다. 아마도 이번 일이 너무 중대하다 보니 저도 안 거치고 여러분에게 개별적으로 통보한 것 같습니다. 무엇보다 통신사 소속 기자에게 더 미안합니다. 나도 이런 모멸감은 처음 느껴 봅니다.”

그러자 흥분 상태에 있던 기자들이 각자 제자리로 돌아갔다. 그때 갑자기 불과 1시간 전에 맛있게 점심식사를 하고 헤어진 편집국장과 경제부장이 머리에 떠올랐다. 그리고 심한 죄책감까지 들었다. 지금쯤 그들이 나를 어떻게 생각할까? 나는 그날 오후 그 악몽과 같은 순간들을 정말 괴로운 마음으로 흘려보냈다. 지금 솔직하게 고백하지만 그때 느꼈던 심한 자괴감이 은퇴 후 오랜 세월 동안 내 마음속에서 좀처럼 지워지지가 않았다. 지금도 그때를 떠올리면 순간적으로 울컥 화가 나기도 한다.

당시 국세청 수뇌부에게도 말 못할 사정은 있었겠지만 한두 시간 후면 온 세상에 다 알려질 일을 보안保安을 지킨답시고 공보관까지 제치고 출입기자 한 명 한 명을 불러 개별적으로 통보했다니….

나는 지금도 그때 일들을 잊을 수가 없다.

깨끗이 쓰다
물려줄 것이 있다네

내가 공보관으로 자리 잡은 지 한 달 후, 드디어 국세청은 언론사들과 한판의 '전쟁 아닌 전쟁'을 치르게 되었다. 불행히도 나는 그 전쟁 한복판에 서게 되었다. 동서남북 어디를 돌아보아도 도와줄 사람 하나 없는 외톨이가 된 채로 말이다.

그때 나는 공보관으로 발령 받기 직전에 안정남 국세청장께서 "공보관 그 자리, 어려울 텐데…"라고 몇 번씩이나 반복하면서 횡설수설 하신 이유를 비로소 알게 되었다. 그렇다고 이제 와서 어찌 해볼 도리가 없지 않은가? 여기에다 언론사에 대한 특별 세무조사를 발표하는 과정에서 출입기자 사이에서 허수아비 공보관으로 이미 낙인까지 찍혀 버렸으니 일하고 싶은 마음이 싹 사라졌다. 그렇다고 손 놓고 있을 수도 없었다. 당장 저녁마다 출입기자들과의 회식자리에도 어울리지 않을 수 없었다. 여기에다 못 마시는 술까지 마셔야 했으니 정말 괴로운 순간들이었다.

그래서 가깝게 지내는 지인들에게 내 신세를 한탄했다. 그들은 오히려 나에게 핀잔을 주었다.

"자네답지 않게 무슨 소리를 하느냐?"

그럼에도 불구하고 나는 매우 괴로웠다. 그래서 며칠간 교회 새벽 예배에 참석해서 지혜를 찾아보기로 했다. 아울러 지나온 내 자신의 삶을 조용히 되돌아보는 시간도 가졌다. 30여 년 동안 숱한 고통의 순간들을 거쳐 어렵게 공보관 자리까지 올라왔는데 이런 사소한 일로 좌절한다는 것은 말도 안 된다는 나름대로의 결심을 굳히게 되었다.

"앞으로 더 어려운 태산준령들이 밀려올 텐데, 어쨌든 가는 데까지 가보자. 그렇게 최선을 다하다 보면 하나님께서도 나와 함께해 주실 것이다."

그렇게 마음을 굳히고 나니 원래의 내 모습으로 돌아오게 되었다.

이즈음에 우리 집에는 큰 고민거리가 하나 있었는데, 다름 아닌 삼수三修를 하는 아들의 대학 진학 문제였다. 늘 신경이 쓰였다. 그런데 그 문제가 그때 기적적으로 해결되었다. 누군가가 '다마호사多魔好事'라고 했던가? 그때부터 나는 홀가분한 마음으로 '반 기자半 記者, 반 공무원半 公務員' 신분으로 몸을 던져 가며 최선을 다했다. 무엇보다 출입기자는 물론 언론사 간부들에게도 내 진심을 보여 주었다. 또 밤마다 기자들과 함께하는 회식자리에도 부담 없이 참석하여 함께 어울렸다.

그런데 문제는 술이었다. 이 시간을 빌려 개인적으로 고백하지만 아이러니하게도 '그놈'의 술 때문에 그동안 우리 집이 망가지지 않았던가. 장남인 형이 심장마비로 숨졌고, 그 충격으로 어머니가 젊디젊은 52세 나이에 중풍으로 돌아가신 데다가, 1984년 말에는 아버지마저 식도암으로 돌아가셨으니….

그래서인지 나는 술 문제에 관해서는 누구보다 민감했으며 철저했다. 그럼에도 불구하고 내가 맡은 직책이 공보관이다 보니 이를 피해 갈 다른 방법이 없었다. 그래서 많은 고민을 했다. 그때 마침 내 머리에 번뜩이는 아이디어 하나가 있었다. 바로 1년 전에 '(재)사랑의장기나눔운동본부'에서 시행한 장기기증식에 참가해서 장기를 기증하기로 서약한 일이 있었다. 향후 교통사고 등으로 뇌사상태가 되거나 죽음에 이를 경우 장기와 안구 그리고 뼈까지도 가져갈 수 있도록 서약하고 받은 '장기기증등록증'을 항상 지갑에 넣고 다녔는데, 바로 그것이 생각났다.

"내가 고등학교에 다닐 때는 모자도, 교복도 깨끗이 쓰다 물려주고, 심지어 책도 그렇게 물려주었는데, 지금도 깨끗하게 쓰다 물려주고 싶은 것이 있다네."

그러면서 지갑에 넣어 두었던 '장기기증등록증'을 함께한 출

2000년 3월, 장기기증을 서약하고 받은 등록증

입기자들에게 보여주었다. 그랬더니 많은 기자들이 "야! 이것은 진짜네!" 하면서 매우 놀라워했다. 그 이후부터 그들은 나에게는 함부로 술을 권하지 않았다. 오히려 내가 미안스러워 몇 잔씩 마셔 주었더니 그 기자들이 되레 마시지 말라고 만류를 했다.

"공보관님! 우리가 도와줄 테니 깨끗하게 쓰십시오. 정말 존경스럽습니다."

기자들이 다정스럽게 이야기해 주어 참으로 고마웠다. 그때 그 아름다운 마음을 가졌던 기자들은 10여 년이 지난 지금 대부분 중견 간부들이 되어 있다.

"사랑하는 아우들아! 잘들 지내지? 언제 회식 한 번 하세나. 그리고 그때는 정말 고마웠다. 덕분에 지금도 나는 장기들을 깨끗이 쓰고 있다네!"

제발 '또'자 하나
빼주세요

그때부터 몇 달간에 걸쳐 서울지방국세청 조사국에서는 23개 중앙 언론사에 대한 특별 세무조사를 '살벌하게' 실시하였다. 명분은 세무조사였는데, 실제로 나타난 현상들은 정권 대 신문, 신문 대 신문, 신문 대 방송이라는 '이상한' 전쟁들이 펼쳐지고 있었다. 그러다 보니 내가 매일 만나는 출입기자들끼리도 과거와는 달리 매우 서먹서먹한 사이로 변했다.

나는 그런 경험을 처음 해보았다. 참고로 YS 정권 때인 1994년경에도 중앙 언론사에 대한 세무조사가 있었지만 그때는 이번같이 일시에 동시다발적으로 세무조사를 한 것이 아니라 몇 단계로 나누어 순차적으로 조사하여 큰 갈등 없이 잘 마무리된 것으로 알고 있다. 그러나 이번에는 그때와는 달랐다. 정말 살벌했다.

그런 가운데서도 나는 '공보관'으로서 출입기자들에게 '양식'이 될 기삿거리도 꾸준히 제공해 주어야 하는데, '전쟁시국'이다 보니 기삿거리가 있을 수 없었다. 분위기가 이렇다 보니 출입기자들은 자연히 국세청 비판기사를 자주 써서 데스크로 보냈다. 그때마다 나는 출입기자들에게 제발 그런 기사는 쓰지 말아 달라고 사정사정했다. 그러나 마이동풍馬耳東風이었다.

하루 이틀도 아니고 매일 이런 악순환이 거듭되었다. 그렇다고 이를 막을 뾰족한 방안도 없었다. 다만 내가 할 수 있는 일은 이들에게 다가가 이들의 고충을 진심으로 이해해 주는 일이었다. 그러면서도 이들의 자존감만은 제대로 세워 주려고 노력했다. 누군가 그랬다. 공보관은 '반 기자, 반 공무원'이라고…. 그래서 그들이 기사를 쓰면 기사가 잘 됐다, 못 됐다 하고 일방적으로 비평하기보다는 잘 썼다고 오히려 격려해 주었다. 반면에 이런 분위기를 이해 못 하는 국세청 수뇌부에서는 사실과 다른 기사를 썼다고 강하게 해명하라고 나에게 지시하지만, 그렇게 하는 것은 오히려 그들의 감정만 건드리게 된다는 사실을 알기 때문에 그렇게 할 수가 없었다.

"김 기자! 기사 쓴다고 정말 고생 많았다. 참 잘 썼다. 그런데 이 기사가 나갈 경우 국세청에서는 세금을 제대로 걷을 수가 없다네. 누가 이런 기사를 보고 고분고분 세금을 잘 내주겠는가? 그러니 잘 고쳐 주게나."

나는 기자들에게 진심으로 이야기했다. 그런 다음에 그들의 데스크(부장급 간부)에게 부탁했다.

"김 기자 기사 정말 잘 썼다"라고 김 기자를 최대한 치켜세워 주면서도 이 기사로 인해 국세청이 당할 고통을 간곡히 이야기했다. 그런 다음에 신문을 직접 만드는 편집부 책임자에게 가서 기사의 지면 배열 문제나 기사 제목에 대한 선처를 구했다. 그것도 여의치 않을 경우에는 직접 편집국장에게 찾아가서 전후 사정을 이야기하고 역시 선처를 구했다.

이렇게 내 나름대로의 언론사 접촉 원칙을 세워 일해 보았더니 웬만하면 내가 의도하는 대로 수정해 주기도 하고, 지면 배열 문제도 어렵지 않게 배려해 주었다. 참으로 고마웠다. 지금 생각해 봐도 내가 그때 지킨 기준과 방법들이 제대로 먹혀들었다고 보고 다행으로 여긴다. 그것이 가능했던 것은 말단 세금쟁이에서 출발하여 한 단계 한 단계 거쳐 올라가면서 나름대로 터득한 삶의 경험 덕분이 아닌가 생각한다.

어쨌든 당시 국세청과 언론사가 전쟁 아닌 전쟁을 치르는 과정에서 자주 일어난 현상 중 하나는 언론에 실린 기사 제목이 예사롭지 않다는 것이었다.

"국세청 또 비리" 아니면 "세리稅吏들 또 비리 저질러" 등….

이런 골치 아픈 기사 제목들이 신문 가판街版에 실릴 때마다 나는 정말 괴로웠다. 혹시나 내 가족들이 이걸 보면 무어라 할까? 그럼에도 언론사들이 국세청과의 전쟁 중인 것을 감안하면 그들의 입장이 충분히 이해가 되었다. 내가 언론사라 하더라도 그렇게 했을 것이다. 그런 어려운 상황인데도 불구하고 국세청 수뇌부에서는 나에게 그런 부정적인 기사를 고치라고 강하게 지시하는 경우도 적지 않아 참으로 괴로웠다. 그래서 신문 본판本板이 인쇄되기 전에 관련 책임자에게 연락해서 고치려고 해보았지만 깊은 밤중이라 아예 통화조차 되지 않거나 운 좋게 통화가 되더라도 전혀 말이 먹혀들지 않을 때가 많았다. 오히려 편잔만 들었다. 그래도 나는 무식하게 몇 번씩이나 부탁했다.

"편집국장님! 제발 부탁드립니다. '또' 자字 하나만 빼주십시오!"

거의 울면서 매달렸다. 지금 고백하지만 나는 공보관 생활 1년 8개월 동안 그런 괴로운 날밤들을 자주 보내야만 했다.

사랑하는 2만여 후배 세금쟁이 여러분! 그런데 신문 가판에 그렇게 큼지막하게 실린 '또' 자가 본판에는 어떻게 되었을까요?

"편집국장님! 정말 고마웠습니다. 그때 '또' 자 하나 빼주셔서."

언론사 세무조사
결과 발표 현장에서

지금 이 시간을 빌려 현직에 있는 후배 여러분들께 꼭 권하고 싶은 것 중 하나는 한 번쯤은 공보관실을 거쳐 보라는 것이다. 왜냐하면 대부분의 공직자들은 사고思考의 틀이 일방적이다 보니 자기 입장만을 생각하는 경향이 있다. 무엇보다 법法을 집행하는 위치에 있다 보니 항상 갑甲의 입장에서만 보게 되고 을乙의 위치에 있는 국민들이나 납세자의 입장을 소홀히 할 때가 많은 편이다. 그들이 당하는 정신적 고통을 충분히 이해해 주지 못한다는 뜻이다. 이해해 주고 싶어도 법에 저촉되거나, 다른 사람들로부터 괜한 오해를 받을 수 있기 때문에 선뜻 나서 주지 못하는 경우도 적잖다. 특히 우리 세금쟁이들의 경우에는 더욱 그런 경향이 농후하다. 물론 그렇지 않은 공직자들도 다수 있지만.

윗사람들이나 아랫사람들이나 한결같이 외쳐 대는 말이 있다. "법대로 하라!" 그런데 문제는 "털어서 먼지 안 나는 사람 없다"는 말과 같이 갑이나 을 모두 법을 완벽하게 지킬 수는 없다. 아무리 성실한 모범 납세자들이라 하더라도 세법을 100% 지키는 사람은 드물다. 평생 세법만을 다루며 살아온 나만 하더라도 털어서 먼지가 많이 나는 사람이다. 그런데 공보관으로 일하면서부터는 언론을 통해 '을'들의 고통에 많이 공감하게 되었다. 그 전까지는 전형적인 세금쟁이로서 어떻게 하면 법대로 집행할 것인가만 궁리했는데, 공보관이라는 자리에 있다 보니 언론이라는 경로를 통해 납세자들의 다양한 고충과 입장들을 자주 접할 수 있었다.

그래서 나온 이야기인지 몰라도 공보관이라는 자리는 '반은 기자요, 반은 공무원' 신분이라고 한다. 아무튼 공보관 직책을 맡고 나서부터는 사고의 폭이 많이 넓어졌으며, 점점 더 남을 배려하고 공감하는 마인드가 형성되어 감을 느낄 수 있었다.

그때 일들을 회상하면서 느끼는 것 중 하나는 국세청에서 다시는 중앙 언론사에 대해 동시 다발적으로 살벌한 세무조사를 해서는 안 된다는 것이다. 정말 끔찍한 일이었다. 나는 그런 살벌한 전쟁통을 잘 빠져나올 수 있었음을 퍽이나 다행스럽게 생각한다. 물론 열심히 일했다.

우선은 휴일 없이 출근했다. 물론 휴가도 없었다. 하루라도 출근을 하지 않으면 불안했다. 어디서 어떤 기사가 터질지 알 수 없었기 때문이다. 이렇게 휴일 없이 출근하다 보니 함께 근무하는 공보관실 직원들의 불만 또한 보통이 아니었다.

어떤 때는 함께 고생하는 사무관이 자기는 크리스천으로 주일이면 교회에 가서 예배도 드리고 맡은 일도 해야 하는데 왜 자기가 이 자리에 오게 되었는지 모르겠다면서 나에게 격렬하게 대들 때도 있었다. 물론 나도 크리스천이지만…….

그런데도 어쩔 수 없었다. 큰 어려움에 처해 있는 국세청을 위해서는 모든 것을 희생해야 했다. 또 좌左로나 우右로나 치우침 없이 국세청과 언론사 모두가 윈-윈 하기만을 위해서 기도하고 또 열심히 노력했다. 그러나 현실은 그렇지 못했다. 그런 분위기에서 하루하루를 보내다 보니 그 살벌한 전쟁도 어느덧 종착역에 다다르고 있었다. 그런 와중에도 나는 틈만 나면 산행(등산) 모임이나 특별 이벤트를 자주 마련하여 출입기자들이 하나가 될 수 있도록 최대한 노력했다.

드디어 2001년 6월 29일, 23개 중앙 언론사에 대한 특별 세무조사 결과를 발표했다. 당시 손영래 서울지방국세청장은 매우 긴장된 모습으로 5천여억 원의 세금 포탈 사실과 6군데 언론사와 사주社主들에 대한 검찰 고발 문제까지 함께 발표하였다. 그런 와중에도 발표 현장에서는 종합 일간지는 다른 일간지와, 경제지는 다른 경제지와, 방송사는 다른 방송사와의 과세형평

성 문제를 놓고 서로의 불만들을 터뜨렸다. 어제까지만 해도 그렇게 사이좋게 지내던 그들이 그날만은 완전히 달랐다. 그때 그 발표 현장을 지켜보면서 나는 두어 가지 생각이 들었다.

첫째, 과연 그렇게 많은 세금을 포탈했을까?

둘째, 2~3개 신문사를 제외하고는 대부분이 재정 적자에 허덕일 텐데 무슨 수로 그 많은 세금을 낼 수 있을까?

나 자신도 정신이 멍했다. 그러면서 다시는 이 땅에 이런 살벌한 전쟁이 일어나지 않기를 빌고 또 빌었다.

우는 자와 함께
울라

'큰 칼'을 뽑아 한바탕 전쟁을 치르고 난 국세청에서도 마음 편할 리 없었다. 이유야 어찌 됐든 특별 세무조사 집행자(가해자)가 아닌가? 무엇보다 내로라하는 5~6개 언론사와 사주들을 검찰에 고발까지 해버렸으니….

그때 나는 공보관 직책을 맡은 것을 후회했다. 지나온 6개월 동안 휴일 없이 매일 아침 일찍 출근해서 밤늦게 되어서야 집으로 돌아오다 보니 그야말로 탈진 상태였다. 마음에 평안도 없었다. 마치 첩첩산중에 홀로 서 있는 기분이었다. 거기에다 앞으로 닥쳐올 시련들을 겪어 낼 자신도 없었다.

그런 가운데서도 그나마 다행이었던 것은 개인적인 신앙생활만은 게을리 하지 않은 것이다. 그렇지 않고서는 도저히 과거처럼 자신감을 회복해 나갈 수 없었기 때문이다. 그래서 나는 일요일이면 사무실로 출근하기 전에 집 근처에 있는 교회에 가서 예배를 드리면서 기도했다.

"주님! 제가 너무 피곤합니다. 저에게 평안한 마음을 주십시오. 제가 지금껏 운 좋게 살아온 것처럼 앞으로도 그런 기분으로 살아갈 수 있는 지혜를 주십시오. 그런데 지금 제가 맨 정신이 아닙니다. 날마다 언론사와 전쟁 아닌 전쟁을 하고 있으니 정말 괴롭습니다. 여기에다 사생활도 없습니다. 그러니 하루빨리 이 자리를 잘 마무리하고 다른 자리로 가서 이제 얼마 안 남은 세금쟁이 현직 생활을 잘 마무리할 수 있도록 도와주십시오!"

어려움이 닥치면 닥칠수록 신앙심은 더 깊어진다고 누군가가 말했던가. 그런 어려운 가운데서도 언론사 관계자들의 길흉 행사는 꼭 챙겨야 했다. 어떤 때는 직속상관인 국세청장을 모시고 다녀와야 할 때도 더러 있었기 때문이다. 무엇보다 어려운 때일수록 그들의 개인적인 대소사에는 충실히 하는 것이 옳은 도리라고 생각했다. 그중에서도 슬픈 일을 당한 경우만이라도 꼭 참석해 주어야 하는데, 그것이 한두 군데가 아니었다. 언론사마다 출입기자들을 비롯해서 데스크 간부, 심지어는 사주나 임원들까지도 챙겨야 했으니.

이런 경우도 있었다. 비가 억수같이 내리는 어느 여름 날 어떤 언론사 사주의 사모님이 갑자기 돌아가셨다는 소식을 들었다. 우연히 내 아내도 그 비보悲報를 알게 되었다. 그런데 그 사모

님은 아내 자신이 개인적으로 매우 존경하는 고등학교 선배님
이란다. 그러면서 비가 너무 와서 자기가 직접 문상하기 어렵다
면서 나보고 대신 갔다 오라는 것이었다. 그래서 바쁜 틈을 내어
병원 영안실에 가서 상주분들에게 그런 사연을 이야기했더니
그 상주분들이 퍽 고마워했다.

그것이 인연이 되어 10년 가까운 세월이 흐른 후 고인의 남편
인 언론사 사주께서도 돌아가셨을 때 나는 세무사회장 자격으로
또 다시 문상을 가서 상주분들을 위로했다. 비록 내가 현직 공보
관으로 있을 때 그 언론사에 과중한 심적 부담을 드렸지만⋯.

내가 이렇게 한 이유는 그동안 살아가면서 나름대로 체득한
지혜라고나 할까? 결혼식과 같은 기쁜 날에는 다소 빠져도 덜
서운한데 슬픈 소식을 받은 경우에는 그들을 위로하고 함께 울
어 주고 싶었기 때문이다. 젊은 출입기자들이 애지중지하게 키
우던 귀여운 자녀가 갑작스럽게 죽었다거나, 갑작스런 교통사
고를 당해 부모님이 돌아가셨다거나 아니면 사랑하는 아내가
중병으로 숨졌다는 슬픈 소식들을 접할 때마다 왠지 모르게 내
가 직접 당한 것 같은 아픈 마음이 들었다. 또 어떤 때는 출입기
자 본인이 횡사했다는 참으로 안타까운 소식을 전해 들을 때도
있었다. 불과 며칠 전까지 맑은 목소리로 서로의 안부까지 물은
절친한 사이였는데⋯.

나는 당시 1년 8개월간의 그 어려웠던 공보관 시절에 개인적

으로 많은 언론인들을 만나다 보니 다른 세금쟁이 동료들보다
는 부음訃音을 많이 접한 편이었다.

그때마다 유달리 자주 보는 한 성경 구절이 기억났다.

"우는 자와 함께 울라!"

나의 주군主君
안정남 장관님!

언론사 특별 세무조사가 한창 진행 중이던 2001년 5월 어느 날 출입기자단 간사로부터 한 가지 제안을 받았다. "매년 한 차례씩 언론재단의 후원으로 출입기자들의 해외 취재 기회가 있었는데 올해는 왜 없느냐?"며 빨리 언론재단과 상의해 보라는 것이었다.

태평로 프레스센터 건물에 있는 한국언론재단을 찾았다. 그리고 담당자와 상의한 결과 매년 몇 개 부처를 정해 출입기자단에 해외 취재 지원을 위해 얼마간의 재정을 지원해 준다는 것이었다. 문제는 국세청이나 경찰청과 같은 외청外廳의 출입기자단에는 그 자금이 지원되지 않는단다. 설사 되더라도 자금이 얼마 남지 않아 별 혜택이 없을 것이란다.

나는 지금 국세청에서는 언론사와 전쟁 아닌 전쟁을 치르고

234

있는 매우 어려운 상황임을 설명 드리고 우선 남아 있는 재원이라도 지원해 달라고 부탁했다. 그것이 어렵다면 감독관청인 문화체육부에 가서 설득을 하겠다고 했더니 꽤나 긍정적이었다. 그때 마침 내 친구가 문화체육부 차관으로 재직하고 있었기에 곧바로 찾아가서 상의했다. 차관께서 즉석에서 한국언론재단에 전화를 해주었다. 그래서 10명 정도의 기자들이 일주일 동안 해외 취재하는 데 소요되는 비용을 확보하게 되었다. 그런 내용을 출입기자단 간사에게 알려 주었더니 꽤나 놀라워했다. 그러면서 자기들끼리 전체 회의를 열어 일주일 동안 미주지역의 세정현황과 주요 언론사를 취재하자는 데 의견을 모았다.

언론사 특별 세무조사 결과가 발표되고 난 뒤라 매우 어수선한 분위기였는데도 8월 하순경 나는 7~8명의 기자들과 함께 먼저 2박 3일간 뉴욕에 있는 NBC 방송 등을 비롯해 주요 언론사를 견학하게 되었다. 다행히 당시 뉴욕은 9·11 테러 사건이 일어나기 바로 2주 전으로, 평온한 상태였다. 정말 천우신조 天佑神助였다. 나중의 2박 3일간은 워싱턴 지역으로 가서 미국 IRS(미국 국세청)의 세정현황을 취재했다. 그리고 나머지 하루는 함께 간 출입기자들이 각자 자기 언론사에서 파견 나간 워싱턴 특파원들과 자유롭게 하루를 보내도록 해주었다.

그동안 나는 오래전 이 지역으로 이민 와서 살고 있는 여동생 집에서 '특별한 행사'를 준비하고 있었다. 그해 봄 명동성당에서 결혼 예식을 가진 후 바로 미국으로 유학 온 안정남 국세청장의 외아들 부부가 이곳 워싱턴 지역에서 어렵게 신혼생활을 하고 있다는 소식을 듣고 이곳까지 온 김에 이들을 격려해 주고 싶었다. 물론 안정남 국세청장도 모르게 준비한 것이었다. 늦은 저녁에 워싱턴 시내에 있는 한국식당에서 어렵게 만나 함께 식사를 했다. 그때 그 신혼부부에게 불편한 것이 없느냐고 물었더니 갑자기 울먹이면서 미국에 온 지 몇 달 되었는데 외식外食은 처음이라고 했다. 나도 울컥했다. 그러면서 함께한 내 여동생 내외를 소개해 주고 언제든지 필요한 일이 있으면 찾으라고 했다. 그리고 내가 가지고 있던 여비 중 일부를 꺼내 그들에게 건네주었다. 또 함께 폴라로이드 카메라로 즉석 사진도 몇 장 찍었다. 그리고 그들과 헤어졌다.

그렇게 해서 일주일간의 해외 출장을 마치고 귀국해서 월요일 아침 출근과 동시에 안정남 국세청장께 아들 부부의 사진과 함께 그들의 근황도 전해 드렸다. 그런데 그 다음 날인 화요일 아침에 일찍 출근하신 안정남 청장께서 갑자기 나를 껴안으면서 떨리는 목소리로 말했다.

"자네, 오늘부터 내 동생이네! 어제 자네가 건네준 사진들을 보고 우리 집사람이 얼마나 울었는지 모른다네. 또 미국에 있는 아들 내외도 자네와 헤어지고 난 후 얼마나 감동했는지 모른다네. 정말 고마웠네. 어렵게 마련한 이번 출장에 자네의 그런 깊은 뜻이 있었는지…. 자네 정말 대단하네!"

그때 나는 말씀드렸다. 직속상관으로 모시고 있는 국세청장에 대한 최소한의 도리를 했을 뿐이라고. 그로부터 일주일 후 그분께서는 갑자기 건설부장관으로 영전하게 되었다.

그동안 남들이야 그분을 어떻게 생각했든 나는 그 어려운 전쟁터에서 8개월간 생사고락을 함께한 주군主君으로 생각하면서 개인적으로는 의형제로 지내려고 했는데 안타깝게도 2013년 6월에 그만 우리 곁을 떠나셨다.

"나의 주군主君 되신 안정남 장관님! 정말 그립습니다!"

6장. 살벌한 전쟁터에서 공보관 생활

조 대감!
정말 고맙소!

출입기자들과 함께 일주일간의 해외 출장을 마치
고 돌아오니 기자실 분위기가 예사롭지 않았다. 거기에다 안정
남 국세청장이 곧 건설부장관으로 영전할 것이라는 소문도 들
렸다. 그래서 나는 조용한 기회를 얻어 당사자인 그분께 여쭤 보
았다. 그리고 내 개인적인 느낌까지 함께 말씀드렸으나 가타부
타 말씀이 없었다. 그로부터 며칠 후 정말 소문대로 건설부장관
으로 영전하시게 되었다.

반면에 전쟁 당사자들인 언론사들은 그날부터 마치 전면전을
선포한 듯했다. 이제부터는 국세청장 신분이 아니기 때문에 본
격적으로 한바탕 전쟁을 해보자는 것이었다. 그러면서 나로 하
여금 자기들에게 일일이 대응하지 말라고까지 했다. 그분은 이
미 국세청을 떠났으니 이제 새로 온 국세청장에게 충성하라는

것이었다.

며칠 후 손영래 서울지방국세청장이 후임 국세청장으로 발탁되어 왔지만 언론사 분위기는 예나 다름이 없었다. 오히려 신임 국세청장까지 싸잡아서 전쟁 당사자로 여기고 공격하는 것 같았다. 여기에다 더 곤혹스러운 것은 당시 정치권에서도 여기에 가세하여 언론사 편을 들었다는 점이다.

그런데도 누군가가 말했던가. "세월이 약!"이라고…. 치열한 전쟁 중에도 세월은 흘러 어느덧 한 해의 마지막을 향해 달려가고 있었는데, 나에게 정말 의미 있는 날이 온 것이다.

성탄절 전날인 그날, 나는 꿈에도 그리던 부이사관 승진이라는 큰 선물을 받았다. 50대 중반의 나이인데도 온몸을 던져 가며 밤낮으로 전쟁을 치르는 모습을 불쌍히 여겨 이렇게 큰 선물을 안겨 준 것이 아닌가 생각했다. 그러나 승진의 기쁨도 잠시 잠깐이었다. 그런 가운데서도 시간은 흘러 어렵게 한 해를 마무리하고 또 새로운 한 해를 맞이하게 되었다.

그러던 어느 날 손영래 국세청장께서 나를 불러 말씀하시길, 청와대로부터 연락이 왔는데 당시 공직사회에서는 보기 드물게 국세청 공보관이 너무 헌신적으로 일하고 있으니 특별히 격려를 해주라는 내용이란다. 그러면서 몇몇 주요 부처 공보관들과 함께 보름 동안 유럽 지역을 시찰할 수 있는 특전을 만들어 주라는 특별지시가 내려왔으니 해외 시찰 준비를 하라는 것이었다.

그러나 국세청 형편을 누구보다 잘 아는 국세청장에게 조심스럽게 말을 꺼냈다.

"예, 준비는 하겠습니다만 보름 동안 자리를 비울 수가 있겠습니까?"

나는 퍽이나 고민이 되었다. 과연 전쟁 당사자인 언론사에서 보름 동안 조용히 다녀올 수 있도록 배려해 줄 수 있을까?

하여튼 '출장 준비는 해놓고 보자'라고 마음먹었다. 그때 그보다 더 가슴 뿌듯하게 느낀 것이 하나 있다. 몇몇 부처 공보관들로부터 '이상한' 전화를 받은 것이다.

"우리 장관님께서 국세청 공보관을 만나서 어떻게 그렇게 공보관 직책을 잘 감당하고 있는지 그 비결을 알아보라는 지시를 하십니다. 노하우를 알려 주십시오."

그때마다 나는 그들에게 진심어린 조언을 했다.

"몸을 던지세요!"

그 한마디였다.

눈을 감으니 '고생을 한 만큼 보람도 있구나! 청와대에서도 인정해 줄 정도이니…' 하는 상념이 들었다.

드디어 2002년 3월 초, 지정된 날에 해외 시찰을 가려는데 왠지 불안한 마음이 들었다. 어떤 유력 신문사에서 국세청장 개인 비리를 크게 터뜨리겠다는 것이었다. 정탐을 해보니 예삿일이 아닌 것 같은 느낌이 들었다. 그래서 그런 내용을 당사자인 손영래 국세청장에게 보고 드리고, 아무래도 보름간 자리를 비울 수 없을 것 같으니 대신 고생하는 공보계장 사무관에게 기회를 주는 것이 좋을 것 같다고 했다. 공보관실에 들어온 지 불과 두 달밖에 안 된 것이 흠이기는 했지만…. 그래도 나는 강력하게 추천했다. 결국 그 계장 사무관에게 행운이 돌아갔다.

나는 이것도 그 친구에게 돌아가는 하나의 관운官運이라고 생각했다. 누군가가 말했던가? 재주는 곰이 부리고 돈은 사람이 받는다고…. 여기에다 개인적으로 미리 준비해 놓았던 여비까지도 건네주면서 잘 다녀오라고 했다. 그 친구는 먼 훗날 수도권 1급지 세무서장을 끝으로 현직에서 물러나 지금은 능력 있는 세무사로 열심히 살아가고 있다.

"사랑하는 김건중 아우야! 잘 지내고 있지? 그때 보름간의 부담 없는 유럽 시찰, 좋은 추억으로 아직도 잘 간직하고 있지?"

그리고 그때 좋은 여행 기회를 부하에게 안겨 준 나는 당시 그 유력 신문사에서 1면 톱으로 실은 국세청장 개인 관련 특종기사를 깔끔하게 잘 마무리했다. 며칠 동안 전 언론사를 일일이 찾아다니며 해명한 덕분이었다. 참으로 다행이었다. 지금도 가끔 같은 또래인 손영래 국세청장을 만나면 늘 듣는다.

"조 대감! 그때 고마웠소!"

무슨 말씀…?

'청렴' 공보관인지?
'청년' 공보관인지?

　　정부의 어느 부처部処에서든 '공보관'이란 자리는 대개 1년 정도 맡는 것이 관례다. 길어야 1년 6개월을 넘지 않는다. 다른 직책에 비해 힘들다는 의미다. 나의 경우에는 더 심했다. 언론사와의 살벌한 전쟁 와중에 1년 8개월을 지냈다. 무엇보다 그 자리에 있을 때 23개 중앙 언론사에 대해 동시다발적으로 특별 세무조사를 실시해서 무려 5천억 원이 넘는 세금을 추징하고 여기에다 5~6개 언론사 및 사주까지 검찰에 고발해 버린 전무후무前無後無한 큰일들을 치렀으니 그 고통이야 오죽했으랴.

　　여기에다 국세청 공보관과 비슷한 직책이라고 할 수 있는 여의도를 관할하는 영등포세무서장 자리 7개월을 포함하면 무려 2년 이상을 공보관으로 지낸 셈이다. 그렇다고 내 스스로를 자랑하고 싶어서 이런 고백을 하는 것은 아니다. 단지 내 평생 세

금쟁이 생활 중 가장 어려우면서 보람도 있었던 시간이라는 뜻
으로 표현하고 싶은 심정임을 밝히니 오해 없기 바란다.

아울러 지금 고백하지만 그 어려운 공보관 자리에 있으면서
나는 내가 가진 소중한 시간은 물론이고 심지어 사재私財까지 털
어야 했다. 당시 살던 강동구 상일동 빌라를 처분하여 그 일부를
갖다 쓸 정도였으니 말이다. 그야말로 공보관 직책에 올인All-in
한 셈이다. 남들은 이런 나를 보고 비웃을 수도 있을 것이다. 아
니면 '무슨 꿍꿍이가 있는 것 아닌가?'하고 비아냥거릴 수도 있
으리라. 이해는 간다. 그때 나는 가장 가까이 있는 아내와도 많
이 갈등했으니 말이다.

"당신 그렇게까지 해야 하는 이유가 뭐예요?"

"여보 미안해⋯."

그러나 당시 나에는 한 가지 마음밖에 없었다. 국세청이 이 난
국을 잘 헤쳐 나갈 수 있기만을 염원했다. 그러면서 내가 할 수
있는 일은 매일 접촉하는 출입기자들과는 서로의 고충을 여과
없이 나누는 것이었다. 1박 2일간 기자들과 함께 산행을 한다든
지, 가끔 한적한 데서 세미나를 마련해 준다든지 아니면 매년 한
차례씩이라도 일주일 정도의 해외 취재 기회를 마련해 주는 등
할 수 있는 방법을 총동원했다. 재정적으로 어려우면 심지어 한
국세무사회까지 동원했다.

남들은 선뜻 이해가 가지 않는 그런 일들을 하면서 내 나름대

로 많은 것을 배우고 깨닫는 계기가 되기도 했다. 평소 우리 세금쟁이들은 직업 특성상 거두어들이는 일에는 익숙해 있지만 베풀거나 섬기는 일에는 비교적 인색하다고들 이야기한다. 물론 내 경우도 예외는 아니었지만 2년 가까이 공보관 직책을 겪으면서 그런 편향된 자아의식에 많은 변화가 왔다. 또 무엇보다 그때 사귄 젊은 기자들을 비롯해 솔직담백한 성격을 가진 언론인들을 만나 소중한 인간관계를 맺다 보니 인생 후반전을 살아가는 지금의 나에게 많은 도움이 되고 있다.

이 시간을 빌려 다시 한 번 사랑하는 후배 여러분에게 감히 권하고 싶다. 존경받는 리더가 되고 싶은가? 인생 후반전을 더욱 아름답고 윤택하게 살고 싶은가? 공보관 자리를 한 번쯤 거쳐 보게나. 안 되면 '빽'이라도 써서 그 자리를 한 번쯤 경험해 보시게나. 이렇게 감히 강권하는 이유는, 나는 여러 가지 면에서 자질도 능력도 부족했지만 그들이 내 주위에 있어 주어 얼마나 행복한지 모른다.

시간은 흘러 2002년 늦은 여름. 드디어 공보관 생활을 마감하게 되었다. 2년 가까운 세월이었지만 느낌으로는 4~5년은 근무한 것 같았다. 늦은 여름 어느 날 그동안 정들었던 출입기자들이 특별한 송별회 자리를 마련해 진심으로 나를 축하해 주었다. 그때 출입기자단에서 만들어 준 감사패를 받는 자리에서 〈한국일보〉에서 출입하던 김정곤 기자(지금은 정치부장)가 대표로 감사패 내용을 읽어 주었다.

조용근 공보관님!

다사다난했던 1년 8개월 동안 선진세정의 막중한 임무를 다하면서도 언론 발전을 위해 헌신을 다하신 데 대해 감사의 뜻을 표합니다. 무엇보다 우리 젊은 기자들을 친동생처럼 격려해 주고 정겹게 대해 주신 당신은 진정 영원한 청년 공보관입니다.

2002. 9. 국세청 출입기자단 일동

그때 나는 당황했다. 경상도 출신인 김 기자가 읽어 준 감사패 내용 중에서 "당신은 영원한 청년 공보관"이라는 문구가 "영원한 청렴 공보관"이라는 말로 들렸다. 나는 그만 손사래를 쳤다.

"여보게들, 미안하지만 나는 청렴 공보관은 절대 아니네. 그래서 나는 이 패를 받을 수 없다네. 나는 정말 청렴한 공직자가 아니야!"

그렇게 이야기했더니 좌중에서는 떠나갈 듯이 폭소가 터져 나왔다. 지금도 나는 그때 일을 잊을 수가 없다.

"김정곤 부장! 자네 지금도 사투리 쓰나? 표준말 좀 쓰게나. 영원한 '청렴 공보관'이 아니라, 영원한 '청년 공보관'으로 읽어 주시게!"

6장. 살벌한 전쟁터에서 공보관 생활

조 공보관!
왜 사표 안 냈어?

2002년 찌는 듯한 여름 어느 날, 예외 없이 곤욕을 치르고 있는 나를 국세청장이 조용히 불렀다.

"조 대감! 정말 고생이 많소. 공보관으로 온 지가 꽤나 오래됐지요? 그래서 말인데, 이번에 서울지방국세청 납세지원국장 자리가 비게 되는데 아시다시피 그 자리는 개방직이라 시험을 봐야 되는 모양인데 한번 응시해 보세요."

"네, 알겠습니다."

그로부터 며칠 후 몇몇 외부 인사들로 구성된 선발위원회가 열려 면접시험을 치르게 되었다. 그때 응시자는 나를 비롯해 두 사람뿐이었다. 면접 내용은 뽑아야 할 자리가 납세지원국장이다 보니 '효과적으로 세수를 확보할 수 있는 방안'이었다.

이 문제에 대해서는 내가 평소부터 가진 신념이 하나 있었다.

바로 '세금의 연금화年金化'이다. 즉 납세자들이 세금을 연금으로 인식하면 더 성실하고 떳떳하게 내지 않겠느냐는 것이다. 그렇게 되면 평소 세금을 많이 냈다가 노후에 연금으로 되돌려 받는 셈이다. 이런 내용을 선발위원회 위원들에게 들려주었더니 모두들 신선한 아이디어라고 느끼는 듯했다. 바로 다음 날 합격됐다는 연락을 받고 곧이어 임용 절차를 밟게 되었다.

드디어 2002년 8월 말경 나는 원願에도 없었던 임기 2년짜리 서울지방국세청 납세지원국장으로 발령 받게 되었다. 사실 나는 수원에 있는 중부지방국세청 조사국으로 가서 그동안 갈고 닦은 실력을 한번 발휘해 보고 싶었다. 무엇보다 서울청이 함께 쓰는 수송동 국세청 청사에서 너무 오래 있다 보니 지루하기도 해서 분위기 쇄신 차원에서 서울을 한번 벗어나고 싶기도 했다.

그렇지만 인사권자인 국세청장이 하라는 대로 하는 것이 공직자의 순리라고 생각했다. 아울러 이제 얼마 남지 아니한 세금쟁이 현직 생활을 잘 마무리해야 한다는 생각도 들었다. 말단 9급에서 국장급 자리까지 올라왔으니 이제 여한이 없었다.

그런데 발령 받기 며칠 전 어느 날인가? 당시 국세청에서 요직을 맡고 있던 어떤 국장께서 나를 잠시 좀 보자는 것이었다. 여느 날과 마찬가지로 국세청장에게 업무보고를 마치고 그 국장 방으로 내려갔다. 그런데 그 국장은 대뜸 다그쳤다.

"조용근 공보관! 당신 왜 사표를 안 냈어?"

그때 나는 무슨 말을 하는지 몰라 당황했다. 그런데 또 물었다.

"총무과장한테 이야기를 들으니 이번에 서울청 납세지원국장으로 간다는데, 사표를 내고 가야지 왜 현직으로 가는 거지?"

그때서야 그 국장의 진의를 알 수 있었다. 다시 말하면 서울청 납세지원국장 자리는 개방직이어서 사표를 내고 민간인 신분으로도 갈 수 있는데 왜 현직 신분으로 가느냐는 것이었다. 나는 얼굴이 화끈거렸다. 그렇잖아도 중부청 조사국으로 가서 실력 발휘를 한번 해보려고 하고 있었는데 국세청장의 뜻이라 거역할 수 없어 마음이 편치 않은데 이런 황당한 이야기까지 듣게 되다니….

무엇보다 국세청장께서 서울청 국장으로 내려 보낸 것은 언론사와의 관계가 계속 원만치 못하다 보니 나로 하여금 언론사를 계속 챙기라는 뜻이 담겨 있었는데, 그런 뜻을 일일이 이야기할 수도 없었다. 나는 그 국장 얼굴만 유심히 바라보다가 방을 나왔다. 그리고 내 사무실로 돌아왔는데 하루 종일 일이 손에 잡히지 않았다.

나보다 몇 살 아래인 그 국장이 반말 비슷하게 비아냥대며 하는 이야기를 들은 나는 며칠 동안 잠이 오지 않았다. 행정고시 출신 엘리트여서 일찍 승진하여 요직 국장으로 앉아 있다 하더라도 그렇지, 마치 자기가 인사권자인 듯 그렇게 이야기하는 것은 옳지 않은 일이라고 생각되었다.

그 후부터 나는 그 국장을 상대하고 싶지 않았다. 오랜 시간이 흐른 후에도 그때 그 일을 떠올리면 왠지 모르게 화가 치밀었다. 그러나 이 글을 쓰는 지금은 그 국장의 뜻을 이해하게 되었다. 좋게 이야기하면 내가 현직에서 사표를 내고 그 자리로 가면 누군가가 또 한 사람이 승진할 수 있는데 왜 그렇게 하지 않았느냐는 뜻으로 나무란 것이리라…. 그런 좋은 뜻을 모르고 내가 너무 앞서갔구나 하는 생각도 들었다. 지금은 나나 그 국장이나 모두 현직을 떠나 야인野人이 되어 각자의 길을 가고 있지만 언제 한 번 만나서 그때 내가 느꼈던 감정을 전달하고 싶다.

"이 형! 나와 형의 생각이 달라서 비롯된 것인데도 나는 몇 년 동안이나 그 일에 대해 화를 품고 있었소. 그러나 지금은….."

6장. 살벌한 전쟁터에서 공보관 생활

7장

마태
Matthew
의 후예들, 나눔과 섬김 실천하다

'다일多一'의 정신으로

2002년 8월 하순, 드디어 나는 서울지방국세청 납세지원국장 자리로 옮겼다. 그런데 딱 한 가지 문제는 20년 가까운 세월을 같은 건물에서 근무하다 보니 내 집 같은 기분도 들었지만 다른 한편으로는 지루하기도 했다는 점이다.

되돌아보면 1976년 7급 때 본청으로 들어와 6급, 5급(사무관)을 거쳐 4급(서기관), 3급(부이사관)의 대부분 시간들을 이곳에서 보냈으니 오죽했으랴? 그래도 곰곰이 따져 보니 남들이 오르기 힘든 국장局長 자리까지 어렵게 올라왔으며 이곳에서 좋은 동료들도 많이 사귀었는데도 그런 '사치스런' 불평을 하다니⋯. 오히려 감사하고 또 고마울 뿐이었다.

참고로 당시 서울지방국세청 납세지원국은 서울지방청 내內 세수稅收 관련 업무를 총괄하는 징세과와 세금을 과세 받고 불복

7장. 마태의 후예들, 나눔과 섬김 실천하다

하는 납세자들의 고충과 심사 업무를 담당하는 법무1, 2과를 비롯해서 전산 시스템을 관리하는 전산관리과 등 업무 성격이 전혀 다른 4개 과로 조직되어 있었다. 또 각 부서들은 국세청 핵심 업무가 아닌 핵심 업무 지원을 담당하는 부서였다.

그래서인지 특별한 뜻이 있어 지원하는 몇몇 소수 직원들을 제외하고는 대부분 이곳에 오기를 기피하는 편이어서 사기가 처져 있었다. 그래서 이들이 자긍심을 가질 수 있도록 분위기를 바꾸어 주는 것이 담당국장으로서 내가 해야 할 일이었다. 그 예로서 직원들의 승진 때나 표창대상자를 선정할 때면 앞장서서 다른 국 소속 직원들보다 우선권을 주도록 노력했다. 거기에다 직원들의 사소한 복지 문제에 대해서도 담당국장 권한으로 할 수 있는 모든 역량을 보여 주었다.

그럼에도 남들이 알아주지도 않고 생색도 안 나는 업무인 데다 무엇보다 과課별로 업무 성격이 서로 다르다 보니 한곳으로 힘과 마음들을 모으기가 쉽지 않았다.

며칠간의 고심 끝에 생각해 낸 것이 다름 아닌 '다일多一'이었다. '다일'의 정신을 일깨워 주고자 한 것이다. 나는 1998년부터 청량리에 있는 '다일 밥퍼나눔운동본부'와 인연을 맺게 되었는데 그때 최일도 대표에게 물었다.

"다일多一이 어떤 의미죠?"

최 대표는 밝게 웃으면서 당당하게 알려 주었다. 다양성多樣性

254

안에서 일치一致를 추구한다는 뜻으로, 쉽게 풀이하면 다양한 사람들이 모여 다양한 일들을 하지만 목표는 하나라는 뜻이란다.

거듭 이야기하지만 징세과, 법무과, 전산관리과 업무는 전혀 성격이 다르다. 이것들을 잘 조화시켜 '납세지원국'이라는 조직의 발전을 위해 한마음 한뜻이 되도록 하는 것이 국장으로서의 당면 과제였다. 다행히 업무 성격상 대민 접촉이 적다 보니 직원 기강 문제에 대해서는 비교적 홀가분했다. 하지만 사기 진작이 필요했다. 그래서 어깨가 축 처져 있는 150여 명의 소속 직원들에게 비록 환경이 어렵더라도 마지못해서가 아니라 즐기면서 일해 보면 나중에는 그것들이 우리에게 큰 재산으로 되돌아 올 것이라는 확신을 심어 주었다. 그러면서 틈날 때마다 세금쟁이 대선배로서 30여 년간 겪어온 지난날의 경험들을 진솔하게 들려주기도 했다. 그랬더니 직원들이 많이 공감해 주었으며, 무엇보다 나를 신뢰하는 것 같았다.

가끔 지방청 내 직원들이 사정기관에 걸려 고생하고 있을 때는 우리 직원들의 억울함을 풀어 주려고 과거 사무관 시절에 2년 이상이나 파견 나가 있었던 국무총리실 사정부서에서 맺은 인맥들을 최대한 활용해서 구명운동을 하기도 했다. 또한 틈만 나면 친하게 지내던 언론사 간부들을 만나 국세청 현안 문제들을 설득하고 도와줄 것을 당부하기도 했다. 그러다 보니 과거 공보관 시절 못지않게 바쁜 나날을 보내야 했다.

7장. 마태의 후예들, 나눔과 섬김 실천하다

2007년 8월, 밥퍼나눔운동 명예본부장으로 위촉받는 장면(최일도 대표와 함께)

'다일多一'

나는 그 뜻과 정신이 하도 좋아서 오랫동안 가슴 깊이 새겨 두고 있었다. 또 그때부터 본격적으로 '다일 밥퍼나눔운동'에 적극 관여하였는데, 특히 2007년에는 '다일 밥퍼나눔운동 명예본부장'이라는 귀한 직함을 추천 받아 지금까지 열심히 일하고 있다. 지금은 '다일'이 널리 알려져 '나눔과 섬김'의 명실상부한 대명사가 된 것 같다. 그동안 '다일 운동'에 참여해서 감동받은 이야기에 대해서는 나중에 별도로 다루어 보겠다.

마태 후배들이 만든
나눔과 섬김의 틀

공보관 직책을 떠난 지 어언 1년이 돼 가는데도 여전히 편치 않은 언론사와의 관계 개선을 위해 손영래 국세청장께서는 나에게 공보관을 도와 뒤에서 계속 챙기라는 지시를 주셨다. 내 성격상 이를 거절할 수 없는 입장이다 보니 틈만 나면 언론사 핵심 간부들과 개별적으로 접촉해서 껄끄러운 국세청과의 관계가 원만해지도록 하는 데 힘을 쏟았다.

그러나 문제는 호주머니 사정이었다. 앞에서도 고백했지만 살고 있던 집을 팔아서 보탤 수밖에 없었는데, 그런 고충을 지금까지도 겪어야 했으니 말이다. 그렇다고 대민 접촉이 거의 없는 나에게 찾아와서 밥 한 끼 사는 사람도 없었다. 그래도 마음만은 편안했다.

여기에다 개인적으로는 세금쟁이 현직을 마감할 날도 얼마 남지 않다 보니 명예롭게 은퇴하는 것도 하나의 숙제였다. 거기에다 새로운 삶을 위해서라도 무언가를 준비하지 않을 수 없었다. 지금까지는 내 개인의 발전만을 위해서 살아왔지만 앞으로 다가올 인생 후반전에는 나보다 이웃들을 생각하는 보람 있는 삶을 살고 싶었다.

이렇게 이웃을 위한 삶을 살아가기 위해서는 무엇보다 아내의 도움이 필요했다. 그래서 아내와의 잦은 갈등을 회복하기 위해 몇 년 전부터 '부부 행복 프로그램'에 참여했다. 이렇게 시작하여 몇 년간 많은 노력을 기울이다 보니 이제는 부부치유 문제에 대해서는 '숙달된 조교' 수준까지 올랐다.

그러던 어느 날 아내가 이제는 우리 관계도 많이 회복되었으니 아직도 갈등을 겪는 부부들을 상대로 부부사랑 모임을 만들어 보면 어떻겠느냐고 제의하는 것이었다. 나도 당연히 오케이였다.

먼저 나와 함께 일하는 직원들에게 권유해 보았더니 10여 명의 직원들이 적극 참여하겠다는 것이었다. 그들을 집으로 초대해서 저녁식사를 함께하면서 각자가 안고 있는 부부 문제와 자녀 문제까지 함께 풀어 보자고 했다. 더 나아가 주위에 있는 어려운 이웃들을 돕는 일도 함께 해보자고 했다.

그랬더니 모두들 공감해 주었고, 심지어 어떤 친구는 뜻이 너무 좋다면서 자기가 직접 모임의 회칙會則도 만들어 보겠다고 자원했다. 이것이 작은 씨앗이 되어 우리 직장이 달라지는 계기가 되었으면 좋겠다고까지 말했다. 나와 아내는 참으로 기뻤다. 그러면서 나는 며칠간의 노력 끝에 이 모임에 걸맞은 귀한 이름까지 얻게 되었다.

'마태Matthew 모임'

모두들 어리둥절했다. 나는 그 뜻을 설명해 주었다. 세계 역사에서 가장 오래된 공무원이 있다면 아마도 그것은 세금쟁이가 아닐까 한다. 2천 년 전에 쓰인 성경에도 자주 등장하는 공직자가 있었으니 다름 아닌 세금쟁이였다. 그중에는 오늘날의 세무서장에 해당하는 '삭게오'도 등장하고, '마태'라는 분도 소개되었다. 특별히 마태 선배님은 '고전 중의 고전'이라 할 수 있는 〈마태복음서〉를 쓰신 분이다. 그렇지만 그분들은 유대인 사회에서 죄인의 대명사였다.

당시 이스라엘은 로마제국의 속국屬國, 즉 식민지였는데 이 세금쟁이들은 자기 동족同族으로부터 세금을 거두어서 할당 받은 목표액을 로마제국에 바치고 나머지는 자기가 챙기는 어찌 보면 '매국노'였으니 당연히 죄인으로 낙인찍힐 수밖에 없었다.

죄인의 대명사로 불리는 마태나 삭게오 선배님들도 예수님을 만나서 전혀 다른 사람으로 거듭났다. 특히 마태 선배님은 자기 자신을 '세금쟁이' 출신이라고 자신이 기록한 책에서 당당하게 표현했다.

내가 그때 마태 선배님을 특별히 소개한 것은 무슨 개인적인 의도가 있어서가 아니라 우리 세금쟁이들은 다른 공무원들에 비해 시간과 공간을 초월해서 '우리는 하나다We are one in the world'라는 강한 동질감을 가지고 있기에 그 선배님 이름을 따본 것뿐이었다.

드디어 2003년 4월 4일, 마태모임의 문을 열었다. 당시 참석자 대부분은 현직 세금쟁이 부부들이었으나 예외로 MBC 허무호 기자(지금은 MBC 사회부장) 부부가 있었다. 허 기자는 공보관 시절에 국세청 출입기자로 만났는데, 나를 매우 따랐던 중학교 후배이기도 했다. 무엇보다 그 부부의 어린 두 딸을 내가 친손녀같이 대했기 때문에 가족 같은 신분으로 우리 모임에 동참하게 되었다. 나중에는 이 소문을 듣고 현직 경찰서장이나 언론인 등을 비롯해서 호텔 직원 등 다양한 계층에서도 이 귀한 모임에 합류하였다.

"2천 년 전 대大선배님이셨던 마태 선배님! 저희들도 선배님을 본받아 한줄기 빛이 되어 정신적으로 멍들어 가는 암울한 이 세상을 환하게 밝혀 볼까 합니다. 도와주시고, 성원해 주십시오!"

⊷⊶⊷⊶∙◑◐∙⊷⊶⊷⊶

우리 부부가 이렇게 '마태모임'이라는 부부 행복 프로그램을 만든 배경에는 '애틋한' 사연이 있었다. 공무원 입문 후에 30년 이상을 한 단계 한 단계 힘겹게 올라가면서 오로지 일에만 매달린 나는 사회적으로는 나름대로 성공했을지 모르지만, 반면에 희생된 것도 많았다. 다름 아닌 나와 가장 가까이 지내는 아내와 아들, 딸과의 관계에 씻을 수 없는 많은 상처를 남겼다. 특별한 학벌이나 능력 없이 그저 일 하나로 인정받으려 하다 보니 그럴 수밖에 없었다.

되돌아보면 인생 전반전에는 아내와 갈등이 참 많았다. 그도 그럴 것이 남편으로서, 아버지로서 가정을 다스리기보다는 바깥일에만 많은 신경을 썼다. 휴가는 말할 것도 없었다. 상황이 이렇다 보니 아내나 아들, 딸은 아예 나를 진정한 대화상대로 생각하지도 않았다. 참다 못 한 아내는 더 이상 이런 상태로는 안 되겠다며 마지막 '극약 처방'을 나에게 제시했다. 운동 경기에서나 있을 법한 전·후반전 사이의 '작전타임'처럼 '인생의 작전타임'을 함께 가져 보자고 채근한 것이다.

나는 1946년생으로 다섯 살 때 6·25 전쟁을 맞았다. 내 아버지는 일제강점기에 일본 오사카에서 어머니와 결혼했다. 해방과 더불어 그곳에서 태어난 형, 누나와 함께 귀국하여 나와 남동생 이렇게 여섯 식구가 고향 땅 경남 진주에서 살고 있었다. 아버지는 생활고를 해결하기 위해 우리들만 남겨 놓고 일본으로 가는 밀항선을 타셨다.

7장. 마태의 후예들, 나눔과 섬김 실천하다

가장이 없는 사이에 문제가 터졌다. 나는 2살짜리 남동생과 함께 영양실조에 걸려 오늘날 아프리카 어린이 모습과 같이 피골이 상접한 상태로 죽을 날만 기다리고 있었다. 어머니께서는 마지막 수단으로 정체불명의 고기 수십 마리를 먹여 주셨다. 나중에 정체를 안 그 고기는 다름 아닌 '들쥐'였다. 다행히도 나는 죽음의 문턱에서 되살아났으나 남동생은 소화를 시키지 못해서 그만….

그런 처절한 고통의 순간들을 거쳐 3년 후 귀국한 아버지께서는 그동안 일본에서 직조공장 기술을 배워 오셔서 당시 섬유산업이 번창했던 대구로 이사를 가게 되었다. 아버지께서는 그곳에서 직조공장 공원으로 취업하셨다. 평소에는 무척이나 말이 없는 분이셨는데, 이상하게도 술만 자시면 전혀 다른 모습이 되어서 어머니에게 손찌검은 물론이고 심지어 우리 어린것들에게까지 몹쓸 짓을 하시는 것이었다. 지금 생각해 보니 힘없는 무학자 처지인지라 아마도 사회생활에는 자신이 없으시다 보니 그 화풀이를 만만한 우리들에게 하신 것이 아닌가 하고 짐작한다. 당시에는 그 뜻을 알 길이 없었던 내가 자주 되뇐 말이 있다.

"우리 아버지 언제 죽노?"

그로부터 수십 년이 흘러 나는 영등포세무서장 시절 3수생 아들이 못마땅해 손찌검까지 했다. 아들이 "우리 아버지 언제 죽지?"라고 쓴 메모를 보고 충격을 받은 사연은 앞서 소개한 바 있다. 결국 '아버지 학교'를 다녀온 후 아들과의 벽을 허물 수 있었다.

아내와도 오래 전부터 대화가 단절되었다. 아내의 고통이 얼마나 심했을까? 퇴근 후 단 둘이서 오붓하게 앉아 이야기 한 번 못하고 오로지 직장 일만 생각했으니…. 한마디로 나는 일 중독자가 되어 버린 것이다. 그래서 아내가 마지막으로 내 손을 끌고 간 곳이 바로 '부부사랑 프로그램'을 전문으로 하는 '부부치유상담학교'였다. 우여곡절 끝에 그곳에서 진행하는 2박 3일간의 프로그램에 참석하게 되었다. 처음에는 별 생각 없이 참석한 나는 큰 충격을 받았다.

우리와 비슷한 처지에 있는 70여 쌍의 부부가 참석했는데 부부마다 기막힌 사연들이 있었다. 그들 대부분이 이혼 직전의 상태에 있었다. 대여섯 쌍의 부부로 짜인 조별 모임에서 부부마다의 피눈물 나는 사연들을 들으면서 3일 동안 나는 많이 울었다. 또한 진정한 부부관계란 내가 알고 있던 단순한 것이 아니라는 것을 뼈저리게 느꼈다. 프로그램을 마치고 집으로 돌아온 나와 아내는 그 부부학교에 정식 입학해서 본격적으로 수업을 받았다. 나는 6년 이상, 아내는 10년이 넘도록 열심히 배워 지금은 코치 수준까지 올랐다.

이렇게 우리 부부는 우여곡절 끝에 삶의 골든타임이라 할 수 있는 인생 전반전과 후반전 사이에 작전타임이라는 소중한 시간을 거쳤다. 이제는 사랑하는 후배들에게도 이런 회복의 과정들을 전수해 주고 싶었다. 인생 후반전을 더욱 행복하게 보내려면 아내와의 관계가 회복되어야 한다는 것을…. 또 이것이 제대로 세팅되면 진정한 나눔과 섬김까지 이루어질 수 있다는 것도.

"마태 선배님! 우리도 변해 보겠습니다. 도와주십시오!"

++>30<<++

서울지방국세청 납세지원국장으로서 1년 가까이 보낼 즈음, 우여곡절 끝에 10여 명의 직원들과 함께 선한 이웃이 되기 위한 귀한 모임을 만들어 문을 열었다. 우리의 궁극적인 목표는 마태 선배님과 같이 우리들도 변화되어 어려운 이웃들을 돌보고 섬겨 보자는 것이었다.

이 귀한 뜻이 잘 실천되려면 회원들의 자발적인 참여가 중요했다. 그래서 내가 일방적으로 이끌어가기보다는 모임에 참석하는 모든 식구들 스스로가 앞장서서 일해 보도록 하고, 나는 그들 앞에서 방향만 틀어 주는 '선장' 역할을 하기로 했다. 그리고 이 모임이 오래가기 위해서는 아내들의 조력이 필요했다.

상황이 그렇다 보니 가장 먼저 해야 할 일은 각자의 부부관계를 회복하는 것이었다. 서로 갈등하는 상태에서는 진전이 어려울 것으로 판단했다. 그래서 매주 모임에서는 남편과 아내로서 그동안 섭섭했던 점과 서로 갈등했던 이야기들을 솔직하게 털어놓자고 했다. 그러면서 아내와 내가 먼저 시범적으로 쏟아내 보았다.

아내가 나와 수십 년을 살아오면서 그동안 괴로웠던 점과 섭섭했던 이야기들을 가감 없이 털어놓았더니 모두들 깜짝 놀라는 눈치였다. 그들은 한결같이 우리 부부는 아무런 문제가 없을 것이라고 생각했는데 오히려 어려움과 아픔들이 더 많았구나 하고 의아해했다.

아내의 그런 이야기를 들은 나 자신도 퍽이나 당황했다. 까마득히 잊고 있었던 옛날이야기를 듣고 나니 대부분 기억도 안 났지만 설령 기억이 나는 사건이라 하더라도 그때는 아무런 부담 없이 한 행동이었는데 아내는 그렇게 심하게 상처를 받았다니….

지금 회고해 보니 아마도 아내와 나의 생각과 느낌이 서로 달라서 일어난 오해가 아니었나 생각된다. 그러면서 내가 몇 년 동안 부부학교에서 배운 대로 "그때 당신이 그런 생각을 했었구나!" 하고 내 생각을 표현했더니 아내의 응어리는 금방 눈 녹듯이 풀어지는 듯했다.

아울러 다른 부부들도 서로의 느낌에 대한 오해를 풀어 '화해의 장터'가 되게끔 분위기 메이커 역할을 해주었다. 참석 횟수가 점점 늘어 감에 따라 그들이 한 주 동안 겪은 갈등들을 털어내 보라고 하면서 대화의 멍석을 깔아 주었다. 그랬더니 그들이 차츰 변해 가고 있음을 감지할 수 있었다. 그렇게 부부관계에서 응

어리진 상처들이 치유되다 보니 그들 부부가 함께 고민하던 자녀 문제까지도 술술 잘 풀려 가는 것이었다.

그 과정에서 그들 모두가 우리 부부에게 얼마나 고마워하는지…. 마치 큰 진리를 깨달은 기분들이었다. 특히 아내들의 표정부터 달라졌다. 이렇게 이 마태모임을 통해 부부들이 변해 가는 모습을 지켜보면서 나는 우리가 목표로 하는 어려운 이웃을 위한 나눔과 섬김의 사역들이 잘될 것 같은 기분이 들어 기분이 매우 좋았다.

그때 마침 우연히 서울 시내에서 가장 환경이 열악한 어떤 장애인 수용시설에 대한 안타까운 소식을 들었다. 그곳은 송파구청으로부터 정식 인가도 받지 못한 채 24시간 기저귀를 착용하는 지체장애아 등 30여 명의 특수 장애인들을 수용한 '소망의 집'(박현숙 원장)이었다.

그래서 우리 모임에서는 매월 첫째 주 일요일이면 그곳을 찾아가서 오후 내내 이들에게 이발과 목욕을 비롯해서 간식 챙겨 주기, 빨래와 청소 등을 정기적으로 해주었다. 다행스럽게도 모임 멤버 중 한 사람이 솜씨 있는 미용사여서 장애 아동들 모두에게 그야말로 '훌륭한' 이발을 해주었다. 또한 모임에서 정성껏 마련한 기저귀를 비롯해서 생활용품들을 건네주는 등 진심으로 이들을 보살펴 주다 보니 어느덧 정이 들었다. 어떤 때는 밝고 맑은 영혼의 노래도 불러 주었더니 말 못하는 이들의 눈에서 본

능적으로 눈물이 흐르는 것을 보고 우리 모두는 큰 충격과 감동을 받았다.

자랑 같지만 7년 동안 한 달도 빠짐없이 매달 10여 명의 세금쟁이들과 아내들이 헌신된 마음으로 이들을 섬겨 주었다. 도움을 받은 시설에서는 너무도 좋아하였다. 특히 박현숙 원장께서는 이제까지 수많은 사람들이 다녀갔지만 우리 모임 식구들같이 수년 동안을 한결같이 진심을 다해 섬겨 준 단체나 후원자들은 없었다며 뜨겁게 칭찬해 주었다. 그때 우리 모두는 '역시 세금쟁이들은 다르구나!' 하는 자긍심을 가지게 되었다. 그리고 그때부터 본격적으로 나눔과 섬김의 지경을 넓혀 보기로 했다.

2008년, 소망의 집에서
이발 봉사

여기에다 내가 20여 년 전부터 가깝게 지내는 약사藥師 출신 원주희 대표가 운영하는 경기도 용인 소재 '샘물 호스피스병원'을 방문해서 수십 명의 말기 암 환우들이 잘 지낼 수 있도록 병실 청소도 해주고 어떤 때는 함께 기도도 해주었다. 그러면서 적은 금액이지만 정기적으로 후원도 했다.

또 이와는 별도로 한 달에 한 번씩은 내가 명예본부장으로 있는 청량리 다일 밥퍼나눔운동(최일도 대표)에 참여하여 수백 명의 독거노인과 노숙자들에게 밥퍼 봉사도 했다. 또 대전 지역에서 어렵게 중증장애인을 돕고 있는 김성자 1급 중증장애인 부부를 1년에 한 번씩은 직접 찾아가 격려해 주기도 했다. 또한 매년 여름휴가 때면 모임 식구들이 함께 대형 버스를 타고 동해안으로 휴가를 가는데, 그녀 부부도 초대했다. 그랬더니 그 부부는 비록 1급 중증장애인이었지만 더없이 행복해 보였다.

이렇게 국세청 내에서도 알아주지 않는 평범하고 별 볼 일 없는 세금쟁이들이지만 우리들만의 방식으로 어려운 이웃을 위해 꾸준히 나누고 섬기다 보니 CBS 방송국에서 그 소식을 듣고 부부들이 매주 우리 집에 모여 삶을 나누는 장면과 소망의 집에서 중증장애인 30여 명을 섬기는 모습들을 촬영해서 '세금쟁이들의 감동 어린 나눔과 섬김'이라는 내용으로 50분간 특집으로 방송해 주었다. 또 어떤 유력 일간신문에서도 특집기사로 실어 주었다.

역시 언론의 힘은 강했다. 그런 내용들이 언론에 나가다 보니 꽤나 유명한 분들이 우리 마태모임에 참석하고 싶다고 했다. 지금 기억나기로는 이진삼 전 육군참모총장을 비롯해서 연극인 윤석화 님, 가수 윤형주 님, SBS 김정택 악단장과 경찰청 현직 간부들까지도 모임에 와서 격려해 주었다. 특히 가수 윤형주 님은 나와 동년배로서 자기를 명예회원으로 끼워 달라는 부탁도 했다. 그러면서 가끔은 '열린 가정음악회'도 열어 주었다.

모임에 참여한 우리 세금쟁이들은 참 행복했다. 흔히 일반인

2008년, 아름다운 밥퍼 1호점 개원 행사 때
(앞줄 맨 오른쪽이 저자, 맨 왼쪽이 박원순 서울시장)

7장. 마태의 후예들, 나눔과 섬김 실천하다

들은 세금쟁이 하면 고압적이고 남을 배려할 줄 모르는 인간으로 여기리라. 우리가 이렇게 가슴을 열고 어려운 이웃들에게 달려가는 것을 보고 그들은 의아하게 생각했다.

이런 일도 있었다. 삶이 너무 힘들어 죽음 직전에 있던 한 형제가 누군가의 추천으로 스스로 우리 모임에 찾아와서 감명 받고 다시 회복된 경우가 있었다. 또 아내가 중병으로 숨지자 무일푼이 된 40대 형제가 자살 직전에 우연히 소식을 듣고 우리 모임을 찾아왔다. 우리들은 진심으로 그를 위로해 주었다. 나중에는 그를 친동생처럼 대해 주었고, 그가 안고 있는 고민들도 해결해 주자고 마음을 모았다. 그 후 그 형제는 마태모임의 당당한 멤버가 되어 지금껏 행복하게 잘 살아가고 있다.

또 종로구 동숭동 대학로 어느 카페에서 일하는 20대 자매는 한쪽 귀가 없었다. 그래서 늘 한쪽 머리칼을 길게 늘어뜨리고 다녔다. 보기에 안쓰러웠다. 그 사연을 우리 모임의 어떤 형제가 들려주면서 우리가 도와주면 어떻겠냐는 것이었다. 수술비가 꽤나 큰 금액이었다. 그래서 마태모임 식구들이 모금에 나섰다. 그때 나는 이미 공직을 퇴임한 후라서 세무법인에서 번 돈과 그동안 모아 둔 연금 등을 모아서 수술비에 보탰다. 6개월에 걸친 두 차례의 큰 수술 끝에 그녀는 정상적인 모습으로 되돌아왔다. 그 후 그녀는 어머니와 함께 우리 모임에 참석했다. 그리고 얼마나 고마워하는지…. 아버지 없이 카페에서 아르바이트를

2011년 3월, 아내와 함께 KBS 〈아침마당〉에 출연했을 때 진행자들과 함께

하면서 어머니와 함께 어렵게 살아가다가 이런 기적을 체험했
노라 하면서 기뻐하는 그들을 보면서 우리 모두는 감동에 목이
메어 그 모녀와 함께 하염없이 울었다.

이렇게 마태모임에서는 부부관계 회복과 함께 불우한 이웃을
위해 7년간 일해 보았더니 우선은 우리 스스로가 참으로 행복
하다는 사실을 깨닫게 되었다. 또 이런 일들을 통해 자연히 우리
모두는 하나가 되어 갔다. 시간만 나면 함께 산행도 하고 여행도
다닐 정도로 한 가족이 된 것이다.

7장. 마태의 후예들, 나눔과 섬김 실천하다

호칭 문제도 지위에 관계없이 나이에 따라 형님, 동생으로 부르게 되었다. 아내들끼리는 언니, 동생 사이로 변했다. 2003년 4월 문을 열어 2010년 4월까지 정확하게 7년 동안 마태모임을 운영하면서 70여 명의 세금쟁이 천사 부부들이 이곳을 거쳐 갔다. 그러면서 그들 모두 이구동성으로 하는 이야기가 있었다.

"마태모임! 정말 멋있는 세금쟁이들의 쉼터"라고.

8장

대전에서 마지막 공직 불꽃

대구大邱가 아닌
대전大田으로 가다

　　10여 명의 순수한 세금쟁이들과 함께 마태모임 문을 처음으로 열 때쯤인 2003년 3월 말경, 손영래 국세청장이 물러나고 후임으로 세제전문가인 이용섭 관세청장이 영전해 오셨다.

　성실한 납세자는 우대하되 탈세자는 엄정하게 다스리겠다는 반듯한 세정을 유난히도 강조하신 정말 반듯한 리더십을 갖춘 공직자였다. 취임 후 특별히 나를 불러 현직 공보관은 아니지만 언론 업무를 뒤에서 계속 챙겨 달라는 부탁을 하며 국세청 조직을 위해 대외 업무에도 관심을 가져 달라고 당부하셨다. 그래서 나는 내부 업무는 주로 과장들에게 맡기고 외부활동에 치중했다. 또 휴일에는 나눔의 헌신자 부부들과 함께 불우한 이웃과 나누고 섬기는 일에 열중했다. 이런 일들에 빠져 나름대로 삶을 즐기다 보니 세월이 흘러 어느덧 새로운 한 해를 맞이하게 되었다.

새로운 2004년은 나에게 참으로 중요한 한 해였다. 삶의 전반전과 후반전이 갈라지는 정말 의미 있는 시기였기 때문이다. 또 그해 여름에는 2년 임기였던 개방직 서울청 납세지원국장 자리를 마감하고 다른 자리로 옮겨야 했다. 그때쯤 나는 세금쟁이로서 현직을 어떻게 잘 마무리할 것인가와 새롭게 개척해 나갈 후반전의 삶을 어떻게 열어 갈 것인가가 가장 큰 고민거리였다.

지금 이 시간을 빌려 후배 여러분께 그때 내가 가졌던 '헛된 욕심' 하나를 고백해 볼까 한다. 그해 2월경 갑자기 내 고향(진주)을 관할하는 부산지방국세청장 자리가 비게 되었다. 그래서 마지막을 연고지에서 끝내 보았으면 하는 바람으로 요로를 통해 알아보니 지역 연고자는 나밖에 없으니 가능하다는 것이었다. 어떻게 작전을 세워 볼까 궁리만 거듭하며 우물쭈물하는 동안 연고가 없는 어떤 서울청 국장이 그 자리에 앉기로 내정되었다는 것이다.

그때 나는 적극적으로 나서지도 않았지만 한편으로는 다소 서운한 마음도 들었다. 그런데 지금 돌이켜 보니 오히려 그때 물결치는 대로 내 운명을 맡겨 본 것이 더 잘된 것 같다. 한때나마 잠시 서운한 감정도 들었지만 곧 잊어버리고 평소에 하던 일을 계속 하다 보니 또 몇 개월이 흘러 한여름이 되었다. 드디어 국세청 고위직 정기 인사이동 때가 온 것이다.

2년의 임기를 마칠 때가 되다 보니 이제 현직생활의 마지막을 잘 선택해야겠다고 결심하고 당당하게 요로를 통해 대구지방국세청장 자리를 희망해 보았다. 어릴 때 진주에서 대구로 이사해서 초·중·고교를 거쳤으니 마지막으로 금의환향을 하면 얼마나 좋을까 생각한 것이다. 그렇게 깊이 고민하던 어느 날 수뇌부로부터 급한 전화가 왔다.

　"조 국장님! 축하합니다. 대전지방국세청장으로 발령 났습니다!"

　전화를 받은 나는 얼떨떨했다. 한편으로는 기쁘면서도 다른 한편으로는 '사실 내가 희망한 곳은 그 자리가 아니었는데…' 하는 생각이 든 것이다. 내가 희망한 대구로 왜 안 되었는지 알아보니, 당시 세종시 행정수도 건립 때문에 부동산 투기 바람이 불었는데, 대전청장으로서 이 문제를 다스릴 사람이 나밖에 없다는 것이었다. 또 세수 규모도 내가 희망한 대구와는 비교할 수 없을 정도로 컸다. 특히 천안, 아산, 오송 지역 등이 계속 개발되고 기업들도 수도권에서 속속 이 지역으로 옮겨감에 따라 세원이 계속 늘어난다는 것이었다. 그런 이야기를 듣고 보니 비록 대전에는 전혀 연고가 없었지만 크게 감사했다.

　무엇보다 나중에 깨달았지만 1년여 전에 힘들게 만든 마태모임은 어떻게 할 것인가에 대한 나의 잘못된 생각에 크게 후회했다. 만약에 내가 원하는 대구 쪽으로 발령 받았다면 마태모임은 어떻게 됐을까? 아마도 곧바로 문을 닫았을 것이다. 그러나 대전은 KTX로 한 시간도 안 걸리는 위치에 있다 보니 모임 당일 저녁에는 서울 시내에서 근무하는 식구들과 같은 시간 내에 도착이 가능했다. 또 모임을 마치고 그 다음 날 일찍이 정시 출근도 가능했다. 그때 마태모임 식구들이 한결같이 고백한 말이 있었다.

"큰형님! 이것은 기적입니다. 아마도 우리 마태모임을 잘 이어 가라는 하늘의 명령 아닐까요?"

그렇게 해서 나는 현직 마지막 종착역에 도착해서 내 삶의 전반전을 잘 마무리하기 위한 작업들을 조용히 계획하고 있었다.

청장님,
나도 테니스 쳐도 돼요?

　　2004년 7월 26일, 나는 개인적으로 아무런 연고가 없는 대전에 마지막 둥지를 틀게 되었다. 이제 마지막 관문인 셈인 지방국세청장 자리까지 올라왔으니 참으로 기적 같은 일이었다. 그야말로 '운9 기1'이었다.

　　이제는 올라올 만큼 다 올라왔다고 판단하고 진심으로 마음을 비우고 공직자 생활을 잘 마무리하고 싶었다. 그날 대전지방국세청장 취임식장에서 사랑하는 후배들에게 40년 가까운 세월 동안 겪은 이야기를 들려주면서 한마디만 부탁했다. "납세자들을 항상 감사하는 마음으로 섬겨 보자. 그리고 마지못해 일하지 말고 스스로 즐기면서 살아가 보자"고 했다. 그리고 "어차피 우리는 세금쟁이들이다. 아무리 잘해 줘도 욕먹기는 마찬가지다. 그렇더라도 우리 자신을 위해서 일단 긍정적으로 일해 보자"고 했다.

2004년 7월 26일, 대전지방국세청장 임명장을 받는 장면

　나는 직원들을 동생이나 조카처럼 대했다. 그들에게 한발 더 다가가기 위해 회식이나 체육행사도 가끔 열어 주었다. 또 병원에 입원한 직원들은 일일이 찾아가 격려하기도 했다. 그리고 내부적인 일은 국·과장들에게 일임하고 나는 직원들이 마음 놓고 일할 수 있도록 든든한 울타리를 만들어 주려고 노력했다. 특히 유관기관이라 할 수 있는 검찰청이나 경찰청 고위간부들과 자주 만나 우리 조직에 대해 애정을 가져 달라고 부탁하기도 했으며, 어떤 때는 이들과 서로 바꿔 가면서 교차 특강을 하기도 하고 두 기관 간부들과 저녁 회식자리도 가지면서 우의를 다졌다.

또한 국세청 공보관의 경험을 살려 관내 언론에게 국세청 업무에 관심을 가져 달라고 진심을 전달했다.

무엇보다 6개월간의 짧은 재임기간이었지만 몇 해 전부터 곪아 터져 있던 내부 간부끼리의 갈등 문제도 말끔히 정리해 주었다. 또한 외부에 별로 좋지 않게 비치던 국세청 이미지 개선을 위해 몸부림도 쳐보았다. 그것은 다름 아닌 가난한 철거민 이웃들에게 사랑을 나누고 섬기는 일이었다.

이런 일이 있었다. 취임 후 얼마 되지 않은 늦은 여름 어느 저녁이었다. 사무실에서 혼자서 밀린 일을 하고 있는데 어떤 남성이 술을 먹고 국세청 뒷문을 발로 차면서 고함을 지르는 소리가 들렸다. 놀라서 창문을 바라보니 고함 소리가 들렸다.

"X놈의 새끼들아! 우리가 낸 세금으로 그렇게 대낮같이 전등불을 켜놓고 운동을 하다니! 야! 이 세금쟁이 XXX들아!"

즉시 직원을 통해 알아보라고 했다. 다녀온 직원이 보고하기를 직원들이 퇴근 후 건물 청사 앞에 있는 운동장에서 테니스를 치는데, 인근 철거민 아파트에 사는 한 분이 가끔 술만 드시면 저렇게 욕설을 한다는 것이었다. 물론 직원들이 회비를 내어 전기 사용료를 부담하고 있었지만…. 그때 나는 깨달았다. 대전지방국세청이 위치한 곳 주위는 철거민 수백 세대가 살고 있는 어려운 지역이라는 사실을.

"아! 바로 이것이구나!"

갑자기 아이디어 하나가 머리에 스쳐갔다. 다음 날 간부회의를 소집했다.

"우리 청사 주위에 이렇게 어렵게 살아가는 사람들이 있는데 우리가 이들을 외면할 수 있겠는가? 그래서 말인데, 20여 개가 넘는 각 과별로 '사랑의 동전함'을 만들어 매달 10만 원 정도 성금을 모아서 인근 아파트 주민자치회 대표로부터 추천 받은 동棟별 극빈자 1명씩을 자매결연으로 맺어 이들의 어려운 생계를 지원하면 어떨까?"

이 제안에 모두들 좋은 생각이라면서 그달부터 바로 시행에 들어갔다. 혹시 재원이 부족하면 내가 자주 쓰던 '수법'인 '목야산악회', 즉 목요일 야간 산행모임을 결성했다. 다행히 지방청 바로 인근에 계족산이 있어 목요일 저녁 5시부터 산행을 하기로 했다. 여름인지라 그 시간도 대낮이었다. 나는 처음부터 빠지지 않았다. 산행 시 참가회비는 직책에 관계없이 무조건 1인당 1만 원이었으며, 그중 절반은 저녁식사(도시락) 값으로 사용하고, 나머지 절반은 이웃돕기 성금에 보태기로 했다. 뜻이 좋아서인지 많은 직원들이 동참해 주었다.

그리고 한 달이 지난 어느 날 구내식당에서 성금 전달식과 함께 조촐한 저녁식사 자리를 마련했다. 그때 참석한 모두는 한결같이 행복했다. 그렇게 해서 매달 30여 명의 불우이웃 돕기가 순조롭게 진행되었다. 한 달 두 달 진행하다 보니 지역 내 언론에서 너무 좋은 아이디어라고 칭찬하면서 특집으로 다루어 주었다. 그 소식을 들은 다른 기관들도 우리의 멋진 아이디어를 벤치마킹하기도 했다.

그러던 어느 날, 두 달 전에 국세청 후문을 발로 차면서 고함을 지르던 그 남성 취객이 내 방을 찾아왔다.

"청장님! 저도 같이 테니스 치면 안 될까요?"

"물론 칠 수 있지요. 언제든지."

울고 넘는 박달재에서

세월은 쉼이 없나 보다. 아무리 흘러가지 말라고 힘을 써봐도 소용이 없었다. 소중한 날들은 흘러 흘러 이제는 공직생활을 마감할 때가 다가오고 있었다. 정년이야 아직 2년 이상 남아 있지만 국세청의 관례에 따라 고위직은 58세가 되면 후배들을 위해 용퇴하도록 되어 있다. 연말이 가까워지다 보니 나도 거취를 결정해야 할 순간이 다가왔다.

그렇지만 연말 세수 마무리를 위해서 열심히 일하는 조직이 흔들리지 않도록 나는 주어진 일에만 매달렸다. 게다가 당시 지역 내 유지들은 한결같이 "조 청장님은 정말 사심 없이 일을 잘하시는 것 같다!"고 칭찬해 주고 있었으며, 정보기관에서도 그런 여론을 들려주었다. 이런 정보들이 청와대에까지 보고되었는지 어느 날 VIP 핵심 측근이라는 분이 전화를 주셨다.

"정보에 의하면 조 청장께서는 정말 반듯하게 일을 잘하신다고 들었습니다. 몇 년 전부터 곪아 터진 대전지방국세청 감사관실 간부들 사이의 내부 비리 문제도 부임하자마자 말끔히 정리하고 정상적인 궤도로 올려놓으셨지요. 앞으로 계속 발전할 수도 있으니 아무 걱정 말고 소신껏 열심히 일하십시오."

이런 격려성 전화를 받은 데다 당시 국세청 고위직 가운데 나보다 더 연장자도 꿈쩍하지 않고 있었다. 그때부터 내 마음에는 갈등이 일어났다. 그러면서도 늘 마음 한편으로는 국세청 관례에 따라야겠다고 마음먹고 있었다.

그러던 어느 날, 대전지방국세청 감사관의 긴급 업무보고가 있었다. 관내 세무서 직원 2명이 근무시간 중에 세무사 사무실에서 화투놀이(고스톱)를 하다가 본청 감찰요원들에게 적발되어 옷을 벗어야 한다는 것이었다. 그들의 인적사항을 보니 앞날이 창창한 젊은 세금쟁이들이었다. 비록 그들의 행동은 잘못된 일이었지만 그래도 앞날을 봐서라도 살려주고 싶은데, 징계규정에 따르면 어떻게 해볼 도리가 없었다. 며칠간 고민하다가 불쑥 아이디어가 떠올랐다.

"이들의 목숨과 내 목숨을 서로 맞바꾸면 어떨까?"

그래서 당시 국세청 감사관(국장)에게 전화를 했다.

"홍 국장! 잘 계시지? 다름 아니라 우리 청 관내 세무서 직원 2명에 대한 파면과 관련해서 드리는 말인데, 그 친구들 목숨과 내 목숨을 맞바꾸면 어떻겠소? 어차피 나야 떠나야 할 사람이니 그들 대신 내 목숨을 가져가시게나. 감사관 재량으로 어렵다면 이용섭 국세청장께 말씀드려 보시게.”

“무슨 말씀이신지 알겠습니다. 청장님께 말씀드려 보겠습니다.”

내 전화를 받은 감사관은 꽤나 충격을 받은 듯했다. 그러면서 문제 직원 징계 업무를 담당하는 지방청 감사관과 총무과장(지금의 운영지원과장)에게도 그렇게 진행해 보라고 지시했다. 그랬더니 그들 또한 꽤나 놀라는 표정이었다. 거듭 이야기하지만 당시 국세청에는 나보다 더 연장자가 있어서 그들과 상의 없이 내 뜻대로 명퇴 신청을 하는 것도 송구한 마음이 들었지만 죽여야 할 젊은 목숨과 맞바꾸기로 했다고 핑계를 대면 오히려 좋은 명분이 될 것 같아 마음이 한결 놓였다. 또 어차피 떠나야 한다면 미련 없이 떠나는 것이 도리라고 생각했다. 곰곰이 생각할수록 국세청 조직이 얼마나 고맙고 감사한지⋯. 또 무엇보다 40년 가까운 세월을 대과 없이 이렇게 마무리할 수 있다는 것이 얼마나 다행인지 모른다.

그렇게 신변 정리를 하고 보니 마음은 한결 홀가분했지만 한편으로는 앞날에 대한 두려움 때문에 사무실에 가만히 앉아 있을 수가 없었다. 그래서 궁리 끝에 ‘연말 세수확보 점검’이라는 명분으로 관내 몇 개 세무서를 순시하는 일정을 잡았다. 그리고 마지막 날에는 지방국세청과 가장 멀리 떨어진 제천세무서로 정했다.

그날 세무서 순시를 마치고 울적한 마음을 달래기 위해 인근에 있는 '울고 넘는 박달재 고개'를 찾았다. 일행들과 함께 그곳에서 빈대떡과 도토리묵을 안주 삼아 막걸리 한잔씩을 기울였다. 그리고 그들에게 이야기해 주었다.

"이번 연말에 명예퇴임하기로 결심했다네. 그런데 지금 문제가 되고 있는 젊은 세금쟁이 두 사람의 목숨과 내 목숨을 바꾸기로 했다네. 나는 이제 때가 다 되어 국세청을 떠나겠지만 그들은 다시 살아나 국세청 조직에 힘이 되었으면 하네. 자! 그런 기분에 한잔 하세나!"

"조 청장님! 정말 대단하십니다. 그 귀한 목숨의 대가는 결코 헛되지 않을 것입니다."

나는 그날 울고 넘는 박달재 고개에서 정말 멋있는 저녁을 그들과 함께했다.

"내 목숨과 맞바꾼 젊은 후배 세금쟁이들아! 잘들 지내냐?"

8장. 대전에서 마지막 공직 불꽃

앞으로는
큰형님으로 불러다오

　　그렇게 한 맺힌 '울고 넘는 박달재 고개'에서 큰 결단을 하고 사랑하는 후배들과 함께 저녁식사를 하고 있는데 갑자기 휴대폰이 진동했다.

　"조 청장! 끝내 그렇게 결심했다고? 미리 나하고 상의하고 결단하지 그랬나…."

　가끔씩 나에게 흔들림 없이 열심히 소신껏 하라고 격려해 주던 VIP 측근이었다.

　"목숨을 맞바꾸어야 하는 일이라 상의 드릴 겨를이 없었습니다. 그리고 지금까지 지내온 것만으로도 감사한데 여기에서 더 욕심을 낸다는 것은 도리가 아니라고 생각합니다."

　"어쨌거나 조 청장은 더 발전할 수 있는데…큰 결단을 하셨네."

　그분께서 못내 아쉬워하셨다. 어쨌든 그날은 그렇게 흘려보냈다. 다음 날부터 명예퇴임일까지의 10여 일 동안은 직원들 만나는 것조차 거북스러웠다. 그래서 두문불출하고 사무실에서 다가올 제2의 삶을 그려 보았다. 무엇을 할 것인가? 뚜렷한 목표도 없이 마냥 공상의 날개만을 펴보았지만 불안하기는 마찬가지였다. 그 즈음 어느 날 한국세무사회장으로 계시는 임향순 회장께서 사무실을 방문하셨다.

"조 청장! 이번에 큰 결심을 했다고…. 그래 축하해요. 그런데 다름 아니라 얼마 안 있으면 우리 세무사회장 선거가 있는데 당신을 러닝메이트 부회장으로 위촉하고 싶은데 좀 도와주실 수 있겠소? 아마 조 청장과 내가 러닝메이트로 뛴다면 금상첨화가 될 것 같네요."

나는 뜬금없이 이야기하는 임향순 선배님께 답변했다.

"제가 연말에 퇴임해서 세무사 개업을 준비하려면 제법 시간이 걸리기도 하고, 그동안 너무 지쳐서 당분간 좀 쉬어 볼까 합니다. 그러니 생각할 시간을 좀 주십시오."

그 선배님과의 좋은 관계를 고려해서 딱 잘라서 말을 못 드리고 여운을 남겼더니 그만 그 말에 책을 잡히고 말았다. 그 일 때문에 연말까지 자주 전화가 왔다. 그러면서 출마하려면 우선 연초부터 세무사회에서 주관하는 4주간의 세무사 수습교육을 받아야 하는데 교육신청을 빨리 해달라는 것이었다. 그런 상태로 우물쭈물 며칠을 보내다가 드디어 연말을 하루 앞둔 날에 명예퇴임식을 가지게 되었다. 마지막 밤은 아내와 아들, 딸과 함께 관사에서 보냈다.

이튿날 드디어 사랑하는 많은 후배들 앞에서 명예퇴임식을 가졌다. 고등학교 동창들을 비롯해서 평소 가깝게 지내는 사회 후배들과 국세청장을 대신해 참석한 국세청 차장 등 국세청 간부들이 참석한 가운데 눈물의 퇴임사를 했다.

1966년 6월 고교를 갓 졸업한 약관弱冠에 국세청에 첫발을 내디뎌 40년 가까운 세월 동안 세금쟁이로서 한순간 한순간 지나온 나날을 회고하니 퇴임사를 읽는 내내 흐르는 눈물을 감출 길이 없었다.

더욱이 퇴임식장에 함께한 현직 후배들도 함께 따라 울어 주었다. 그런 모습을 본 아들과 딸이 '우리 아빠 정말 훌륭하게 살아오셨구나!' 하고 같이 감격의 눈물을 흘렸다. 또 어릴 때 친구들도 진정한 내 모습을 보고 퍽이나 감동되었는지 역시 함께 눈시울을 붉혔다. 무엇보다 아무런 연고 없는 이곳 대전에서 6개월이라는 짧은 기간인데도 불구하고 눈물 어린 송사送辭까지 해준 후배들…. 지금도 사랑하는 그 후배들을 잊을 수가 없다.

그리고 마지막으로 정들었던 국세청 청사를 떠나면서 사랑하는 후배들에게 "앞으로 절대로 청장님이라고 부르지 말고 그냥 큰형님이라고 불러 달라"고 주문했다. 지금도 가끔 나에게 "큰형님!" 하고 불러 주는 이곳 대전 후배들을 대할 때마다 나는 얼

2004년 12월 30일, 대전지방국세청장 명예퇴임식 때 참석한 간부들과 함께

마나 그들을 사랑하고픈지 모른다.

대전 유성에서 대전청 간부들과 마지막 점심식사를 하고 서울로 올라오면서 당시 이용섭 국세청장께 마지막으로 하직인사를 드렸다.

"이용섭 청장님! 그동안 진심으로 감사했습니다. 저는 지금 명예퇴임식을 마치고 식구들과 함께 서울로 올라가는 중입니다. 정말 고마웠습니다."

"조 청장님! 진심으로 존경합니다. 그리고 축하합니다. 연초에 꼭 식사나 한번 합시다. 그동안 정말 수고 많았습니다."

서울로 올라오는 나의 마음은 정말 시원섭섭했다. 그러면서 내가 믿는 하나님께 감사기도를 드렸다.

내 삶의 전반전을 무사히 마치게 됨을…….

9장

세금쟁이 인생 후반전 돌입

제발 목에
힘 좀 빼주세요

세금쟁이 현직 생활을 청산하고 서울로 올라온 나는 그날 저녁 아내와 아들, 딸과 함께 모처럼 홀가분하게 집 근처 식당에서 저녁을 했다.

"지금까지 이 아빠는 나와 우리 식구들만을 위해서 살아왔는데 앞으로는 정말 어렵고 소외된 이웃에게 도움을 줄 수 있는 삶을 살고 싶구나."

내 결심을 그들에게 진솔하게 털어놓았다.

"그동안 이 아빠는 국세청이라는 울타리 안에서 별 어려움 없이 살아왔지만, 이제는 어느 누구의 도움도 없이 홀로 살아가야만 한단다. 그러니 너희들도 이 아빠의 도움 없이 홀로 서도록 하여라."

이렇게 덧붙였다.

9장. 세금쟁이 인생 후반전 돌입

그날 밤과 그 다음 날인 2004년 마지막 날을 그렇게 보내고 2005년 새해 첫날 아침 일찍 아내와 함께 강원도 산골에 있는 어느 기도원으로 향했다. 내 후반전의 삶을 내가 믿는 하나님께 아뢰어 보고 싶었기 때문이었다.

"주님! 지금껏 저를 지켜 주신 은혜는 결코 잊지 않겠습니다. 그리고 진심으로 감사드립니다. 그런데 한 가지 부탁이 있습니다. 꼭 들어 주셔야 합니다. 다름이 아니라 제 목에 힘이 너무 들어가 있습니다. 제발 그 힘 좀 빼주십시오. 오랜 공직 생활을 해서인지는 몰라도 저도 모르게 힘이 들어가 있는데 제발 부탁드립니다. 아무리 빼려고 노력해도 빠지지 않습니다. 그래서 다시 한 번 아룁니다. 제발 도와주십시오. 아멘!"

3일간의 일정을 마치고 기도원을 내려오면서 함께 동행했던 아내가 내게 물었다.

"당신 기도원에서 무슨 내용으로 기도했어요? 설마 돈 많이 벌게 해달라는 기도는 아니었겠죠? 나는 당신의 건강과 또 무엇보다 우리 가정을 잘 지켜 달라고 기도했어요."

기도원을 내려오면서 꺼놓았던 휴대폰을 열어 보았더니 며칠 전 나를 찾아왔던 임향순 선배님으로부터 온 메시지로 불이 날 지경이었다.

"조 청장! 어찌 된 거요? 세무사회에서 연초부터 실시하는 한 달간의 세무사 수습교육에 참석해야만 이번 세무사회장 선거에 러닝메이트 부회장으로 출마가 가능한데… 지금 대체 어디요?"

할 수 없이 그 선배님에게 문자를 보냈다.

"임 선배님! 아무래도 이번에는 어렵겠습니다. 다른 분을 물색해 보십시오. 제가 지금 기도원에 와 있습니다. 정말 죄송합니다."

그리고 옆에 있는 아내에게도 그 이야기를 들려주었더니 당분간 우리 식구들만의 시간을 갖자고 했다. 그러고 보니 식구들에게 참으로 미안스러웠다. 그래서 단 며칠만이라도 식구들과 함께하기로 굳게 마음먹었다.

그 즈음에 현직에 있을 때 알고 지내던 법무법인과 회계법인을 함께 운영하는 후배로부터 나를 회장으로 모시고 싶다는 제안이 왔다. 며칠간 말미를 달라고 해놓고 집에서 쉬어 보니 좀이 쑤셔 그냥 있을 수가 없었다. 그래서 할 수 없이 아내를 설득하여 회장 취임을 승낙하고 1월 마지막 주 어느 날 저녁에 취임식을 가지게 되었다.

그런데 당시 이용섭 국세청장께서 이 소식을 들으시고 몇몇 국세청 간부들을 대동하고 직접 취임식 행사에 참석하셨으며, 마칠 때까지 몇 시간 동안 행사장을 지켜 주셨다. 특히 축사까지 해주시면서 국세청 내에서 보기 드물게 마당발이 아닌 '운동장발'이라고까지 나를 치켜세워 주셨다. 그러시면서 국세청에서도 힘닿는 데까지 나를 도와주시겠다고까지 공공연하게 말씀해 주셨다.

그 취임식에 참석한 많은 동료, 후배들도 꽤나 놀라는 눈치였다. 현직 국세청장의 신분으로 공공연하게 그렇게 말씀하신 이유를 지금에 와서 생각해 보니, 아마도 당시 국세청 고위직들의 명예퇴임과 관련하여 나는 미리 알아서 스스로 명퇴 신청을 해준 것 때문이 아닌가 짐작된다. 어쨌든 그렇게 해서 인생 후반전 첫발을 내딛게 되었다.

"이용섭 의원님! 건강히 잘 계시죠? 그때 그 은혜는 아직도 잊지 않고 있습니다."

'세무법인 석성'
태어나다

    그렇게 해서 나는 전혀 예상치도 못했던 법무법인 (로펌) 회장으로 자리하게 되었다. 비록 규모는 작지만 회계법인과 함께 운영되는 곳이었으며 지금은 부동산 컨설팅까지 업무영역을 넓혀 테헤란로 일대에서 제법 알아주는 종합 로펌이 되었다.

    자질은 부족하지만 명색이 지방국세청장 출신인데 현직에 있는 후배들이나 가까운 지인들에게 명함이라도 제대로 건넬 수 있게 되었으니 퍽이나 다행이었다. 그런데 나는 이것도 모자라 그 법인의 오너에게 한 가지 제안을 했다. 기왕이면 나도 함께 출자해서 주주로서 당당하게 회장으로 자리매김하고 싶다고 한 것이다. 그랬더니 3분의 1 지분만큼만 출자하라고 해서 그간 모은 퇴직금 등을 모두 쏟아부었다. 나중에 알게 되었지만 그럴 필요까지는 없었는데…. 한마디로 나의 어리석음과 무식함의 소치였다.

그런데 말이 회장이지 그런 어정쩡한 상태에서 몇 개월간 젊은 변호사, 회계사들과 함께 있어 보니 한두 가지 예상치 못한 문제들이 생겨났다. 당시만 하더라도 변호사나 회계사들이 세무사를 다소 우습게 보는 경향이 있었다. 물론 전부는 아니었지만.

'역시 세금쟁이는 세금쟁이들끼리 모여 있어야 하는구나!' 하는 생각이 조금씩 내 마음을 움직이기 시작했다. 나중에 깨달은 사실이지만 그런 내 마음의 움직임들이 나도 모르게 한국세무사회장이라는 자리로 향하게 될 줄이야…. 지금 반추해 보니 그때 내 움직임들 하나하나가 내 의지와는 상관없이 오로지 하나님의 섭리였음도 알게 되었다.

그래서 나와 함께 근무하던 몇몇 뜻있는 세무사들에게 우리들만의 공동체인 세무법인을 별도로 만들어 보자고 제안했다. 그들도 적극적으로 동참해 주었다. 몇 개월의 은밀한 작업 끝에 드디어 2005년 11월 11일 11시 11분, 유독 '1'자가 많은 의미 있는 그날 그 시간에 세무법인 석성石成을 출범시켰다.

그런데 "왜 하필이면 '석성'이냐?"라고 질문하는 사람들이 많았다. 전부터 몇 차례 언급했지만 1984년 말 어머니의 뒤를 이어 이 세상을 떠나신 아버지께서 서울 성동구 구의동에 있는 자그마한 한옥 한 채를 물려주셨다. 그때 그 주택을 팔아서 생긴 5

2005년 11월 11일, 세무법인 석성 개소식
(앞줄 오른쪽 두 번째가 아내, 세 번째가 저자, 네 번째는 연극인 윤석화)

천만 원을 종잣돈으로 삼아 10년간 재테크를 해서 쌓인 2억여 원으로 1994년도에 장학회를 설립했다. '장학회 이름을 무엇으로 할까?' 하고 곰곰이 궁리하던 중 갑자기 아버지와 어머니 얼굴이 떠올랐다. 이 세상을 힘들게 살아가면서 큰소리 한번 못 쳐 보고 사셨던 무학자無學者인 아버지와 어머니의 이름 가운데 글자를 따서 '석성石成장학회'로 이름을 지었다. 2001년도에 와서는 재단법인으로 발돋움시켰다.

그 석성장학재단을 모체母體로 해서 세무법인 석성을 만든 것인데, 상호 발전을 위해 나름대로 어려운 연결 조건 하나를 정해 보았다. 다른 데서는 좀처럼 찾아보기 어려운 연결 조건이지만,

9장. 세금쟁이 인생 후반전 돌입

저자가 명예본부장으로 있는
다일공동체 밥퍼나눔운동이
개신교의 사회적 실천모범사례로
선정되어 현재 중학교용 도덕
교과서에 소개되었다.
(사진 오른쪽이 저자, 왼쪽이
강신호 동아제약 회장)

'세무법인 석성에서 매년 발생하는 매출액의 1%를 석성장학재단에 기부'하는 조건이 그것이었다. 아마도 일반 영리법인을 비롯해서 로펌이나 회계법인 같은 데서는 좀처럼 찾아볼 수 없는 독특한 조건이 아닌가 싶다. 법인에서 발생한 이익 중 일정액을 기부하는 것은 가능할지 몰라도 매출액의 1%는 정말 쉽지 않을 것이다. 그럼에도 불구하고 나의 어리석고 고집불통인 생각에 아마도 하나님께서도 감동을 하셨는지 지금까지 한 치의 오차도 없이 잘 지켜지고 있다. 그저 고맙고 감사할 뿐이다. 이는 내가 잘나서가 아니다. 능력이 있어서는 더더욱 아니다. 다만 어려웠던 지난날을 생각하고 또 내가 믿는 하나님께 올려 드린 그 약속을 지켜보겠다는 일념一念에서 이루어진 단순한 약속의 실천일 뿐이라고 감히 말씀드릴 수 있다.

지금까지도 그렇지만 세무법인 석성은 남들에게 번듯하게 내놓을 만큼 그렇게 규모가 크거나 실속이 있는 것도 아니지만 그저 불우한 이웃을 섬기고 사랑하고 싶어 하는 뜻있는 10여 명의 귀한 후배 세무사들과 함께 경영해 나가는 공동체이다. 이 시간 다시 한 번 그들에게 머리 숙여 고마움을 표한다.

아울러 지금 이 순간에도 각자 맡은 자리에서 열심히 힘을 쏟고 있는 석성의 모든 직원들에게도 진심 어린 사랑과 애정을 보내고 싶다.

사랑해! 석성의 천사들아!

give and take(주고 받기)가
give, and take(먼저 주라)로

거듭 이야기하지만 2005년 11월 11일 11시는 하늘에서 나에게 특별히 마련해 준 후반전 삶이 처음으로 열리는 참으로 귀한 순간이었다.

나는 그런 의미를 가지고 개업식을 준비하면서 '뭔가 의미 있는 일이 없을까?' 하고 고민해 보았다. 이미 내 자신과 약속한 대로 인생 후반전은 성취take 보다는 나눔give 쪽인데, 첫 출발선인 개업식부터 뭔가 달라야 한다는 것이 내 소망이었다. 10여 일간의 장고長考 끝에 문득 한 가지 아이디어가 떠올랐다. 나는 평소 세금쟁이라서 그런지 몰라도 사업하는 지인들의 이런저런 개업식에는 자주 가는 편이었는데, 개업식에 갈 때마다 그곳에 늘어서 있는 화환들을 보면서 안타까움을 느낄 때가 많았다.

"그래, 화환 대신에 다른 뜻있는 걸로 받아 보자. '사랑의 쌀'

같은 것으로⋯."

　개업식에 초대할 지인들에게 보낼 초청장을 만들면서 아래
글을 덧붙였다.

　　화환을 보내 주시는 것도 정말 고맙습니다만, 그 화환 대신에 20

　　킬로그램 한 포대에 5만원 하는 사랑의 쌀을 보내 주시면 안 될

　　까요? 정말 어렵고 소외된 곳에 요긴하게 잘 쓰겠습니다.

당시만 하더라도 많은 사람들이 '사랑의 쌀'을 다소 생소하게 느
낄 때였다. 초청장을 보내 놓고 다소 염려스러웠다. 혹시나 내
순수한 뜻을 오해하지는 않을까? 어려운 이웃을 도우려다 화환
을 팔아 생계를 꾸려 가는 화훼업자들에게 자칫 피해나 주지는
않을까?

　나중에 안 사실이지만 전혀 예상 밖의 일이 벌어졌다. 그 초청
장을 받은 많은 지인들이 '역시 조용근 청장다운 발상'이라며 크
게 호응해 준 것이다.

　개업식을 마치고 '사랑의 쌀값'으로 들어온 축하금을 확인하
는 순간, 나는 내 눈을 의심했다. 무려 5,800만 원이라는 예상보
다 훨씬 많은 축하금이 들어왔으며, 덤으로 보내온 화환만도 무
려 200개 넘게 받았다. 정말 기적이었다.

　나는 '사랑의 쌀' 성금 5,800만원을 강남구 구룡마을에 사는

　　　　　　　　　　9장. 세금쟁이 인생 후반전 돌입

2006년 12월, 자랑스런 한국인대상 수상
(뒷줄 가운데가 저자, 앞줄 왼쪽 첫 번째가 반기문 유엔
사무총장, 맨 오른쪽이 조수미 성악가)

독거노인 800여 명을 비롯해서 청량리 밥퍼나눔운동본부, 지체
장애아 수용시설인 소망의 집, 말기 암 환자를 위한 샘물 호스피
스 그리고 암으로 투병 중인 현직 세금쟁이 후배들에게까지 골
고루 나누어 주었다.

　그렇게 아름답게 출발한 세무법인 석성은 그때부터 청량리
밥퍼나눔운동본부와 자매결연을 맺어 매월 한 차례씩 독거노인
과 노숙자들에게 밥퍼봉사활동을 펼친다. 또 우리 석성이 할 수

2010년 11월, 캄보디아 똔네샵 지역 어린이를 위한
무료급식소 기증 후 밥퍼 봉사활동

있는 일이라면 언제든지 나눔과 섬김의 현장으로 달려간다. 특
히 창립 5주년 때는 전 직원들과 함께 멀리 캄보디아 오지에까
지 가서 어렵게 살고 있는 그곳 어린이들을 위해 무료급식소를
세워 주는 등 매년 한 차례씩 소외된 현장을 방문하여 나눔의 사
랑을 실천하고 있다.

그때마다 나는 직원들에게 강조한다.

9장. 세금쟁이 인생 후반전 돌입

"give and take(단순한 주고 받기)가 아니라 give, and take(먼저 주자)로 생각을 바꿔 보자. 언뜻 보면 똑같은 문장처럼 보일지 모르지만 콤마(,) 하나를 찍어 보니 전체 문장의 맥이 완전히 달라지지 않느냐? 우리들은 비록 작은 자들이지만 문장의 콤마와 같은 역할을 하다 보면 분명 우리에게 더 많은 것으로 채워질 것이다."

그런 연고로 지금 세무법인 석성은 전국에 8개 지사를 두고, 60여 명이 넘는 직원들이 함께할 정도로 탄탄하게 자리 잡았다.

give and take(단순한 주고 받기)에서 give, and more take(먼저 주자. 그러면 더 많은 것으로 채워질 것이다)로 의식을 바꿔 가고 있는 세무법인 석성에 진심으로 사랑을 보내고 싶다.

"나눔과 섬김으로 아름다운 세상을 만들어 가는 석성! 파이팅!"

햇병아리 세무사,
세무사회장에 당선

　　현직을 마치고 나온 2005년 1월 하순, 지방국세
청장을 지낸 선배 분들이 모여서 서로 친목을 다지기 위해 만든
'청우회'에서 참석해 달라는 연락을 받았다. 그분들 대부분이 현
직에 있을 때 내가 직접 모셨거나 먼발치에서 봐온 훌륭하신 선
배님들이어서 한자리에서 직접 만나 뵐 수 있겠다는 들뜬 마음
으로 참석했다. 아울러 앞으로 잘 부탁드린다고 큰절까지 올렸
다. 그랬더니 선배님들께서는 나에게 무사히 현직을 마무리하
게 되어 진심으로 축하한다고 격려까지 해주셔서 참으로 고마
웠다. 그때 내가 사무관 시절에 직접 모셨던 주정중 선배님께서
뜬금없이 한 말씀 해주셨다.

　　"조용근 청장! 당신이 이번 세무사회장 선거에 한번 출마해
보면 어떨까?"

　　　　　　　　　　　9장. 세금쟁이 인생 후반전 돌입

그때 내 옆자리에 함께하셨던 임향순 선배님께서 추임새를 넣으셨다.

"그래. 이번엔 내가 한번 출마하고 그 다음에 자네가 한번 도전해 보시게."

그렇잖아도 이번 세무사회장 선거에 부회장 러닝메이트가 되어 주지 못해 미안해하던 차에 그렇게 말씀해 주시니 나는 몸 둘바를 몰랐다. 그렇지만 당시에는 단순한 덕담으로 여기고 그냥 웃어 넘겼다. 그리고는 그날의 이야기를 까마득히 잊어버리고 있었다.

그로부터 1년 반이라는 세월이 흐른 2006년 한여름에 예나 다름없이 청우회 모임에 참석했었는데, 선배님들께서는 작당을 한 듯이 2007년 2월에 있을 세무사회장 선거에 출마하라고 강권하셨다. 정작 내 의향은 들어 보지도 않으시고….

나중에 안 사실이지만 임향순 회장 후임으로 마땅한 분을 찾으시다가 여의치 않으니 결국 부족한 나에게까지 내려오게 된 것이란다.

나는 충격적인 그 말씀에 몹시 당황했다. 평생 선거라고는 한 번도 치러보지 못한, 능력도 자질도 부족한 나는 스스로를 잘 알기에 더더욱 곤혹스러웠다. 그렇다고 훌륭한 선배님들의 '명령'을 거역할 수 없어 일단 생각해 보겠다고 어정쩡한 답변을 하고 돌아왔지만, 왠지 자신이 없었다. 당시 역대 세무사회장 중 국세청 말단 출신으로 고위직에 계셨던 분이 당선된 사례는 거의 없었다는 사실을 잘 알았기 때문이다. 그런저런 고민만을 거듭하다가 어느덧 한두 달을 흘려보냈다. 그 후에도 선배님들께서는 거듭 나를 설득했다. 결국 그해 가을에 회장 후보 출마를 결심하게 되었고, 세무사회에서 실시하는 각종 행사에 참석해서 얼굴 알리기에 바빴다.

세무사회장 선거는 타 전문 자격사 단체들의 선거 방식과는 달리 세무사회 전체 등록회원들의 직접선거로 이루어지는데, 회원 대부분이 내가 잘 모르는 세무사 순수 고시 합격자인 반면에 국세청 출신 세무사들은 절반도 안 되었다. 그나마 나를 잘 모르는 세무사가 대다수였다. 그러니 자연스레 위축될 수밖에 없었다. 또 그때만 해도 나는 세무사로 개업한 지 1년도 채 안 된 신출내기여서 더더욱 자신이 없었다.

세무사회 안에 있는 여러 임의 단체들의 연말연시 각종 행사에 부지런히 다녀 내 얼굴 알리기에 온 신경을 썼으나 반응들이 별로였다. 그런 열악한 상태인데도 알 수 없는 이상한 자신감이 내 마음속에서 서서히 샘솟았다. 그리고 질 때 지더라도 정말 깨끗한 선거를 한번 치러 보고 싶었다. 상대 후보를 깎아내리거나 유언비어를 퍼뜨리는 일은 절대 하지 않겠다고 아예 선언했다. 그랬더니 선거캠프에 있는 참모진은 이런 나의 결정을 강하게 반대했다.

"말도 안 됩니다. 지금 우리는 다른 후보들에 비해 누가 봐도 열세인데 상대 후보를 비방하기는커녕 칭찬해 준다니요. 조 후보께서는 진짜 회장 출마에 뜻이 있습니까? 아니면 이번에는 연습이고 다음을 노리시는 겁니까?"

"아닙니다. 전 지금 그 누구보다 이번 선거에서 이겨야겠다는 열망으로 가득 차 있습니다. 두고 보십시오."

그럼에도 참으로 희한한 것은 선거운동을 하는 두세 달 동안 단 한 번도 내가 떨어질 거라는 생각을 해본 적이 없었다. 당연히 저 자리는 나를 위해 하늘이 예비한 자리라고 여기고, 모든 일정을 자신감 있게 소화했다. 지금 되돌아보면 그런 밑도 끝도 없는 자신감이 상대 후보를 위축되게 하지 않았나 싶다.

그렇게 정신없이 전국을 돌면서 세무사회장 선거운동을 하는 동안 또 한 해가 지나고 새로운 2007년 1월을 맞아 나를 비롯한 다른 2명의 후보가 최종적으로 회장 후보 등록을 마쳤다. 단순히 세무사 경력만을 놓고 따지면 나는 그들과 도저히 함께할 수 없는 햇병아리였다. 그들은 세무사회에서 수십 년간 내로라하면서 자리 잡은 거물급인 데 비해 나는 정말 볼품없는 애송이였다고나 할까? 그런데도 그들은 시종일관 나만을 집중적으로 물

고 늘어지는 듯했다.

　드디어 본격적인 선거에 돌입하자 나는 다른 두 후보들과 함께 서울을 비롯한 전국 6개 도시를 순회하며 선거에 임했다. 투표는 후보들의 선거공약 발표 후 바로 이어졌는데, 공약 발표 때마다 나는 상대 후보를 한 번도 비방하지 않았다. 오히려 그들을 칭찬해 주었다. 그랬더니 선거에 참여한 회원들 중에는 "신선하다!"면서 우호적인 시선으로 봐주는 유권자들도 있었지만, 별로 좋지 않게 보는 유권자들도 일부 있어 보였다. 심지어 내 캠프에서조차 아마도 다음을 위해 이번에는 연습하는 것이 아니냐며 속으로 비아냥대는 사람들도 있었다.

　이렇게 5군데 지방 투표를 마치고 드디어 마지막 투표일인 2007년 2월 28일, 서울 올림픽공원 체조경기장에서 3천여 명의 서울 지역 세무사들이 지켜보는 가운데 마지막으로 공약 연설을 했다. 그런데 그때 정말 내가 듣기에도 감동적인 연설을 한 것 같았다. 체육관이 떠나가도록 외쳐 보았다. 어디서 그런 힘이 나왔는지?

　곧이어 투표에 들어갔다. 그리고 투표가 끝나자마자 지난 5개 지방에서 투표한 것과 함께 투표함을 열었다. 나를 비롯한 캠프 식구들은 인근 식당에서 개표 결과가 나오기만을 초조하게 기다리고 있었다. 그런데 어찌된 영문인지 예정된 개표 결과 발표 시간이 한 시간이나 지나도록 아무런 소식이 없었다. 우리 모두가 궁금해 하던 차에 캠프 식구 중 한 사람이 갑자기 들어와 고개를 흔들며 말했다.

"예상보다 투표 결과가 박빙이라 투표지를 재검표하고들 있답니다. 근데 결과가…."

그때까지 내 눈치를 살피며 초조하게 기다리던 캠프 식구들은 결과가 박빙이라는 말에 희망이 없어 보였던지 이런저런 핑계를 대며 하나 둘 슬며시 빠져나갔다. 그들의 뒷모습을 보며 갑자기 불안감이 들었다. 내가 떨어지는 것도 그렇지만, 지금까지 애써서 나와 함께 뛰어 준 캠프 동료들에게 미안한 마음이 들기도 했다.

화장실로 가는 척하며 자리를 잠시 떴다. 그때 마침 채수인 선거관리위원장으로부터 걸려 온 휴대폰이 울렸다.

"비공식 집계지만 압도적인 표 차이로 당선되었습니다! 축하합니다!"

다짜고짜 개표 시간이 왜 이렇게 오래 걸리느냐고 물었더니 1위와 2위는 일찌감치 확정되었는데 3위를 한 후보가 이의를 제기해서 재검표했다는 것이었다. 정말 감격스러운 순간이었다.

그러면 그렇지…. 그러나 나는 시치미를 뚝 떼고 다시 캠프 요원들이 진을 친 식당 안으로 와서 태연하게 앉아 있었다. 10여 분이 지나자 그동안 이런저런 핑계를 대고 흩어졌던 캠프 동료들이 다시 돌아왔다. 낌새를 알아차린 것 같았다.

한국세무사회 제25대 조용근회장 취임식

2007. 4. 27   한국세무사회

2007년 4월 27일, 제25대 한국세무사회 회장 취임식

"정말 축하드립니다. 조 회장님! 이제 우리 세무사들의 미래는 조회장님 양 어깨에 달렸습니다!"

미리 들은 기쁜 소식이었지만 계속 가슴이 뛰었다. 그래도 최대한 태연하게 행동했다.

"캠프에서 정말 수고해 주신 동료 여러분 덕분입니다. 제가 잘나서가 아니라 여러분께서 최선을 다해 노력해 주신 결과입니다. 비록 애송이 세무사이지만 세무사회 문화를 한번 바꿔 보겠습니다. 정말 수고 많았습니다. 감사합니다."

말을 마치자마자 많은 회원들이 환호성을 지르며 캠프 안으로

9장. 세금쟁이 인생 후반전 돌입

속속 밀려들었다. 그러면서도 그 순간 크게 느낀 것 하나가 있었다. 불과 몇 사람만이 남아 있던 조금 전과는 너무나 달리 어느새 캠프 안은 나를 축하해 주기 위해, 그리고 어떻게든 세무사회에서 감투를 써보려 하는 사람들로 인해 북새통을 이루었다.

"아! 이것이 바로 세상인심이구나!"

그런 분위기도 잠시, 나를 비롯한 부회장 후보 두 사람은 잰걸음으로 개표 현장이 있는 체조경기장 안으로 들어갔다. 즉시 선거관리위원회로부터 회장 당선증을 받고 그 자리를 지켜 준 유권자 회원들과 함께 당선의 기쁨을 누렸다.

조 회장님!
세무사회가 많이 달라졌네요

회장 당선증을 받자마자 당선 소감을 묻는 많은 언론사와의 인터뷰에서 한마디로 '나눔과 섬김'으로 우리 세무사회의 오랜 폐습과 풍토를 바꿔 보겠다고 했다.

드디어 2007년 4월 27일, 제25대 세무사회장으로 취임했다. 취임 후 맨 먼저 할 일은 함께 고생할 회직자들을 뽑는 일이었다. 과거와는 달리 본인 스스로 해보고 싶은 희망자 위주로 선발했다. 이런저런 사사로운 인정에 매여서 뽑다 보면 업무 효율성이 떨어지는 경우를 많이 보았기 때문이다.

측근들의 반발도 있었지만 대부분의 회원들은 "역시 조용근!"이라는 찬사를 많이 해주었다. 아울러 회장과 부회장, 이사들의 업무도 명확히 나눠 분담하기로 했다.

모든 내부 살림은 부회장과 이사들을 중심으로 하고 나는 외

2007년 4월 26일, 한국세무사회 제45회 정기총회에서 회장 당선보고

부 일에만 전념하기로 했다. 무엇보다 재정관리 문제는 4년 임기 내내 담당 부회장이 전담케 했더니 임기를 마치고 세무사회를 떠난 지 5년 가까이 지난 지금까지 단 한 건의 재정 관련 시비도 없었다.

이런 일도 있었다. 어느 날 아침 출근해 보니 당시 홍보실장이 큰 동판 몇 개를 들고 들어왔다.

"아니 그게 뭔가? 동판 아니야?"

"네! 우리 세무사회에서 발간하는 〈세무사신문〉의 동판들입니다. 저희들이 편집한 기사 제목과 내용들인데 회장님께서 수정해 주십시오."

그때 나는 큰 충격을 받았다.

"이 친구야! 그게 무슨 소리야! 〈세무사신문〉은 편집위원회에서 만드는 것 아니야? 나도 현직에 있을 때 공보관을 2년 가까이 한 사람이야! 당장 가지고 가게. 그리고 다시는 나한테 이런 것 가져오지 말게. 그리고 분명히 이야기하지만 내가 회장으로 있는 동안에는 편집위원들과는 점심 한 번 안 할 테니 섭섭하더라도 그렇게 알고 있게나."

4년간 세무사회장으로 있으면서 그 약속은 100% 실천했다. 그때 홍보실장은 지금도 서울지방회 사무국에서 핵심 간부로 열심히 일하고 있다.

또 내 자랑 같지만 이런 일도 있었다. 취임 100일이 다가올 즈음 전군표 당시 국세청장을 방문하여 우리 회원들과 약속한 세무조정 문제에 대해 논의했다. 불과 2년 전까지만 하더라도 5억 원 미만 법인의 경우에는 세무사가 강제로 세무조정을 하게 되어 있었는데 느닷없이 임의조정으로 바뀌다 보니 일감이 떨어지게 된 다수 세무사들의 반발이 거세게 일어났다. 무엇보다 임의조정으로 계속 가게 되면 결과적으로 국세청의 세원관리에도 문제가 될 소지가 있으니 다시 옛날같이 강제조정으로 환원하는 것이 옳을 것 같다고 했다.

다행히 나의 설득이 제대로 전달되었는지 며칠 후 다시 강제조정으로 환원해 주었다. 물론 전군표 국세청장과는 과거 서울청 국장 때부터 개인적으로 잘 아는 사이였지만 그렇게 흔쾌히 내 건의를 잘 들어 주어 지금도 고맙게 생각한다. 만약 그때 결정이 제대로 이루어지지 않았더라면 지금까지 그 문제는 해결되지 않았을 것이다. 왜냐하면 그 며칠 후 전군표 국세청장 신변에 큰 문제가 생겼기 때문이었다.

또 이런 일도 있었다. 세무사회관 앞 도로는 흔히들 '생명선'이라 일컫는 노란색 중앙차선이 두 줄로 그어져 있어 세무사회관에서는 시내 쪽으로 가는 좌회전이 안 되었다. 그래서 여간 불편한 것이 아니었다. 사무국 직원들을 비롯해 많은 회원들이 불평하기에 관할 서초경찰서장을 찾아가 고충을 털어놓았다. 불행히도 그 문제는 서울지방경찰청 소관업무라고 하기에 알음알음으로 소개받아 서울지방경찰청 담당부장을 면담했다. 얼마 후 답변이 왔다. 약 1억 2천만 원의 신호등 설치비용을 세무사회에서 부담할 수 있느냐고 묻기에 그보다 더한 비용이라도 감당할 수 있다고 했다. 그랬더니 놀랍게도 며칠 후 한 푼도 안 들이고 중앙차선을 지워 주겠다는 기적 같은 연락을 받았다.

그 며칠 후 어느 일요일 우연히 세무사회관에 들러 개인 잡무를 정리하고 있는데 인부 몇 명이 세무사회관 앞에서 도로정비 작업을 하고 있는 것이 아닌가? 직원들에게 물어보니 우리들이 그토록 바라던 중앙차선 제거 작업을 하고 있다는 것이었다. 나는 즉시 책임자를 만나 내 지갑을 털어 전액을 건네주었다. 현찰 몇십만 원에 불과했지만 정말 뿌듯하고 기뻤다. 지금도 아침, 저녁 두 차례씩 그 길을 지날 때마다 왠지 모르게 기분이 짱이다.

또 취임하자마자 사무국 직원들과 매달 한 차례씩 하던 직원 조회를 자유분방한 티타임 형식으로 바꾸어 보았다. 아울러 직원들 각자의 생각을 솔직하게 발표해 보라고 했다. 그들의 발언을 경청한 다음 나는 결론을 내렸다.

"여러분들은 청지기입니다. 주인인 세무사들이 여러분들에게 일 잘하라고 맡겨 준 직책이니 열심히 일해 주세요. 나도 역시 머슴입니다. 그리고 신상에 애로사항이 있으면 언제든지 부회장을 통해, 그것도 어려우면 나에게 직접 이야기해 주세요."

순식간에 사무국 직원들의 분위기가 달라졌다. 이렇게 한 것은 지난 40년 가까운 세월 동안 국세청에서 내 나름대로 터득한 조직 소통의 길이었다. 비록 능력과 자질은 부족하지만 이렇게 먼저 가까이 있는 사람들에게 내 진심을 전해 주었더니 많은 세무사 회원들을 비롯해서 국세청 등 유관기관에서도 세무사회를 바라보는 눈들이 달라졌다.

"조 회장님! 세무사회가 많이 달라졌네요!"

당신멋져로
세무사회장에 다시 추대되다

평생을 세금쟁이 신분으로 살아오면서 세금쟁이의 인상에 대해 많이 들어 본 단어 하나가 있다. 바로 '짠돌이'라는 말이다. 피도 눈물도 없는 사람으로 보인다는 뜻이다.

원래 '세금稅金'이란 뜻 자체가 부정적인 것이기에 세금을 다루는 세금쟁이들도 사갈시蛇蝎視당하겠지…. 그러나 이는 선입견에 불과하다. 세금쟁이 모두가 그런 사람이 아님을, 거두어들이는 일에만 열중하는 사람들이 아님을 보여 주고 싶었다. 그래서 세무사회장직을 맡으면서 처음부터 무언가 달라야겠다고 결심했다.

첫 번째 시도로, 세무사회장 취임식 때 축하 화환 대신에 '사랑의 쌀'을 받아 보았다. 1년 전 '세무법인 석성'의 문을 열 때 그랬던 것처럼.

2007년 5월, 세무사회장 취임식 때 받은 사랑의 쌀 전달식

또 기적이 일어났다. 무려 4,600여만 원에 달하는 '사랑의 쌀'
과 100여 개의 화환이 들어왔다. 1년 전 받은 5,800여만 원까지
합쳐 보니 1억 원이 넘는 '사랑의 쌀'과 300여 개의 화환을 받
은 셈이었다. 여기에다 2년 후 세무사회장직을 연임하면서 받은
1,600여만 원까지 합쳐 보니 거금 1억 2천만 원이나 되었다. 나
는 바로 이것이 '나눔의 세무사회'로 거듭나는 원동력이 되었음
을 자신 있게 말할 수 있다.

여기에다 2008년 당시 이명박 정부가 출범하자마자 3조 4천
억 원에 달하는 나라 예산으로 영세사업자들에게 '유가 환급금'
이라는 명목으로 1인당 25만 원가량을 현금으로 돌려주는 거국
적 프로젝트를 실시했다. 그때 나는 우리 세무사들이 그 신청 업
무를 무료로 대행해 주겠다고 언론을 통해 대대적으로 홍보했

9장. 세금쟁이 인생 후반전 돌입

다. 물론 상당수 세무사들의 반발도 있었지만….

　나중에 안 사실이지만, 무료로 신청 혜택을 받은 7만여 명의 영세 사업자들을 비롯하여 소관부처인 재경부와 국세청 등에서도 상당히 고마워하는 분위기였다. 그 후 이에 대한 보상이라고나 할까, 당시 우리 세무사들이 전산으로 세금신고를 대행해 주면 세무사들에게 1건당 1만 원의 세금공제 혜택을 주게 되어 있었는데, 이 공제 혜택을 불과 2년 만에 민간인 수준인 1건당 4만 원까지 크게 늘려 주었다. 그 일이 있고 난 후부터는 많은 세무사들이 그런 깊은 뜻을 알고 하나같이 나에게 고마워했다. 그리고 지금도 그 고마움을 생생하게 기억하는 것 같다. 내가 세무사 회장으로서 회원들을 위해 한 일 중에서 가장 훌륭한 업적이라고…. 또 당시 국세청에서 덩달아 세무서마다 민원실에 '세무사

2008년, 중국 쓰촨성 대지진 때 직접 성금 전달

전용 창구'를 개설해 주는 등 우리 세무사들의 위상을 크게 올려 준 것 역시 같은 맥락이었다.

그런데 나는 이것도 모자라 일반 국민들 대다수가 잘못 인식하고 있는 세무사들의 이미지들을 바꾸어 보기 위해 몇 가지 감동 스토리를 만들어 추진해 보았다. 2008년 중국 쓰촨성 대지진 때는 내가 직접 미화 3만 달러를 들고 가서 중국 현지에서 전달해 주기도 했고, 그해 연초 미얀마에서 수만 명의 목숨을 앗아간 대형 쓰나미 사태가 발생했을 때는 완전히 망가진 학교들을 다시 세워 주기 위해 매년 3만 달러 가까이를 몇 년 동안이나 지원해 주기도 했다.

또 2010년 지구 반대편 중남미 아이티에서 일어난 대지진 때에는 MBC 방송을 통해 2만 달러의 현금을 지원해 주는 등, 나라 안팎을 불문하고 우리 회원들이 십시일반 정신으로 모은 귀한 성금들을 가지고 곳곳에서 나눔의 프로젝트를 만들어 시행

9장. 세금쟁이 인생 후반전 돌입

2009년 4월 29일, 제26대 세무사회장 취임식

해 보았다. 여기에다 '세무사회 나눔봉사단'을 조직하여 매월 한 차례씩 1천여 명의 독거노인과 노숙자들을 위한 밥퍼 봉사를 비롯한 다양한 나눔 행사를 해보았더니, 어느덧 세무사회에는 '나누고 섬기는 단체'라는 아름다운 별명이 붙게 되었다.

　나는 주어진 임기 2년 동안 당당하게 즐기면서 신명나게 주고 섬기는 일에 열중했다. 그랬더니 당시 6개월 동안이나 공석이었던 국세청장 후보로 계속 오르기도 했다. 그때부터 세무사들이 나를 대하는 태도가 완전히 달라졌다. 정말 '인기 만점'이었다.

　이런 분위기 덕택에 26대 회장 선거 때는 누구 하나 선뜻 나서서 나와 경쟁해 보겠다는 사람이 없었다. 그래서 선거 없이 추대 형식으로 2년간 세무사회장직을 또다시 맡는 행운을 얻었다. 나의 짧은 예단인지는 몰라도 아마도 이 기록은 당분간 깨지지 않을 것 같아 보인다.

그때 나는 생각했다. 그 배경이 무엇일까? 내 능력일까? 아니면 학력일까? 아니다. 그건 오로지 '당신 멋져!'뿐이었다.

당당하게 일해 보자! 신명나게 일해 보자! 멋있게 일해 보자! 그러나 져주자! 죽고 사는 문제가 아니라면.

나는 '당·신·멋·져'의 마음자세로 한평생을 살리라!

2012년 6월, 국세청 특강

9장. 세금쟁이 인생 후반전 돌입

몽골이여! 일어서라!

나는 4년간 세무사회장으로 있으면서 독일을 비롯해 일본, 미국, 중국 등을 한두 차례씩 방문했다. 대부분이 상호교류 차원에서 이루어진 공식행사였다. 특히 세무사 제도의 원조元祖 국가라 할 수 있는 독일에서는 회원 8만 4천여 명으로 구성된 세리사협회의 초청을 받아 지역별 대표 세무사 1,300여 명이 모인 정기총회 자리에서 연설까지 하는 영광을 얻게 되었다.

우리나라의 세무사 제도는 독일에서 일본을 거쳐 50여 년 전에 들어와 정착하였는데, 흔히 이를 '대륙식大陸式 제도'라고 한다. 그러나 일부에서는 영국에서 시작해 미국으로 넘어간 '영미식英美式 제도'가 더 합리적이고 배울 것도 많다고 한다. 문제는 어느 쪽이든 100% 만족스럽지는 않다는 점이다. 각각의 좋은 점을 우리 현실에 맞게 응용, 발전시켜 우리 것으로 만드는 것이

2008년 5월 19일, 독일 세리사협회 정기총회에서 축하 연설

9장. 세금쟁이 인생 후반전 돌입

중요하다. 그래서 독일뿐만 아니라 일본이나 미국 등과도 교류하며 정보를 교환했다.

한국이 속한 아시아 지역에도 30여 개 회원국이 가입되어 있는 '아시아 오세아니아 세무사협회AOTCA'라는 국제 민간기구가 있는데, 2012년 당시에 창립 20주년을 맞이하였다. 묘하게도 2012년은 우리 세무사회가 문을 연 지 정확히 50주년이 되는 뜻있는 해이기도 했다.

나는 2012년에 미국과 독일을 위시해서 주요 선진국 세무사 회장들을 초청해서 (가칭) '세계세무사대회WTC'를 우리나라에서 개최하는 것도 의미가 있겠다고 판단했다. 그래서 2010년 11월 호주에서 열린 '아시아 오세아니아 세무사협회' 정기총회에 참석했다. 현장에서 핵심 멤버인 일본, 중국 대표와의 개별적인 만남과 끈질긴 설득 끝에 2012년에는 서울에서 개최하도록 하는 데 성공했다. 그러나 2년 뒤에 있을 그런 꿈들의 실현은 임기 만료로 인해 후임자의 몫으로 남겨 두었다.

또 4년간의 세무사회장직을 마무리 할 즈음인 2011년 3월, 몽골의 밧바야르 밧자갈 당시 국회 환경식품농업위원장과 몽골 세무사협회 회장단 일행 10여 명이 우리나라 산업 전반을 시찰하는 과정에서 당시 한국 세무사회장인 나를 개인적으로 만나자고 연락해 왔다.

"1960년 1인당 국민소득이 88달러 수준밖에 안 되었던 가난한 한국이 어떻게 그렇게 빨리 2만 달러를 넘게 되었는지 그 비법을 알려주세요."

나는 그들에게 지난 수십 년간의 현직 세금쟁이 생활에서 직접 보고 듣고 체험한 것들을 들려주었다.

"한 나라의 경제발전을 위해서는 무엇보다 원활한 재정 조달이 뒷받침되어야 하는데 이를 위해서는 세금징수체계가 잘 짜여야 합니다. 한국에서는 국세청을 설립하기 전부터 세무사 제도를 만들어 세무전문가를 통해 납세자들이 세금신고를 잘하게 했더니 세수 확보에 큰 도움이 되었답니다. 몽골도 하루빨리 이런 세무사 제도를 도입해 보십시오."

나는 밧바야르 국회의원을 비롯한 일행들에게 장시간 우리나라 세무사 제도에 대해 상세히 설명해 주면서 몽골 정부가 강한 의지를 가지고 시급히 세무사법을 만들어 시행해야 한다고 거듭 강조했다. 그랬더니 그들 모두가 공감했던지 귀국 즉시 나를 몽골로 초청할 테니 국회의원들 앞에서 그런 내용으로 강의해 달라는 것이었다. 그 얼마 후 나는 그들의 초청을 받아 세무사회장이 아닌 민간인 신분으로 몽골 국회로 달려갔다. 그리고 국회의원들 앞에서 이렇게 말했다.

"몽골의 빠른 경제개발을 위해서는 지하자원인 광물 자체를 다른 나라에 팔지 말고 산업화하고, 여기서 얻어지는 국부와 세금으로 재정을 확보해야 합니다. 그렇게 하기 위해서는 선진화

9장. 세금쟁이 인생 후반전 돌입

2011년 6월, 몽골 국회에서 특강(왼쪽이 몽골 국세청장, 오른쪽이 저자)

된 세무 시스템 구축이 시급하며 무엇보다 납세자를 도와주는
세무전문가를 빨리 양성해야 합니다."

이와는 별도로 몽골 국세청장과 함께 울란바토르대학에서 토
론회도 가졌는데 의외로 반응이 뜨거웠다. 그런 과정에서 다행
히도 내가 역설한 것이 주효했던지 결국 몽골 의회에서는 세무
사법을 빠른 시일 내에 입법화하기로 했다면서 아울러 나에게
도 매우 고마워했다. 그때 나는 비록 미력하나마 이 나라 경제발
전의 기틀을 놓는 데 벽돌 하나 쌓았다고 생각하니 뿌듯했다.

"비록 지금은 형편이 어렵지만 우리나라 국토의 20배나 되는
넓은 땅을 가진 잠재력 있는 나라 … 사랑하는 몽골이여! 하루빨
리 부강한 나라가 되기를 … ."

제발 회장 후보에
나서 주세요

　　나는 평생을 세금쟁이로 지내 오면서 그 전반전이
라 할 수 있는 국세청 현직 생활에 비해 퇴직 후 지금까지의 후
반전을 몇 배나 더 폭넓고 다양하게 살아가는 것 같다. 그렇게
된 것은 아마도 4년간의 세무사회장 경력 때문이 아닌가 싶다.

　거듭 이야기하지만 나의 '주특기'라고 한다면 능력이나 자질
보다는 부족한 가운데서도 끈질긴 근성과 열심에 있지 않을까
한다. 세무사회장 일도 예외는 아니었다. 4년간 회장 자리에서
나름대로 열심히 하다 보니 돈과 관계없는 일들이 계속 늘어났
다. 우리가 잘 아는 천안함재단을 비롯해서 청량리 밥퍼나눔운동
본부, 그리고 최근에 문을 연 부부상담을 전문으로 하는 대학원
대학교 등에서 이사장이나 명예본부장 자리를 맡게 된 것이다.

　또한 내가 오래 전부터 결심하고 직접 만든 '석성장학재단'과

중증장애인 재활을 돕기 위해 만든 사단법인 '석성1만사랑회'를 통해 세금쟁이로서는 보기 드물게 어려운 이웃들에게 나누고 섬기는 일에 열중하게 되었다. 그런데도 그 대부분이 무보수 자원봉사 직책이다 보니 마음으로는 훨씬 편했다.

그렇게 내 나름대로 열정을 쏟았던 4년간의 세무사회장 자리를 떠난 지도 어언 수년이나 흘렀다. 특히 2015년에는 나이 칠순을 맞은 기념으로 연초부터 바쁜 와중에도 아내와 함께 5월 25일부터 6월 6일까지 13일간 이스라엘, 터키 그리고 그리스 지역을 경유하는 '크루즈 성지순례 관광'을 준비하고 있었다. 그런데 2015년 5월초 갑자기 주관 여행사로부터 IS(극단적 무장 이슬람단체)로 인해 현지 치안상태가 몹시 불안해서 본의 아니게 크루즈 여행이 취소되었다는 연락을 받았다. 아내와 나는 어떻게 할까 고민하던 차였다.

그 즈음에 평소 나와는 관계가 별로였던 후배 세무사 10여 명이 사무실로 찾아왔다.

"회장님! 지금 우리 세무사회가 정상이 아닙니다. 현㸌 회장을 비롯한 집행부 모든 임원들이 어떤 특정 후보를 공공연하게 밀어 주고 있는데, 그 후보가 내년 총선에서 국회로 가면 현㸌 회장이 또다시 회장 자리를 차지할 것이라며 한마디로 장기집권 음모를 꾸미고 있답니다. 그것만은 막아야 하지 않겠습니까? 그것을 막아 낼 사람은 조 회장님밖에 없습니다."

나는 손사래를 쳤다.

"아니 그게 무슨 소린가? 나는 4년간이나 세무사회장을 지낸 사람이 아닌가? 3선이 말이나 되는가? 그리고 지금 회장 선거가 불과 한 달밖에 안 남았는데…. 빨리 돌아가게."

그 다음 날도, 또 그 다음 날도, 후배 세무사들은 며칠 동안 계속 찾아왔다. 그중에는 심지어 눈물까지 흘리는 후배 세무사들도 있었다. 그 모습을 보고 나는 '오죽했으면 별로 친하지도 않던 나를 찾아왔을까?' 하는 측은한 마음이 들었다.

"정 그렇다면 며칠간의 말미를 주게나. 가족들과 한번 상의해 보고 연락하겠네. 가서 기다리게나."

설득하고 겨우 돌려보냈다. 그 며칠 동안은 "조 회장님! 이번 선거에 제발 회장 후보로 나서 주세요!" 하는 그들의 눈물 어린 하소연이 내 머릿속에서 떠나지 않았다. 그리고 마지막으로 아내와 상의해 보았다.

"그 후배 세무사들은 평소 당신과 가까이 지내던 분들이 아닌데도 그렇게 계속해서 찾아와 애걸복걸하는 것을 보면 필시 무슨 이유가 있을 거예요. 제 생각에는 그분들의 하소연을 외면하는 것보다는 정말 다른 대항마가 없다면 긍정적으로 한번 검토해 보세요."

며칠 후 또 다시 날 찾아온 그들에게 조건을 제시했다.

"자네들의 뜻이 진정 그렇다면 임기 2년에 연연하지 않고 무보수 자원봉사를 전제 조건으로 한번 출마해 보겠네. 그렇게 해야만 3선에 대한 명분이 설 것 같네."

그렇지만 당장 1만 1천여 명의 유권자 회원들을 현실적으로 어떻게 설득할 것인가? 아마도 나의 이런 진심을 모르는 대다수 회원들은 내가 노욕老慾을 부린다고까지 비아냥거릴 것이다. 그래도 이제는 '선전포고'까지 해버렸으니 어쩔 수가 없었다. 출마를 공식 선언하고 나서도 나는 계속 안절부절못했다.

어떤 때는 하루에도 몇 번씩이나 출마를 번복하고 싶었다. 무엇보다 몇 년간이나 세무사회와는 인연을 끊고 살았는데 또다시 전혀 마음에도 없던 3선에 도전한다는 것은 내 스스로 생각해 봐도 쉽게 설득이 되지 않을 정도이니…. 그런데도 막상 세무사회 돌아가는 꼴을 보니 차마 내 뜻을 되돌릴 수가 없었다. 현現 회장과 집행부 임원들은 1년 전부터 온갖 수단과 방법을 가리지 않고 특정 후보를 지원해 주고 있으니…. 한마디로 그들은 그 후보를 당선시키는 게 지상 목표인 것 같아 보였다. 그런 악조건 속에서도 나는 약 한 달간의 그 황당한 선거전에서 나름대로 최선을 다해 보았다. 그러나 한마디로 계란으로 바위를 치는 격이었다.

지금도 그런 생각이지만 그때 나는 생전 가장 황당한 선거를 경험해 보았다. 나중에 안 사실이지만 선거 기간 중에도 후보자 당사자인 나도 모르게 선거관리 규정들을 자기들 유리한 대로 바꾸기도 하였으며, 자기 캠프에서 저지른 큰 비리는 괜찮고 우리 캠프에서 일어난 사소한 문제는 절대 용납이 안 되는, 한마디로 불공정한 선거였다.

심지어 6일간에 걸친 전국 순회 투표를 모두 마친 상태에서 느닷없이 '후보자 자격 박탈'이라는 해괴망측한 결정 통지를 받기도 했다. 내가 알기로는 일반 선거에서는 '후보자 자격 박탈'이란 말은 후보자 등록 과정에서 일어나는 문제로, 일단 후보자로 등록되어 투표까지 모두 마쳤으면 개표를 한 후에 '후보자 자격 박탈'이 아니라 '당선자 무효 처분'을 내려야 한다. 그런데 내 경우에는 6일간의 전국 순회 투표 마지막 지역인 대전에서 투표를 끝내고 집으로 돌아와 잠을 자고 있는데 그날 밤 자정子正 1분 전前인 밤 11시 59분에 세무사회 선거관리위원회가 보내온 "조용근 후보는 회장 후보자 자격이 발탁되었음을 알려 드립니다"라는 휴대폰 문자메시지를 받은 것이다.

여기에다 그 이튿날인 토요일에 아무도 출근하지 않은 선거 캠프 사무실 입구에 웬 봉투 하나가 놓여 있었다. 나중에 그 봉투를 뜯어보았더니 역시 '회장 후보 자격 박탈 결정 통지'와 함께 '2일' 이내에 이의 신청을 할 수 있다는 내용까지 같이 언급되어 있었다. 그 2일이란 내가 아무런 조치도 취할 수 없는 토요일과 일요일까지라는 것이란다. 정말 상식적으로 이해가 되지 않는 짓거리였다.

9장. 세금쟁이 인생 후반전 돌입

너무나 황당해서 전문 법조인들에게 물어보았더니 이런 경우는 우리나라를 막론하고 세계에서 처음 있는 사건이란다. 본 지면을 빌려 이런 사실을 공개적으로 거론하는 것은 다시는 우리 세무사업계에서 이런 비열한 일이 일어나서는 안 되며, 이를 반면교사로 삼아야 할 것이라고 믿기 때문이다. 비록 그 선거에서 회장으로 당선되지는 않았지만 당시 내 마음은 한없이 서글펐다. 우리 세무사회 수준이 왜 이것밖에 안 되는지?

만약 내가 1등을 했다 하더라도 나는 이미 회장 후보 자격이 박탈된 상태였기에 갖은 소송과 갈등으로 이어질 것은 불 보듯 뻔했으리라. 그렇게 되면 오랜 소송과정을 지켜보면서 많은 사람들이 나도 그들과 똑같은 사람으로 취급했을 것이니 정말 천만다행이었다. 비록 30%에 가까운 득표로 2등을 했지만 나는 내 할 일은 다했다고 여기고 선거가 끝난 뒤 두 발 뻗고 편히 잠을 잘 수 있었다.

무엇보다 내가 3선이라는 무리한 짓을 해가며 출마한 명분은 100% 살렸다고 생각한다. 왜냐하면 나의 갑작스런 출마선언이 있자마자 현現 회장이 다시는 세무사회장 선거에 나서지 않겠다고 모든 회원들 앞에서 공언公言했으며, 임기 4년짜리 '세무사 공익재단 이사장' 자리도 후임회장에게 내놓겠다고까지 선언했으니 말이다.

또 다른 한편으로는 그때 그 어려운 가운데서도 나의 순수한 마음을 알고 뜨겁게 지지해 준 다수의 뜻있는 유권자 회원들에게 다시 한 번 이 자리를 빌려 진정 어린 고마운 마음을 전하고 싶다.

"진심으로 고맙습니다. 장한 그대들이여!"

기적은 또 다른 기적을 낳는다

현직 세금쟁이가
장학재단을?

앞에서 석성石成장학회에 대해 살짝 언급했는데, 이 장학회를 만들게 된 애틋한 사연과 함께 그 후 일어난 감동 스토리 몇 가지를 소개할까 한다.

내 부모님은 흔히들 말하는 '배움의 끈'이 너무 짧아서인지 다른 부모님들에 비해 세상을 당당하게 살지를 못했다. 또 아버지의 잘못된 술버릇으로 인해 부모님 사이도 별로였다. 그러나 어머니가 작고하신 후 아버지께서는 어머니 생전에 잘 보살펴 주지 못한 점이 두고두고 한이 되었는지 내내 괴로워하셨다.

"용근아! 너도 알다시피 나와 네 어머니는 한평생 국민학교 문턱에도 한번 가보지 못한 '일자무식'이란다. 그래서인데, 너만은 어떤 어려움이 있더라도 열심히 공부해서 사회에 나가서 당당하게 살아가거라."

10장. 기적은 또 다른 기적을 낳는다

늘상 나에게 그렇게 말씀하시던 아버지께서도 유난히도 눈이 많이 내린 1984년 12월 30일 한밤중에 어머니가 계시는 하늘나라로 가버리셨다.

아버지께서는 몇 년간 사신 허름한 한옥집 한 채를 남겨 주셨다. 물론 그 집도 내가 어렵게 사드린 집이었지만…. 얼마 후 그 집을 처분해 보니 5천만 원이나 되었다. 그 돈으로 10년간 재테크한 결과 무려 2억여 원으로 불어났다. 마침 1994년이 '공무원재산등록제'를 처음 실시할 시기여서 아내와 상의했다.

"그건 우리 것이 아니잖아요?"

아내의 그 말 한마디에 나는 큰 충격을 받았다. 넉넉지 않은 우리 살림살이에도 불구하고 간도 크게 그런 말을 하다니…. 고심 끝에 나는 낮은 곳에서 어깨를 움츠리며 평생을 살아간 부모님의 간절한 염원을 담아 장학재단을 설립하기로 결심했다.

"장학재단 이름을 무엇으로 할까?"

며칠간의 고민 끝에 결국 아버지와 어머니의 이름 가운데 글자를 따서 '석성石成장학재단'이라고 지어 보았더니 꽤나 괜찮아 보였다. 즉시 재단법인 설립인가를 받으려고 관련 부처에 알아보았더니 기본재산이 3억 원이 넘어야 한다는 것이었다.

어쩔 수 없이 '석성장학회'라는 임의단체로 출발했다. 처음에는 매년 은행에서 나오는 정기예금 이자수입으로 가까운 지인이 추천해 준 강원도 산골 화전민 촌에 사는 어려운 청소년들 몇

1985년 10월, 석성 장학금 전달차 강원도 정선군에서 가족과 함께

명에게 장학금을 지급했다. 그러면서 장학생 숫자를 조금씩 늘려 갔다. 그러는 과정에서 내가 장학회를 운영한다는 사실이 밖으로 조금씩 알려지게 되었다. 대부분의 지인들은 나를 격려하고 칭찬하며 몹시 부러워하는 분위기였다. 그러나 극히 일부이긴 하지만 내 순수한 뜻을 잘 모르는 몇몇 사람들이 가재미눈으로 나를 쳐다보며 수군거렸다.

"현직 세금쟁이가 장학회를 운영하다니….."

'혹시 뇌물이나 받아 장학회를 운영하는 건 아닌가?' 하는 의혹의 눈초리를 보내기도 했다. 그런 가운데서도 아내와 나는 소리 소문 없이 조용하게 석성장학회를 운영해 나갔다.

그러면서 아내가 나에게 가끔 들려준 말이 있다.

10장. 기적은 또 다른 기적을 낳는다

"여보! 남들이 무엇이라 말하든 말든 괘념치 말고 열심히 운영하다 보면 언젠가는 우리의 진심이 통할 날이 올 거예요. 석성장학회! 파이팅입니다!"

이렇게 석성장학회는 아버지가 돌아가신 지 꼭 10년 만에 한 많은 아버지와 어머니의 애틋한 사연을 담아 출범했다. 비록 시작은 미약하지만 나중에는 심히 창대해질 것이라는 하늘의 뜻을 굳게 믿고.

그러면서 하루빨리 석성장학재단으로 인가 받기를 갈망했다. 재단법인으로 발족하려면 부족한 7천여만 원의 자금을 어떻게 조달할 것인가? 물론 은행 정기예금에 들어 있는 2억여 원에 대한 이자수입을 한 푼도 안 쓰고 모아서 그것으로 채우면 되겠지만 재단법인 설립이 다소 늦어지는 한이 있더라도 당장 장학금을 지급하는 것이 좋을 것 같았다.

그런 어정쩡한 상태로 석성장학회가 출범된 지 7년이 되는 2001년, 드디어 서울시 교육청으로부터 '재단법인 석성장학회' 설립인가를 받았다. 재단법인 이사장으로 취임한 아내와 나는 한동안 울먹였다. 하나님께서 한없이 부족한 우리 가정에 큰 선물을 내려 주셨다고 생각하니 감개感慨가 무량했다. 이것이야말로 자손 대대로 물려줄 소중한 가보家寶가 될 것이라는 확실한 믿음도 가지게 되었다. 그때 나는 결심했다. 석성장학회는 다른 장학재단과는 무언가 달라야 한다고.

장학생도 성적이 우수한 학생보다는 가난하고 소외된 학생들 위주로 뽑았다. 그중에서도 내가 세금쟁이 출신이어서인지는 몰라도 친정집 같은 국세청에 몸담고 있는 현직 세금쟁이 자녀들 중에서 상당수를 뽑도록 했다. 흔히 세상 사람들은 세무공무원이라면 무조건 잘살 것이라고 치부해 버리는 경향이 있는데, 사실은 그렇지 않음을 나는 잘 알기 때문이다. 암으로 투병 중이거나, 돌아가신 아버지가 과거 세무공무원이었거나, 중증장애인을 거느리고 있는 어려운 후배를 비롯해서 많은 이들이 별의별 어려움과 고통 중에 있었다.

또한 비록 내가 현직에 있을 때는 장학기금을 늘릴 수 없지만 사회에 나가서는 가급적 남의 도움 없이 내가 노력해서 장학기금을 늘려 보리라고 마음먹었다. 여기에다 장학재단을 운영하는 데 소요되는 일반 관리비도 최대한 줄여 보기로 했으며, 심지어 이사장을 비롯한 재단 이사들도 100% 자원봉사하는 마음으로 일하도록 했다.

이렇듯 독특하게 설립된 석성장학회가 무엇보다 나에게 소중한 것은 사랑하는 아들과 딸에게 좋은 유산으로 물려줄 수 있는 우리 집 최고의 보물로 아끼기 때문이다. 그래서인지 10여 년 전 딸 수빈이가 대학을 졸업하고 사회에 나와서 처음 받은 월급 전액을 석성장학회에 기부한 것을 비롯해서 몇 년 전에는 그 딸의 결혼식 때 받은 축하금 5천만 원과 아들 결혼식 때 받은 축하

2014년 4월 19일, 석성장학회 창립 20주년 기념식

금 1억 원 모두를 석성장학회에 기부하면서 아들과 딸에게 더없이 소중한 인연을 맺게 해주었다.

이제 석성장학회가 출범한 지 어언 20년이 흘렀다. 20억여 원의 현금을 비롯해 시골 임야, 전답까지 합치면 근 30억 원이나되는 제법 큰 장학재단으로 발돋움했다. 그렇다고 그동안 장학금을 주지 않은 것도 아니다. 무려 2천여 명에게 20억 원 가까운거액이 장학금으로 지급되었다. 특히 지난 2014년 4월 19일에는 석성장학회 창립 20주년을 맞아 조촐한 기념행사와 더불어1억 5천만 원 상당의 장학금 전달식도 함께 가졌다. 정말 꿈만 같았다.

　무엇보다 20여 년간 한결같은 마음으로 투명하게 장학재단을 운영하다 보니 여기에서 일어난 일 하나하나가 모두 감동 스토리였다. 최근에는 이런 일도 있었다. 나도 잘 모르는 서울 시내 세무서장 출신 어떤 선배님께서 오래 전에 그분의 부모님으로부터 물려받은 경기도 화성과 남양주에 있는 임야와 전답을 흔쾌히 석성장학회에 기부해 주셨다. 공시지가로만 계산해 봐도 무려 12억 원이나 되었다. 그런데 '지성이면 감천'이라고 했던가? 얼마 전 그중 일부가 뜻밖에도 팔렸다. 그 외에도 뜻있는 다수가 이런저런 형태로 기부해 주셨다. 이 지면을 빌려 일일이 열거할 수 없는 것이 한이다. 여기에다 내가 만든 세무법인 석성 본사와 8개 지사에서도 매년 발생하는 매출액의 1%를 바로 석성장학회에 기부한다. 수익이나 소득이 아닌 매출액의 1%이니 적잖은 금액이다. 어려운 결단이었지만 운 좋게도 지금까지 한 번도 이를 어겨 본 적이 없다. 분명 이것은 사람이 만든 작품이 아니라 하나님의 걸작품이라고 단정할 수밖에 없다.

사랑하는
석성의 아들, 딸들아!

　　석성장학회는 규모로는 크다고 할 수 없지만 나에
게는 더없이 소중해서 이제는 삶의 목적 그 자체가 되었다. 해마
다 장학금을 전달하면서 스스로 다짐하면서 되새겨 본다.

　"아! 바로 이것이 내가 감당해야 할 사명이구나!"

　많은 장학생들로부터 듣는 또 하나의 이야기가 있다.

　"석성장학회는 정말 희한하네요. 다른 장학회에서는 학교 성
적만을 따지는데 석성장학회에서는 가난하다는 사실 하나만으
로도 장학생으로 뽑힐 수 있다니!"

　이런 '생뚱맞은' 석성장학회는 해가 가고 달이 갈수록 그 지
경地境이 넓어졌다. 국내는 물론이고 멀리 바다 건너 미국을 비
롯해서 미얀마, 캄보디아와 중국에까지 널리 퍼져 나갔으니 말
이다. 그러면서 내가 깨달은 것 하나가 있다. 장학금을 받아가는

당사자가 가난할수록 더 고맙게 생각한다는 사실이다.

2012년 1월 석성장학회에서 미얀마 양곤 지역에 4번째 '사랑의 학교'를 세워 주었다. 그때 현지 교육감이 나에게 '우서디가'라는 미얀마 이름을 지어 주었다. 이는 '많은 사람들에게 많은 것을 나누어 존귀한 사람'이라는 뜻이란다. 물론 캄보디아나 중국 조선족 동포들의 경우에도 같은 뜻으로 진심 어린 감사의 표시를 전해 왔다. 이에 못지않게 국내에서도 그동안 많은 사연들을 받았다.

2년 전인 것으로 기억한다. 남편과 이혼하고 일선 세무서에서 어렵게 아들과 함께 살다가 불치의 병으로 마지막 죽음의 문턱에서 아들을 잘 부탁한다는 어머니의 유언을 담아 그 아들이 보내온 고백이다.

저는 이혼한 가정에서 자랐습니다. 대학을 진학한 후 어머니와 살게 되었는데 어머니의 따뜻한 품을 느끼며 한동안 행복하게 살았습니다. 하지만 이 행복은 오래가지 않았습니다. 어머니가 그만 말기 암 판정을 받고 말았습니다. 그때부터 집안 분위기가 확 달라졌습니다. 집안 재정이 어려워 어머니는 병원을 가지 못하고 약으로만 버티며 지내 왔습니다. 그렇게 한 달을 버티시던 어머니는 결국 인근 대학병원 응급실에 실려 가게 되었습니다. 그 후 약 70일간 암과 싸우시다 그만 돌아가셨습니다. 그런 어머

10장. 기적은 또 다른 기적을 낳는다

2013년 1월, 미얀마 양곤에서 5번째 사랑의 학교 건립 기증식

니가 병원에 입원해 계실 때 대학교 휴학 중인 저를 석성 장학생으로 추천해 주셨습니다. 이 소중한 석성 장학금은 사랑하는 어머니의 마지막 선물이었습니다.

역시 투병생활을 하는 후배 세금쟁이가 2015년 5월에 아들을 추천하면서 보내온 사연이다.

아직은 병이 완치된 상태가 아니고 3개월에 한 번씩 진료를 받고 있습니다만 모든 것이 하나님의 은혜라 생각하며 신앙생활에 게을리 하지 않고 하루하루 기도로 열심히 살아가고 있어요. 희망을 가지고 살아가도록 용기도 주시고 잊지 않으시고 격려해 주

시고…. 무엇보다 저를 기억해 주시는 것만으로 행복하고 감사
드립니다. 청장님께서 베푸시는 선하신 일을 통해 하늘나라 상
급이 크리라 생각합니다.

이와는 별개로 장학회 이사장인 아내에게 보내온 사연이 있다.
어떤 어머니가 남편의 폭력에 못 이겨 고3 졸업반 딸과 함께 구
청에서 마련해 준 '쉼터'에서 지내던 중 딸이 등록금 미납으로 고
등학교 졸업이 어려울 것 같다고 하소연하면서 보내 온 사연이
다. 물론 미납된 등록금 일체는 석성장학회에서 지원해 주었다.

딸아이의 등록금을 못 내면 졸업을 시킬 수 없다는 학교 측의 말
에 눈앞이 캄캄했습니다. 그때 쉼터 소장님께서 발 벗고 뛰어 주
셔서 다행히 석성장학회와 연결이 되었습니다. 세상에 이런 아
름다운 수호천사가 있다는 사실을 알고 정말 가슴이 뭉클했습니
다. 직접 뵙지 못했지만 마음속으로 "감사합니다"를 수십 번이나
되뇌었습니다. 불쌍한 저이지만 이사장님의 고운 마음을 이어받
아 암울한 세상에 빛을 뿌리며 살겠습니다. 거듭 감사드립니다.

그 외에도 헤아릴 수 없을 만큼 많은 사연들이 우리 석성장학회
로 보내졌다. 그때마다 나는 울컥했다. 이 시간 감히 외치고 싶다.
"사랑하는 석성의 아들, 딸들아! 고맙구나."

10장. 기적은 또 다른 기적을 낳는다

생명나눔운동,
'밥퍼'와 맺은 인연

　　지금도 내가 남들 앞에서 감히 자랑하는 것 하나가 있다. 그것은 다름 아닌 내가 평생 세금쟁이라는 사실! 그래서 어디를 가든지 "저는 전직 세무공무원입니다"라고 떳떳하게 말하곤 한다. 내가 뛰어난 인물도 아니고 아무것도 내세울 것 없는 볼품없는 사람인데도 말이다. 마치 성경에 나오는 예수님의 제자 세금쟁이 출신 마태가 당당하게 고백했던 것처럼….

　　나는 국세청 현직을 마치고 세상에 나와서 남들에 비해 비교적 많은 '사회적 직함'을 가지고 있다. 물론 대부분 '돈 안 되는' 직함들이다. 특히 그중에는 '명예' 자가 붙은 직함이 몇 개 있다. 그 하나는 1988년 11월 11일 세워진 '밥퍼나눔운동본부'의 명예본부장 직함이며, 또 다른 하나는 해군 창설 이래 12번째로 받은 '명예해군' 직함이다. 둘 다 내게는 매우 특별한 의미가 있지만 굳이 우선순위를 매긴다면 단연 '밥퍼나눔운동본부 명예 본부장' 직함이다.

그래서 세무법인 석성 개업식이나 세무사회장 취임식 때 받은 축하금을 비롯해서 심지어 딸의 결혼식 때 받은 축하금 중 상당 부분을 '밥퍼나눔운동본부'로 보내곤 했다. 이런 연고로 최일도 대표와는 20년 친형제처럼 깊은 인연을 맺고 지낸다. 밥퍼와 관련한 이런저런 사연들도 참 많았다.

지금부터 20년 전이다. 하루는 쌀가게를 운영하는 교회 후배를 만났는데 이 친구 표정이 옛날보다 더 밝아 보였다. 경제적으로 넉넉하지도 않고 사업이 잘되는 것도 아닌데 대책 없이 즐거워하는 모습을 보고 궁금했다.

"자네는 무슨 좋은 일이 있길래 그렇게 웃고 다니나?"

"예, 오늘도 좋은 일이 있는 날입니다. 제가 한 달에 한 번씩 청량리에 쌀을 보내는데, 오늘이 바로 그날이거든요."

"청량리에 뭐가 있는데?"

"밥퍼라고 들어보셨습니까?"

"뭐?! 밥퍼? 밥을 푼다, 그런 말인가?"

"네 맞습니다. '밥퍼나눔운동본부'이지요. 독거노인들과 노숙자들에게 밥을 퍼 나눠 주는 겁니다. 최일도 목사님이라고 들어보셨습니까?"

"최일도 목사님이라… 아, 청량리에서 선교하신다는 최일도

2005년, 세무법인 석성 개업식 때 사랑의 성금 전달(왼쪽은 최일도 대표)

목사를 말하는 건가?"

　"네, 그 목사님은 매일 청량리역 광장에서 수백 명의 노숙자와 독거노인들에게 식사를 제공하고 있습니다. 나도 그분을 돕기 위해 매달 쌀 2가마를 그곳으로 보내고 있습니다."

　'청량리'라고 하면 누구나 다 아는 집창촌이 있는 곳이 아닌가. 그런 곳에서 독거노인과 노숙자들을 상대로 무료 급식을 한다는 말은 금시초문이었다. 순간 몹시 궁금했다.

어느 날 짬을 내어 청량리역으로 가보았다. 서울 시내에 아직도 이런 곳이 있나 싶을 정도로 그곳 사람들은 '삶'이 아니라, '생존'을 위한 처절한 사투를 벌이고 있었다.

나는 적잖은 충격을 받았다. 나 역시도 가난한 어린 시절을 아무런 대책 없이 흘려보냈다면 아마도 지금 이 사람들처럼 하루하루를 힘겹게 살아가고 있겠지…. 그때부터 나는 시간 날 때마다 청량리로 찾아가 '밥퍼나눔운동'에 동참했다. 또 1,004명(천사)이 100만 원씩을 기부해서 무료 천사병원을 짓는다는 소식을 듣고 어렵게 성금 100만 원을 마련해 가지고 갔다.

"조 과장님도 평소 좋은 일을 많이 하신다는 말을 전해 들었습니다. 이번에 무료 천사병원을 짓는 데 큰 힘을 보태 주셔서 정말 감사드립니다. 그 대신 혹시 제가 도울 일이 있다면 언제든지 말씀하세요."

최 목사와 대화해 보니 역시 큰일 하는 사람은 뭔가 달라도 달랐다. 순간 내가 회장으로 섬기는 국세청 신우회에서 매년 연말年末에 드리는 연합예배 때 강사로 모시면 좋겠기에 간청했다.

"이번 연말에 저희 국세청 신우회 연합예배에서 설교를 좀 해 주셨으면 합니다."

최 목사는 흔쾌히 내 제안을 수락했다. 대신 나도 사회복지법인인 다일복지재단에 자문위원으로 수고해 달라는 부탁을 듣고 나 또한 거절할 수가 없었다. 당시는 충청북도 음성에 있는 꽃동

네 복지시설 운영과 관련한 비리사건이 불거져 다른 사회복지
단체들이 전전긍긍하던 때였다.

어린 시절 배고픔의 고통을 누구보다 뼈저리게 느낀 나인지
라 그때부터 유독 이 '밥퍼나눔운동'에는 더 많은 관심을 쏟았
다. 지금도 나는 확신한다. '밥퍼나눔운동'이야말로 정말 어려운
이웃들에게 전해지는 전형적인 생명나눔운동이 아닌가?

···▶▶ЭᎧᏟᎧ◀◀···

어느 날 최일도 목사가 무겁게 가라앉은 목소리로 전화를 걸
어 왔다.

"조 과장님! 시간 되시면 저를 좀 만나 주실 수 있겠습니까?"

평소와 다른 분위기에 압도된 나는 한걸음에 최 목사를 찾아
갔다. 최 목사는 나를 보자마자 다짜고짜 손을 잡고 다일 무료
천사병원으로 들어가 어느 환자의 병실로 안내했다. 병실 한쪽
구석 침대에는 오랜 투병생활로 몸이 수척해진 한 중년 여성이
누워 있었다.

"이 여인의 이름은 '하자'입니다. '하나님의 자녀'라는 뜻이지요."

나는 아무 말 없이 '하자'라는 여인을 쳐다보면서 최 목사의
말에 귀를 기울였다.

"이분은 출가한 비구니입니다. 어느 날 중병에 걸린 몸으로

저희 병원을 찾아왔습니다. 소속이 어딘지, 이름이 무엇인지 물었지만 아무것도 알려주지 않았습니다. 그래서 제가 직접 이 무료 천사병원에 입원시키고 새로운 이름을 지어 주었습니다."

최 목사의 말이 이어지는 동안 '하자'라는 비구니는 적의敵意로 가득 찬 눈으로 나를 노려보았다. 그러나 그녀의 독기 어린 표정 이면에는 말 못할 두려움이 숨어 있는 것 같았다. 얼떨결에 나는 거죽만 남은 그녀의 손을 붙잡고 기도했다. 가련한 이 여인의 삶을 불쌍히 여겨 달라고….

그런데 이상하게도 나도 모르게 눈물이 났다. 또 흘러내리는 눈물이 그녀가 누워 있는 침대 시트에 떨어졌다. 그때부터 그녀의 표정이 서서히 평온해지더니, 금세 울음이 가득한 얼굴로 변해 가는 게 아닌가. 이제는 서로가 말하지 않아도, 마음과 마음의 언어가 전해지고 있었다. 내가 흘리는 눈물 앞에서 그녀는 진심으로 위로 받는 듯한 포근한 감정을 느끼는 것 같아 보였다. 정말이지 하나님의 사랑이 아니면 절대 있을 수 없는 일이었다. 잠시 후 병실을 나오면서 나는 지갑을 꺼내 손에 잡히는 대로 모두 그녀의 손에 쥐어 주었다.

"하자 님, 어서 병상에서 일어나 우리 함께 어려운 사람을 도와주는 일에 함께할 수 있었으면 합니다. 기도할게요."

말없는 그녀 역시 내 말에 화답이라도 하듯이 환한 표정을 지으면서 힘겹게 고개를 끄덕였다. 그로부터 며칠 후 최 목사에게서 급하게 연락이 왔다. 왠지 좋지 않은 예감이 들어 휴대폰 받기가 망설여졌다. 그러나 계속 울리는 휴대폰 소리를 외면할 수 없어 받아 보았다.

"조 과장님, 그 비구니 자매가 끝내 병을 이기지 못하고 세상을 떠났습니다."

"아….."

탄식 소리가 절로 새어 나왔다. 며칠 전 병실 문을 나서는 나를 향해 환하게 웃던 그 여윈 얼굴이 떠오르자 안타까운 마음이 가슴 전체를 적셨다.

"그런데 마지막 순간에 과장님께서 그 비구니의 마음을 움직이셨습니다. 그녀가 과장님께서 그날 주시고 간 용돈 전부를 내놓으면서 어려운 데 써달라고 하기에 병원 교회에 모두 드렸답니다. 그러면서 자기가 이 세상에 와서 처음이자 마지막으로 좋은 일 한번 하게 되었다고 좋아하더랍니다. 정말 기적 같은 일이 아닐 수 없었습니다."

그때 나는 느꼈다. 그녀를 감동시키고, 그녀의 마음을 움직인 건 내가 준 용돈이 아니고 진심으로 불쌍히 여기고 위로하면서 흘린 내 눈물이라는 것을…. 그런데 정작 한 영혼을 온 천하보다 귀하게 여기고 사랑한다면 눈물쯤이야 당연한 것 아닐까?

그때 일을 계기로 나는 다일복지재단과는 떼려야 뗄 수 없는 관계를 맺게 되었다. 10년 가까이 지난 2007년부터는 '밥퍼 명

2011년 12월, 밥퍼에서
박원순 서울시장과 함께

2012년 11월, 밥퍼에서
문재인 더불어민주당 대표와 함께

예본부장'이라는 소중한 직책까지 맡아 100% 자원봉사하는 마음으로 지금까지 정성껏 섬기고 있다. 얼마나 감사한지 모르겠다. 그동안 이런저런 인연으로 친형제같이 지내는 사랑하는 국세청 후배들과 한국세무사회 회원들과 직원들, 심지어 세무법인 석성 직원들까지 함께 매월 한 차례씩 정기적으로 '밥퍼나눔운동'에 직접 참여했다.

'밥퍼나눔운동본부' 주위에서 보면 흔히들 내로라하는 사람들은 그저 이름만 걸쳐 놓고 1년에 한 번쯤 얼굴 비치는 정도인데, 외람되게도 나는 매달 한 차례 이상씩 현장으로 달려가서 직접 반찬을 만들어 주기도 하고 밥도 퍼주고 있다. 그때마다 나는 외친다. 누가 우리 세금쟁이들에게 자기밖에 모르는 철면피라고 손가락질하는가?

10장. 기적은 또 다른 기적을 낳는다

'석성1만사랑회'를
세우다

거듭 이야기하지만 너무나도 보잘것없는 나에게 하늘도 감동했는지 웬만한 세금쟁이로서는 꿈도 못 꿀 소중한 '석성장학회'를 만들어 주시고, 또 나날이 융성하도록 챙겨 주시니 얼마나 고마우랴. 그런데도 더러는 자그마한 장학회 하나 운영한다고 무슨 그런 유세를 떠느냐고 비아냥거릴 수도 있을 것이다.

"세상에 그런 장학회가 어디 한둘이냐?"

그런 분들에게 감히 말씀드리고 싶다. 장학회도 장학회 나름이라고. 어쨌든 '석성장학회'는 날이 갈수록 점점 커가고 있었다. 그런 차에 오랫동안 내 주위를 맴돌던 젊은 청년들로부터 특별한 '주문' 하나가 있었다.

"회장님! 중증장애인들에게도 관심을 가져 보는 것이 어떨까요?"

아닌 게 아니라 내 마음 한켠에는 그런 생각들을 담아 두고 있던 차였다. 그러던 2011년 어느 날인가? 하늘에서 갑자기 선물 하나를 주시는 것이 아닌가. 마음이 따뜻한 사람들과 함께 해보라는 '명령'까지 담아서 ….

나는 생각 끝에 '석성장학회'를 연상시키는 '석성1만사랑회'라는 이름을 떠올려 보았다. '석성장학회'는 후원자 없어도 재단 기금으로 운영되지만 하늘의 명령대로 많은 따뜻한 사람들과 함께하려면 아무래도 사단법인 형태로 해야만 했다. 그래서 나는 생각했다. '1만 명이 매월 1만 원씩만 낸다면 1억 원가량은 될 것이다. 그렇게만 된다면 어려운 중증장애인들을 제대로 지원해 볼 수 있지 않을까?' 이런 구상을 일단 가까운 사람들에게 선보였다. 먼저 아내를 비롯한 가족들에게, 그리고 가까이 지내는 지인들에게까지. 그러면서 적극 참여해 줄 수 있느냐고 물어보았더니 모두들 기다렸다는 듯이 환호해 주었다.

"회장님! 나눔을 몸소 실천하시는 모습을 보고 많은 도전을 받았는데, 이번에는 중증장애인들을 위한 복지사업까지 하신다니 너무 좋습니다. 저도 몇 구좌 하고 제 주변에도 많이 알릴게요."

생각 이상의 반응들이었다. 심지어 어떤 지인은 매달 100구좌에 해당하는 100만 원씩 돕겠다고까지 했다. 그러면서 다른 한편으로는 이 소중한 기금을 어디에 쓸까 궁리하고 있는데, 마침 중증장애인들의 복지를 담당하는 서울시 사회복지과 담당팀

10장. 기적은 또 다른 기적을 낳는다

장의 한마디가 내 머리를 스쳤다. 자기도 휠체어를 타고 다니는 중증장애인인데, 평소 거동이 어려운 중증장애인들은 24시간 도우미의 도움을 받아야 한다는 것이다. 그런데 잠 잘 때와 같이 도우미가 없거나 집에서 혼자 있을 때는 전기를 켜고 끄는 것조차 어렵다고 한다. 그래서 이들을 위해 목소리만으로 작동이 가능한 '자동 인식기'를 달아 주자는 것이었다. 또 다른 아이디어로, 중증장애인들이 평소 타고 다니는 전동차의 배터리를 교체해 주는 것도 좋은 지원사업이 될 것이라고 했다. 나라에서 전동차는 무료로 지원해 주지만 2년마다 교체해야 하는 배터리는 무료가 아니라는 것이다.

몇 달간의 준비작업 끝에 드디어 2011년 4월, 서울특별시로부터 사단법인 석성1만사랑회 설립인가를 받았다. 또 6월 말에는 성금을 기부하는 사람들에게 세금 혜택이 돌아갈 수 있도록 지정기부금 단체로 지정까지 받았다. 그렇게 해서 4년이란 세월이 흘렀는데, 지금도 600여 명의 기부천사들이 적게는 1만 원에서 많게는 100만 원까지의 후원금을 보내오고 있다. 아울러 나도 솔선수범하자는 뜻에서 매달 100만 원씩을 보낸다. 그러다 보니 놀랍게도 매월 1천여만 원이나 되는 소중한 성금들이 어김없이 석성1만사랑회로 답지되고 있다.

우선적으로 인근 서초구 관내에 살고 있는 중증장애인들을 찾아가서 자동 음성인식기를 설치해 주었더니 환호했다. 또 남은 돈으로 이런저런 장애인 지원사업들도 해보았다. 청량리에 있는 밥퍼나눔운동본부를 매일 찾아오는 독거노인들을 대상으로 장수사진도 찍어 주었다.

한 해 두 해 시간이 지남에 따라 더 영구적인 지원사업을 찾아야만 했다. 고심 끝에 창안해 낸 것이 중증장애인들이 마음껏 쉴 수 있는 '사랑의 쉼터'와 이들의 삶의 터전이 될 공동작업장이다. 이를 통하여 중증장애인들이 독자적으로 살아갈 공간을 마련해 주는 것이 좋을 것 같았다. 그때 우연히 만난 수호천사가 바로 '한국해비타트'인데, 지금은 석성1만사랑회와 떼려야 뗄 수 없는 파트너가 되어 있다.

그렇게 출발한 석성1만사랑회는 석성장학회와 함께 잘 커가고 있어 늘 하늘에 감사한다. 또 석성장학회와 마찬가지로 그동안 석성1만사랑회를 통해 느낀 감동 스토리 역시 한두 가지가 아니어서 얼마나 감동적인지 모른다.

이 석성1만사랑회를 받쳐 주는 대부분의 천사들은 다름 아닌 우리 세금쟁이들이다. 정말 기특하지 아니한가? 그중에도 내가 공직생활을 마감한 대전지방국세청 후배 수호천사들은 매월 어김없이 100만 원의 귀한 성금을 보내온다. 어찌 사랑스럽지 않은가?

"여보시오. 세상 사람들이여! 이래도 우리 세금쟁이들에게 손가락질할 거요?"

10장. 기적은 또 다른 기적을 낳는다

'석성 사랑의 쉼터 1호점'이
논산에 세워진 사연

2013년 12월 12일, 내게는 참으로 잊을 수 없는 날이다. 석성1만사랑회에서 처음으로 충남 논산에 '사랑의 쉼터 1호점'을 오픈한 날이기 때문이다.

이 사랑의 쉼터는 200평 대지 위에 30평 단층 목조주택으로 20여 명의 장애인들이 편히 쉴 수 있도록 지어졌다. 무엇보다 이 쉼터가 값진 것은 각계각층의 많은 사람들이 사랑의 마음들을 모아 주었기 때문이다. 우선 석성1만사랑회에서 1억 2천만 원의 건축비를 지원했고, 사랑의 집짓기를 전문으로 하는 한국해비타트(당시 유태환 대표)에 소속된 자원봉사자 100여 명이 몇 개월 동안 구슬땀을 흘려 가며 정성껏 지어 주었다. 장애인들이 편히 지낼 수 있도록 LED 조명과 친환경 건축자재를 사용했으며, 특히 화장실과 같은 편의시설도 장애인들 눈높이에 맞게

2013년 12월, '석성 사랑의 쉼터 1호점'에서 중증장애인들과 함께

설치해 주었다. 또 거동이 불편한 중증장애인들의 조망권을 확보하기 위해 방바닥에서 창문턱까지의 높이를 50센티미터가 안되게 낮추었으며 현관이 아닌 거실 창문을 통해서도 언제든지 휠체어 출입이 가능하도록 배려해 준 것도 아주 돋보였다.

나는 그날 입주식에서 눈물겨운 인사말을 했다.

"석성 사랑의 쉼터 1호점이 유서 깊은 땅 이곳 논산에 세워져 정말 감개무량합니다. 이 모든 것은 우리 석성1만사랑회가 했다기보다는 전적으로 하나님의 걸작품입니다. 사실 우리 모두는 너 나 할 것 없이 언제든지 장애인이 될 수 있는 잠재적 장애인들이 아닙니까? 불시에 일어난 사고로 인해 언제든지 누구나 장애인이 될 수 있습니다. 따라서 우리 모두는 장애인들의 고통에

10장. 기적은 또 다른 기적을 낳는다

귀 기울이고 이들을 사랑으로 보듬어 줘야 합니다. 저를 비롯한 우리 석성 가족들은 장애인들이 편히 쉴 수 있는 쉼터를 마련해 주는 일을 하늘의 명령으로 여기고 있으며 지금 이 순간 그 첫 번째 결실을 맛보고 있습니다. 아울러 앞으로 사랑의 쉼터 건립이 매년 이어질 수 있도록 여러분의 끊임없는 기도와 후원을 부탁드립니다."

완공된 쉼터 1호점을 책임지고 운영해 나갈 김성자 원장도 "내 가족들도 감히 감당할 수 없는 것을 하나님의 사람들이 이렇게 아름답게 꾸며 주어 너무너무 행복하고 감사합니다"라며 연신 눈물을 흘렸다.

이참에 무슨 사연이 있기에 이곳 논산에 장애인 쉼터를 짓게 되었는가를 밝힐까 한다. 그 중심에는 참으로 가련한 한 여인이 있었다. 그녀는 다름 아닌 김성자 원장이다. 이분이 우리들과 소중한 인연을 맺게 된 것은 20년 전인 1994년으로 거슬러 올라간다. 당시 내가 국세청 사무관으로 재직하고 있을 즈음에 한국밀알재단 주관으로 전국에 있는 장애인들의 서울 나들이 행사가 있었다. 그때 우리 부부는 단순히 이들 장애인을 도와주는 차원에서 우리 집에서 3일 동안 함께 숙식할 수 있도록 장애인 홈스테이home stay 신청을 했는데, 우리 집에 연결된 장애인이 바로 그녀였다.

1952년생인 그녀는 한때 아주 잘나가던 패션모델이었다. 그야말로 뭇 남성들을 울릴 정도로 늘씬한 모델이었는데 1980년 친구들과의 강원도 지방 여행에서 그만 불의의 교통사고를 당해 하루아침에 모델의 꿈을 접고 '중도中途 장애인'이 된 것이다. 척추 뼈가 망가져 목 아래 모든 신경이 손상됐고 심지어 대소변도 받아내야 하는 지체장애 1급 중증장애인으로 평생을 살아가야 했다. 그녀의 고백에 의하면 불의의 교통사고로 인해 너무나도 달라진 현실을 절망하며 몇 번씩이나 자살을 시도했단다.

그러던 그녀가 우연한 기회에 극동방송을 듣게 되었는데 그때 방송에서 들려 나온 생명의 말씀을 듣고 다시 살아 보겠다고 몸부림쳤단다. 그 후 그녀는 재활 의지를 불태웠고 드디어 대전에 있는 신학대학에 입학하여 전도사로 새로운 인생을 시작했다. 우리 가족과 처음으로 대면했을 때도 비록 휠체어를 타고 다녔으나 얼굴에는 기쁨이 가득 차 보였다. 여기에다 우리 집에서 3일 동안 숙식을 함께하면서 깊은 인연을 맺어 한가족처럼 따뜻한 마음으로 지내게 되었다. 또 나와 현직 후배 세금쟁이들로 구성된 마태모임에도 가끔 참석해서 함께 즐기기도 했으며, 동해안으로 가는 여름휴가도 함께 갈 정도로 가까이 지냈다.

그 후 그녀는 대전 시내의 10여 평 되는 철거민 아파트에서 자기보다 환경이 더 어려운 중증장애인들을 보살피며 어렵게 살아왔다. 그런 그녀에게는 아름다운 꿈이 하나 있었다. 그녀의 아버지께서는 논산 인접지역인 광성면에서 면장을 몇 년간 지

2013년 12월, '사랑의 쉼터 1호점' 준공식 때
아내(오른쪽), 김성자 원장(왼쪽)과 함께

내시다 돌아가셨는데, 살아 계실 때 그녀가 중증장애인이 된 것을 너무 안타까워하시면서 특별히 그녀에게 살던 집을 물려주셨다고 한다. 그녀는 그곳에 어려운 장애인들을 위한 쉼터를 짓는 게 평생소원이라고 했다. 20여 년 가까운 긴 세월 동안 그녀가 올려 드린 기도를 하나님께서 들으시고 우리 석성1만사랑회를 그녀에게 붙여 주신 것 같다. 참으로 기적 같은 일이었다. 더 놀라운 것은 인근에 있는 논산세무서 현직 후배들로 하여금 이곳을 지원하고 관리토록 한 것이다.

"그래서 말인데, 이것 역시 우리 세금쟁이들을 통해 만들어진 하늘의 걸작품이 아닐까?"

기적은 또 다른
기적을 낳고

2014년 늦은 가을, 말기 암 환자들을 위해 세워진 경기도 용인 샘물호스피스 원주희 대표로부터 전화가 왔다.

"조용근 회장님! 오랜만입니다. 석성1만사랑회를 설립하여 매년 한 채씩 장애인 쉼터를 지어 준다고 하던데, 상의 드릴 것이 있어 한번 뵙고 싶네요. 언제 시간 내주시면 제가 사무실로 한번 들르겠습니다."

"예! 언제든지 찾아 주세요."

그로부터 10여 일이 지날 즈음 그분께서 내 사무실로 오셨다.

"제가 운영하는 샘물호스피스 뒷동산에 공터가 있는데 여기에 10여 명의 자폐증 환자들이 기거할 수 있는 생활관 한 채를 지을까 합니다. 왜 자폐증 환자들이냐 하면, 말기 암 환자들을 보살피는 데는 이들이 제격입니다. 저희 샘물호스피스에서는 이들을 봉사자로 활용해서 좋고, 또 한국밀알재단에서 이들을 잘 케어해 준다고 하니 자폐증 환자들을 집에서 보살피는 부모님들에게는 더 없이 좋을 것 같습니다.

그래서 말인데, 석성1만사랑회에서 기왕이면 장애인 쉼터 2호점으로 이곳 용인에다 자폐증 환자 생활관 한 채를 지어 주십시오. 또 들어 보니 한국해비타트가 협력해서 잘 지어 주신다니 더더욱 잘된 것 같습니다."

그 말을 들은 나는 석성 사랑의 쉼터 2호점을 어디에 지을까 고민하고 있던 차에 정말 잘됐구나 생각하고 즉석에서 '오케이' 했다. 그리고 그 사실을 해비타트 김태환 대표에게도 알렸다. 그분 역시 매우 좋아했다. 그러면서 연내年內에 업무 협약식MOU을 갖기로 했다.

얼마 후인 12월 24일, 드디어 4개 단체 대표가 모였다. 땅을 제공할 샘물호스피스 원주희 대표와 집을 지어 줄 한국 해비타트 김태환 대표, 그리고 자폐증 환우를 보살펴 줄 한국밀알재단 정형석 상임대표를 비롯해서 2억 5천만 원의 공사비 지원을 맡은 석성1만사랑회를 대표해서 나, 이렇게 네 사람이 모였다. 그리고 2015년 3월 중에 공사를 착수키로 '단칼'에 합의했다. 놀라운 것은 정상적인 업무 협약MOU을 맺을 때는 몇 차례의 사전 준비 모임 등을 거쳐서 어렵게 성사되는 것이 통상적인데, 단 한 차례 모여 그것도 불과 30분 만에 모든 합의를 끝냈으니! 아마

장애인을 위한 '석성(石成) 나눔의 집 2호점'

석성일만사랑회 | 샘물호스피스 | 한국해비타트 | 밀알복지재단

2015년 3월, '석성 사랑의 쉼터 2호점' 기공식 장면

도 이런 일은 하나님께서 사전에 각본을 다 짜놓으시고 우리 네 사람으로 하여금 단순히 인증샷만 날리도록 한 것 같았다.

2015년 3월 27일, 드디어 우리 4개 단체는 샘물호스피스 뒷동산에서 첫 삽을 뜨게 되었다. 생각할 겨를이 없을 정도로 그야말로 일사천리였다. 정말 기적이 아닌가? 하고 모두들 감격했다. 나는 이 글을 쓰는 지금 이 순간에도 공사가 차질 없이 잘 진행되고 있다는 소식을 접하고 참으로 기이한 현상이라고 느꼈다. 여기에다 더 놀라운 것은 '사랑의 쉼터 3호점'도 경북 구미시에서 이렇게 4개 단체가 서로 협력해서 짓게 될 것이라는 사실이다.

그러면서 나는 감히 자신 있게 외치고 싶다. "우리 세금쟁이

10장. 기적은 또 다른 기적을 낳는다

들도 언제든지 세상을 아름답게 바꿀 수 있다"고…….

또 비록 지난 이야기지만 석성1만사랑회에서 건축비 전액을 들여 논산에 '사랑의 쉼터 1호점'을 준공한 것을 눈여겨본 대전지방국세청 현직 후배들과 관내 세무사 회원들이 '사랑의 쉼터' 운영비조로 매달 200만 원씩을 보내 주었다. 지금은 현직 후배들이 그 절반만을 보내 주고 있지만……. 이것을 보면서 '사랑은 나눌수록 커진다'는 말이 정말 피부에 와 닿았다. 지금 이 시간 나의 개인적인 희망이지만 전국 6개 지방국세청 관할별로 매년 한 채씩 지어 볼까 한다. 우리 후배 세금쟁이들, 더 나아가 주위에 많은 뜻있는 사람들의 힘을 합치면 안 될 것도 없다는 확신이 든다.

이와는 별도로 석성1만사랑회에서는 2012년 성탄절에 박원순 서울시장으로부터 3일간의 청계광장 사용 승낙을 받아 서울 시내에서 어렵게 생활하는 중증장애인들을 초청해 음악 축제와 장애인 체험을 비롯해서 노숙자를 위한 밥퍼 행사까지도 함께 해 보았다. 그때 그 아름다운 장면을 본 많은 서울시민들이 정말 추운 날씨였는데도 불구하고 장애인들을 격려해 주었으며, 심지어 중국에서 관광차 온 관광객들도 함께 동참해 주어 참으로 기뻤다.

나는 다시금 자신 있게 고백한다.

"기적은 또 다른 기적을 낳는다."

11장

당신! 진짜로 세금쟁이 맞아요?

어떻게 천암함재단
이사장까지?

"여보! 정말 큰일 났네요. 지금 막 TV를 설치하고 전원을 켜보았는데 우리나라 해군 전투함이 백령도 부근에서 두 동강이 나서 해군장병 100여 명이 죽거나 크게 다쳤다는 긴급뉴스가 나오네요. 밤 11시가 다 돼 가는데 어서 안 들어오시고 뭐하세요? 이러다가 전쟁 나는 거 아닌가 모르겠어요."

"뭐라고? 그런 큰 사건이 일어났어? 사무실 일 마무리하고 곧 들어갈게. 참! 이사는?"

2010년 3월 26일, 그날은 우리 부부에게는 정말 의미 있는 날이었다. 세상 살면서 우리들의 마지막 보금자리라 생각한 곳으로 이사하는 날이었다. 결혼해서 지금껏 우리 부부는 무려 10여 차례나 이리저리 옮겨 다녔다. 사글세 집에서 시작해서 전셋집을 전전하다가 내 집을 장만하고서도 몇 번이나 옮겨 다녔다.

옮길 때마다 환경은 조금씩 나아졌지만 대신 아내와 아들, 딸에게는 마음고생이 심했다.

아내와 내가 다시는 이사하지 말자고 결심하고 겨우 찾아온 곳이 지금 살고 있는 방배동 아파트이다. 이제 막 준공된 신축 아파트인 데다 뒤편에는 서리풀공원이 자리하고 있으며 교통도 편리해서 마음에 꼭 들었다. 그런데 늘상 그랬지만 이사할 때마다 일은 아내가 도맡아 했고, 나는 사무실 핑계로 전혀 신경을 쓰지 않았다. 그러다 보니 아내 불만은 여간이 아니었다. 이번 마지막 이사 때도 어쩔 수 없었다. 당시 세무사회장 일로, 또 내가 직접 꾸려 가는 세무법인 일로 해서 도와주지 못했다. 무엇보다 그날은 법인세 신고 마감이 얼마 남지 않은 터라 종일 사무실을 지켜야 했다.

그날 밤 아내의 전화를 받고 부랴부랴 집에 도착해 보니 TV에서는 온통 천안함 뉴스뿐이었다. 하필이면 오늘같이 좋은 날에 이런 비극적인 사건이 터질까 원망하면서도 우리하고는 직접적인 관련이 없는 일이다 생각하고 그날 밤을 흘려보냈다. 그리고 다음 날도 그 다음 날도 아무런 감각 없이 지냈다.

그런데 이상하게도 마음 한구석이 찜찜했다. 나중에 느낀 것이지만 그 사건이 바로 나에게 크게 의미 있는 일로 다가왔으니 말이다. 지난 6년이라는 세월 동안 나는 천안함 관련 일들을 참 많이 하게 되었다. 해군하고는 아무런 관계가 없는데도 천안함

2011년 11월 11일, 명예해군 위촉식(오른쪽이 최윤희 당시 해군참모총장)

11장. 당신! 진짜로 세금쟁이 맞아요?

재단 이사장직을 맡게 되었으며, 이것이 연결고리가 되어 해군과는 불가분不可分의 관계로 발전했다. 또한 더 나아가 1945년 해군이 창설된 이래 12번째로 명예해군으로 위촉 받았으니….

한평생을 세금쟁이로만 조용하게 살아온 나에게 전혀 예상치도 못한 일들이 몰려들었다. 그래서 말인데 그동안 내가 겪은 그 희한한 일들을 독자 여러분들에게 알리는 것이 좋겠다는 생각이 들었다. 나는 나라 안보에 대해서는 무지에 가까운데도 불구하고 '안보강연'이라는 명분으로 자주 초청받아 가곤 하는데, 가는 곳마다 "나는 세금쟁이 출신입니다"라는 말과 함께 수많은 사람들 중 왜 하필이면 내가 천안함재단 이사장 자리를 맡게 되었나를 밝히지 않을 수가 없었다.

거듭 고백하지만 내가 잘나서가 아니다. 능력이 있어서는 더더욱 아니다. 아무리 생각해 봐도 이것이야말로 우연이 아니고 하늘이 내려 준 '필연적 사명'이라는 생각이 든다. 어떻게 육군 병장 출신이 육·해·공군 3군 총장들을 비롯해서 수많은 별자리들 앞에 서서 안보특강을 할 수 있었을까? 이것은 정말 말도 안 되는 일이었다.

흔히들 말하는 '공자 앞에서 문자 쓰는 격'이었다. 그때마다 "어떻게 해서 제가 이 자리에 앉게 되었는지 모르겠습니다. 정말 예상 밖의 일입니다. 그렇지만 세금쟁이라고 해서 못 앉으라는 법은 없지 않습니까? 저희 세금쟁이 출신들 누구에게 맡겨 주어도 저보다 더 잘할 것입니다"라고 강변했다.

❖❖❖❖⟩⟨❖❖❖❖

2010년 3월 26일 늦은 밤, 서해 백령도 근처 해상에서 104명의 해군 장병을 태운 천안함 함정이 NNL 작전 임무를 수행하던 중 북한 어뢰에 맞아 꽃다운 청년 46명이 암흑천지의 차디찬 바다에 빠져 숨졌으며 58명의 장병들만이 온갖 사투 끝에 겨우 목숨을 건졌다. 충격적인 뉴스를 접한 우리 국민들 모두는 귀를 의심했고, 너 나 할 것 없이 큰 충격과 비통에 잠겨 망연자실茫然自失할 수밖에 없었다.

1구의 시신이라도 더 수습하기 위해 온몸을 던져 거친 물살과 싸우다 목숨을 잃은 고故 한주호 준위를 비롯해 금양호 선원들 목숨까지 잃어버린 우리 국민들의 마음은 한마디로 안타까움 그 자체였다. 무엇보다 우리를 더 슬프게 한 것은 46명 용사 중 일부는 시신조차 찾지 못했다는 것이다. 그런 상황에서도 마냥 넋 놓고 있을 수만은 없었던 우리 국민들은 누가 먼저라 할 것도 없이 희생된 장병들의 숭고한 넋을 기리기 위해 범국민적 성금 모금운동을 벌였다. 무엇보다 KBS와 전국경제인연합회가 큰 축이 되어 주도적인 역할을 해주었다. 그렇게 해서 모인 성금이 무려 395억 원이나 되었다. 대단한 힘이었다. 심지어 어린이들의

11장. 당신! 진짜로 세금쟁이 맞아요?

코 묻은 용돈도 여기에 모였다.

당시 나는 세무사회장으로 있었는데, 평소 알고 지내던 KBS 보도국 간부로부터 성금 모금 요청과 함께 생방송 인터뷰에 응해 달라는 끈질긴 요청을 받고 회원들이 정성껏 모아 준 2,300만 원을 들고 KBS로 향했다. 묘하게도 그날은 수십 일간 바다 속에 빠져 있던 천안함 선체가 인양되는 날이기도 했다. 주관 방송사인 KBS에서 생중계를 하면서 각계각층의 많은 유력인사들이 줄지어 인터뷰에 응했는데, 나도 그 대열에 끼어 한국세무사회장 자격으로 인터뷰에 응했다.

"장한 우리 46용사의 숭고한 뜻을 절대 잊어서는 안 될 것이며, 또 죽음에서 되살아 돌아온 58명의 생존 장병들을 잘 보살펴 주어야 합니다. 무엇보다 우리 국민 모두는 다시는 이런 비극적 사건이 재발하지 않도록 이 사건을 오래오래 기억했으면 합니다."

그 얼마 후 사회복지공동모금회에서는 모인 성금 395억 원을 어떻게 유족들에게 배분할 것인가를 정하기 위해 특별위원회를 구성하였다. 모금회 이사장을 비롯해서 유족 대표 2명, 해군 대표, KBS 대표, 전경련 대표 각 1명 그리고 시민단체 대표 자격으로 부족한 내가 전혀 예상치도 않게 뽑혔다.

5개월가량의 갖은 노력 끝에, 고故 한주호 준위를 포함한 유가족 1가정당 5억 원씩을 비롯해서 금양호 선원들까지 모두 250

억 원을 위로금으로 지급하고 나머지 145억 원으로 별도 재단을 설립키로 의견을 모았다.

설립될 재단 이사장으로 누구를 선임할 것인가를 두고 고민하던 끝에 지난 5개월 동안 회의 진행과정을 쭉 살펴보시던 특별위원회 위원들이 나를 지목했다. 지방국세청장 출신이면서 현직 세무사회장으로 활동하고 있어 가장 적임자로 보았으며, 무엇보다 개인적으로 별도로 장학재단을 운영하고 있는 점 등이 발탁 요인이 된 것 같다. 나는 당시 세무사회장으로 재임 중이었기에 도저히 감당할 수 없다고 거듭 사양했지만 그들의 끈

2011년 10월 19일
신임 해군참모총장(앞줄 가운데)과 함께 백령도 위령탑에서 참배(앞줄 왼쪽이 저자)

11장. 당신! 진짜로 세금쟁이 맞아요?

질긴 요청을 차마 거절할 수 없었다.

어쩔 수 없이 고민 끝에 자원봉사하는 마음으로 비상근 이사장직을 수락했다. 그러면서 그 바쁜 와중에 한두 달의 틈을 내어 재단 출범식 준비에 몰두했다. 무엇보다 재단 이름과 어떤 일을 할 것인가를 정하는 데 다소간의 어려움이 있었다. 여러 지인들의 자문을 받고 고민한 결과, 재단 이름은 누구나 부르기 쉽게 '재단법인 천안함재단'으로 정했으며, 재단에서 해야 할 일 4가지를 선정해 보았다.

첫 번째는 천안함 46용사들의 숭고한 희생정신을 기리는 추모사업과 유가족 지원사업, 두 번째는 대부분 외상 후 스트레스증후군(일명 '트라우마')에 시달리는 58명 생존 장병들의 정상적인 사회복귀 지원사업, 세 번째는 현실적으로 근무환경이 매우 열악한 해군(해병대) 병영문화를 개선해 주기 위한 지원사업, 마지막 네 번째는 그동안 느슨해진 우리 국민들의 안보의식을 다잡아 주기 위한 각종 사업들이었다. 지금도 같은 생각이지만, 이 사업들은 당시 내가 직접 선정했지만 아주 괜찮아 보였다.

드디어 그해 12월 초 국가보훈처로부터 (재)천안함재단 설립 인가를 받아 출범식을 가졌다. 정말 기적 같은 일이었다. 이런 과정을 거치면서 내가 세금쟁이 출신인 것에 다시 한 번 감사했다.

2010년 12월 3일, 천안함재단 현판식 장면
(왼쪽 세 번째가 박진 전 의원, 네 번째가 저자, 다섯 번째가 이경숙 전 숙대 총장,
여섯 번째가 김인규 당시 KBS 사장, 일곱 번째가 최윤희 당시 해군참모차장)

----◦◦◦◦◦◦----

천안함재단 이사장으로 취임한 후 주위로부터 자주 듣는 말이
있다.

"어떻게 천안함재단 이사장이 되었습니까?"

"당신 진짜 국세청 출신 맞습니까?"

그럴 때마다 분명히 대답한다.

"예! 맞습니다. 저는 약관의 나이에 국세공무원으로 입문해서

11장. 당신! 진짜로 세금쟁이 맞아요?

2014년 11월, 사회자로 나선 극동포럼에서 초청강사 김무성 새누리당 대표와 함께

40년 가까운 세월 동안 세금쟁이 물만 먹었습니다. 또 사회에 나와서는 세무사회장을 거쳐 지금도 세금 일만 하고 있습니다."

그런데도 많은 사람들이 그렇게 자주 물어보는 데는 나름대로 그럴만한 이유가 있었다. 천안함과는 아무런 관계가 없는 내가 국민 성금으로 설립된 천안함재단 이사장에 선임되었으니 말이다. 무엇보다 그 직책은 많은 사람들이 관심을 가지고 있는 자리가 아닌가?

또 다른 한편으로는 국세청 출신 대부분은 현직을 끝내면 사회에 나가서도 세금 관련 분야에서만 활동하다 보니 자연히 그

386

2015년 3월 26일, 천안함 46용사 5주기 추모식 행사에 참석

런 이야기가 나온 것 같다. 그런 의미에서 나를 '별난' 세금쟁이 라고 본 것 같았다. 그래서 나는 이참에 그들의 잘못된 편견을 바꾸어 주고 싶었다.

어쨌든 내가 천안함재단 이사장으로서 가장 먼저 해야 할 일 은 46용사들의 유족을 챙기는 일이었다. 또 58명의 생존 장병들 을 비롯해서 지금 복무 중인 해군 장병들의 병영문화를 개선해 주기 위해 고민도 해야 하고, 무엇보다 그동안 느슨해진 우리 국 민들의 안보 역량을 높이는 일까지 신경 써야 했다.

또한 이 못지않게 나에게 맡겨진 천안함재단을 투명하고 깨 끗하게 운영하는 데 힘을 써야 했다. 그래서 나는 재단에서 제공 해 주는 신용카드는 물론이고 심지어 매달 재단 회의 때마다 받

11장. 당신! 진짜로 세금쟁이 맞아요?

는 10여만 원의 교통비까지 모두 재단에 반납하고 오히려 웬만한 경비는 내 개인 돈으로 지출했다.

내가 의도적으로 그렇게 하는 것은 위대해지고 싶어서도 아니고 남에게 잘 보이고 싶어서도 아니다. 독자 여러분도 잘 알다시피 천안함재단 기금은 우리 국민들의 소중한 성금이기 때문이다. 그래서 재단 설립 때 사회복지공동모금회로부터 인계 받은 145여억 원도 은행에 예치해 놓고 매년 받는 은행 이자수입 범위 내에서만 목적사업비로 사용했다. 아울러 은행 예금이자도 매년 시중 4개 은행에 공개적으로 경쟁을 붙여서 한 푼이라도 더 많은 이자를 주겠다는 은행을 택했다. 그때마다 내가 재단 임원들에게 자주 들려주는 한마디가 있다.

"세금쟁이 출신 말고 누가 우리 천안함재단을 이렇게 투명하고 반듯하게 운영할 수 있겠습니까?"

어쨌든 나는 그렇게 독한 마음으로 재단을 출범시켰으며 이듬해인 2011년 초, 재단의 첫 번째 사업으로 해군의 도움을 받아 전국 곳곳에 흩어져 고통 받는 58명의 생존 장병들을 서울 대방동에 있는 해군회관으로 불렀다. 정말 끔찍한 죽음의 사선에서 어렵게 살아 돌아온 이들 생존 장병들도 나라를 위해 목숨 바친 46용사 못지않게 장한 우리 대한민국의 아들들이 아닌가? 그런 그들이 폭침사건 이후에도 생각조차 하기 싫은 큰 시련들을 겪었다. 이로 인해 대부분이 '대인공포증' 아니면 '불면증'을 비롯한 '외상 후 스트레스 증후군'에 걸려 있었다. 그도 그럴 것이 함께 동고동락하던 전우들을 졸지에 잃은 데다 몇 개월에 걸쳐 합동조사본부의 혹독한 조사를 받는 과정에서 말 못할 수모까지 받았으니 말이다. 이들에게 무슨 죄가 있는가? 살아서 돌아온 게 무슨 잘못인가? 천안함 폭침은 이들이 잘못해서가 아니라 어찌 보면 우리 국민 모두의 책임이 아닌가? 수십 년 된 낡은 함정으로 NNL을 지키라고 했으니….

그날 저녁 어렵게 모인 58명의 생존 장병들에게 1인당 500만 원씩의 격려금을 전달했다. 또 우리 천안함재단 이사들과 멘토·

2011년 1월 21일, 천안함 생존 장병 58명과 함께한 멘토링 결연식

11장. 당신! 진짜로 세금쟁이 맞아요?

멘티로 맺어 주어 이들의 아픔에 동참하고자 했다. 그것도 부족해 이들의 자녀들을 내가 개인적으로 운영하는 장학재단에 장학생으로 추천해 주는 등 나의 모든 지혜를 모아 이들 생존 장병들이 하루속히 정상적인 사회인으로 돌아오기를 진심으로 원했다. 그때마다 주위에서는 물었다.

"조용근 이사장님! 진짜 세금쟁이 맞소?"

2015년 5월 21일, 천안함 46용사 모교 후배들에게 장학금 전달

병장 출신이
대장들 울렸네

　　나는 5년이 넘도록 천안함재단 이사장으로 있으면서 과거에는 감히 상상도 못한 생소한 일들을 많이 접해 보았다. 대부분이 해군과 관련된 일들로서, 심지어 우리 국민들의 안보 의식을 다잡아 주는 활동도 있었다. 내가 늘상 다루는 세금 업무와는 전혀 관계가 없는 일들이었다.

　몇몇 민간인들이 재단을 만들어서 이런 일들을 해군 대신 해주다 보니 무엇보다 해군에서 고마워했다. 그래서인지 해군 지휘부에서는 그런 고마운 뜻을 해군 전 장병들에게 알리고 싶어 내게 특강을 통해 천안함재단 설립 배경과 과정들을 설명해 주었으면 좋겠다고 요청했다. 그런 이야기들이야 내가 처음부터 직접 관여를 해왔기 때문에 자신 있게 밝힐 수 있지만 나라 안보에 대해서는 문외한이 아닌가? 더구나 부대마다 갓 스무 살 넘은 사병들을 비롯해서 30대의 부사관과 위관급, 여기에다 40대 영관급과 50대 별자리까지 다양한 연령층들이 한꺼번에 모여 있다 보니 어디에 초점을 맞춰야 할지 매우 혼란스러웠다. 그렇다고 그것을 핑계 삼아 거절할 수도 없었다.

다행히도 나는 과거 국세청에서 실무자로 있을 때 양도소득세를 비롯한 상속, 증여세만을 전담하는 기획부서 한자리에서만 12년 동안 근무했다. 그런 연고로 그 분야에서는 자타가 인정하는 최고의 전문가가 될 수 있었다. 그렇다 보니 여기저기서 강의 요청들이 참 많았다. 국세공무원교육원을 비롯해서 각종 상공인 단체나 기업체들, 심지어 KBS 생방송 '무엇이든 물어보세요'에도 자주 출연했다. 나는 그런 경험들을 통해 내 나름대로의 맞춤형 강의 기법을 터득했다. 그것을 무기 삼아 지난 5년 동안 해군 부대 웬만한 곳은 다 다니면서 별 무리 없이 특강을 했다.

지금 생각해 보니 그 수많은 특강 중에서 내 머리에 남아 있는 특강 하나가 있다. 아마도 눈을 감을 때까지 잊지 못할 것이다. 육·해·공군 본부가 위치해 있는 대전 계룡대에서는 해마다 한 차례씩 육·해·공군 참모총장들이 모여 '계룡대 합동 아카데미'라는 이름으로 각 군 핵심 간부들에게 특별 정신교육을 해주는 과정을 운영한다. 육·해·공군이 매년 돌아가면서 그 과정을 주관하는데 강사 초빙도 마찬가지였다.

2013년도에는 해군 주관이었는데, 최윤희 당시 해군참모총

2013년 4월, 계룡대 육·해·공군 합동 아카데미에서 특강

계룡대 특강 후 3군 수뇌부와 함께
(왼쪽부터 성일환 공군참모총장, 저자, 최윤희 해군참모총장, 황인무 국방부 차관)

11장. 당신! 진짜로 세금쟁이 맞아요?

장(최근까지 합참의장으로 재직)께서 여러모로 부족한 나를 추천해 주셨다. 거듭 이야기하지만 일개 육군 병장 출신이 감히 대한민국 최고의 장군들과 해군 제독들 앞에서 안보 특강을 하게 되다니 삼척동자도 웃을 일이었다. 나는 며칠간 고민 고민 끝에 승낙했다.

강의 당일 나는 '부국강병富國强兵은 근자열近者悅로부터'라는 제목으로 한 시간 반 동안 다음과 같이 정신없이 목청을 높였다.

나라 안보를 책임지고 있는 최고의 리더들이 우선적으로 꼭 갖춰야 할 덕목이 있다면 그것은 가까이 있는 사람들을 감동시킬 줄 아는 것이다. 여기서 '가까이 있는 사람들'이란 자신의 가족은 물론이고 늘 대하는 부하들이다. 그리고 '감동感動'이란 어렵게 생각할 것 없이 부하들의 마음 상태를 있는 그대로 알아주라는 것이다. 그렇게만 된다면 자연스럽게 튀어나오는 말 한마디가 있다. 끝마디가 "~구나, ~구나!" 아니면 "~군요, ~군요!"로 끝나는 말이 바로 그것이다. 비록 지금 나와 대화하는 부하와 내 생각이 다르더라도 다음과 같이 말해 보라.

"김 대위! 자네 그렇게 생각했구나!" 또는 "군수참모! 자네는 그렇게 생각하고 있구나!"

그런데 대부분의 지휘관들은 부하들의 생각이 자기와 다를 때는 무조건 "무슨 소리야! 내가 시키는 대로 해!"라고 목청 돋우고 있지는 않는가? 그럴 때 부하들의 마음은 어떨까? 아무리 군대라 하더라도 한 번쯤 생각해 보아야 할 대목이다. 비록 부하들의 생각이 나와 다르더라도 '그들의 생각은 틀린 것이 아니라 다르다'는 사실을 반드시 알아야 한다. 우리 대한민국의 안보를 책임진 참모총장부터 가정에서나 병영에서나 늘 이런 대화를 주고받는다면 아마도 큰 변화가 있을 것이다. 특히나 이런 '구나' 문화가 전군全軍으로 확산된다면 우리 국민 모두가 우려하는 일부 병사들의 총기사고와 같은 병영사고들은 사라질 것이다. 또 여기에서 우리 모두는 '다름은 틀림이 아니다'라는 진리까지 깨달을 것이다.

그러면서 사이사이에 과거 내가 실패했던 경험담들을 함께 들려주었다. 이렇게 정신없이 목청을 돋우다 보니 금세 한 시간 반이나 흘렀다. 강의를 다 들은 그들의 반응은 어땠을까? 예상 외로 모두들 공감하는 분위기였다. 심지어 어떤 장군이나 제독들은 눈물까지 흘렸다고 하는 것을 보면 얼마나 다행인지…. 두고두고 잊지 못할 감동의 순간이었다.

더 놀라운 것은, 그 다음 날 어떤 신문에서는 다음과 같은 제목을 앞세운 기사를 보도했다.

"육군 병장 출신이 대장들 울렸네!"

아내와 함께,
추억의 섬 저도에서

그렇게 육·해·공군 합동 아카데미 특강을 성공적으로 해주다 보니 해군 수뇌부에서는 나를 보고 의아해 하는 눈치였다. 그러면서 "천안함재단 이사장 자리는 아무나 하는 게 아니구나" 하고 나를 좋게 봐주는 듯했다. 그로 인해 최윤희 당시 해군참모총장과 더욱 친밀한 사이가 되었다. 그로부터 몇 달이 지난 어느 무더운 여름날이었다.

"조 이사장님! 지난번 계룡대 특강 때 열강을 해주셔서 제가 주위로부터 칭찬을 많이 받았습니다. 그래서 이번 휴가는 진해 앞바다 저도猪島에서 저희 부부와 함께 보내시면 어떨까요? 마침 VIP께서도 엊그저께 다녀가셔서 홀가분합니다."

"네? '저도'라고요?"

VIP의 애틋한 추억들이 담긴 바로 그 '저도'란 말인가? 가슴

설레지 않을 수 없었다. 몇 날 몇 밤을 보낸 후 부푼 꿈을 안고 아내와 진해 해군 기지에 도착했더니 이미 몇몇 다른 부부들도 와 있었다. 아마도 최윤희 총장께서 임기가 얼마 남지 않아 평소 가까이 지내는 지인들과 함께 휴가를 보내려고 하신 것 같았다. 아무튼 이들과 함께 해군에서 마련해 준 배를 타고 저도로 향했다. 그때 아내는 평생 처음 느껴 보는 홀가분한 마음이라 날아갈 것 같이 기뻐했다. 그래서 비록 짧은 3일간이지만 정말 의미 있는 이곳에서 아내의 평생 한을 풀어 주고 싶었다.

그동안 아내와 나는 휴가다운 휴가 한 번 제대로 못 가서 늘 미안한 마음뿐이었다. 그래서 이번 기회에 제대로 보답해 주고 싶었다. 그래서 도착하자마자 다정하게 손잡고 섬 전체를 두루 산책도 하고, 밤에는 뱃머리 부둣가에서 함께 낚시도 하고, 또 유난히도 반짝이는 밤하늘의 별들을 바라보며 노래도 불러 보는 등 정말 꿈만 같은 시간들을 보냈다. 내 허망한 희망으로는 이렇듯 행복한 시간에는 시계라도 머물러 주기를 바랐으나 야속하게도 그렇지 못했다. 그렇게 해서 환상적인 이틀을 보내고 마지막 날 섬을 떠나기 직전 일행들과 함께 점심식사를 하는 자리에서 참모총장 부인이 느닷없이 제안했다.

"며칠 후면 해군장성 부인들이 참석하는 세미나가 이 섬에서 열립니다. 그런데 오래 전부터 섭외해 놓은 유명 강사분이 갑자기 변고가 생겨 교육과정에 차질이 생겼는데 이사장님께서 대

11장. 당신! 진짜로 세금쟁이 맞아요?

2013년 8월, 진해 저도에서 아내와 함께(오른쪽 세 번째, 네 번째가 저자 부부, 다섯 번째, 여섯 번째가 최윤희 해군참모총장 부부)

신 특강을 해주실 수 없을까요?"

나의 의사를 묻는 것이 아니라 일방적인 통보였다. 갑작스런 이야기에 이러지도 저러지도 못하고 있는데 옆에 있던 아내가 무언의 압력을 가해 와서 승낙하지 않을 수 없었다. 아무튼 그렇게 해서 3일간의 꿈같은 휴가를 마치고 아내와 나는 집으로 돌아왔으며, 그 며칠 후 또다시 그곳으로 향했다. 그런데 평소 같으면 사소한 일에도 피곤하다던 아내가 지치지도 않고 더 신이 나 보였다. 퍽이나 다행이었다. 예정된 시간에 그 섬에 도착해 보니 50여 명의 해군장성(제독) 부인들이 강의실을 꽉 메웠다.

상대가 전부 여성들이다 보니 평소에는 느끼지 못하던 또 다

2013년 8월 6일, 해군장성 부인 세미나에서 특강

른 분위기가 나를 엄습했다. 그때 문득 내 머리에 한 장면이 떠올랐다. 이태 전인가 서울 양재동에 있는 어느 교회에서 300여명의 목사 부인들을 상대로 특강을 한 적이 있었다. '목사들의 아내와 장성들의 아내는 어떻게 다를까?' 또 '해군장성들은 나와 같은 일반 공직자들과는 어떻게 다를까?' 하는 의문을 가져보았다. 해군장성들도 목사들이나 일반 공직자들과 똑같이 공적인 일을 맡은 공인公人이다. 다른 점이 있다면 목사들이나 일반 공직자들에 비해 근무지를 자주 옮겨 다녀야 하는 핸디캡이 있을 것이다. 그래서 이번 특강을 통해 해군장성의 아내들은 무엇보다 남편들이 마음 편하게 군무에 임할 수 있도록 뒤에서 소

11장. 당신! 진짜로 세금쟁이 맞아요?

리 없는 내조가 있어야 한다고 생각했다. 또 부하들의 아내를 마치 자기 부하인 것처럼 부리는 것이 아니라 그녀들이 겪는 갈등들을 직접 챙겨 주는 것이 올바른 역할이 아닐까 생각했다.

그러면서 세무공무원으로서 오로지 일밖에 모르고 지내온 나와 수십 년을 함께 살아오면서 내 아내가 겪은 고통들, 특히 삼수생 아들과 재수생 딸의 뒷바라지를 하면서 겪은 마음의 상처들, 그 무엇보다 이혼 직전까지 간 아내와 마지막으로 '부부 행복학교'를 다녀야 했던 서글픈 사연들을 들려주었다. 또 그동안 삐뚤어진 아들과의 관계를 회복하기 위해 그 바쁜 와중에 '아버지 학교'를 다닌 기막힌 사연도 담담하게 들려주었다. 그러면서 나도 모르게 눈물을 흘렸더니 경청하던 그녀들도 함께 울어 주었다. 하나같이 내 이야기에 공감이 간다는 뜻이겠지 ….

한 시간 반가량의 특강을 마치자 그녀들은 하나같이 나에게 정말 속 시원한 힐링 강의를 해주었다면서 고마워했다. 지금 생각건대 그때 무슨 능력으로 그녀들을 울렸는지? 그 이후로 나는 '힐링의 명강사'로 알려져(사실 그렇지 않은데도) 해군 이곳저곳에 많이 불려 다녔다. 아무튼 그해 여름 추억의 섬 저도에서 아내와 나는 잊을 수 없는 많은 추억들을 간직하게 되었다.

검찰청 앞마당에 세워진
세금쟁이 조각상

　　　　사회에 나와서 나름대로 '나눔'에 대해 관심을 가지고 일해 오다 보니 관공서와 각급 학교를 비롯해서 군부대나 민간단체에서까지 나눔에 대한 특강을 해달라는 경우가 많았다. 대부분의 공직자들은 은퇴하고 나면 홀가분하게 자기들만의 삶을 즐기면서 살아간다는데 내 경우는 뭔가 독특하다면서 그런 이야기들을 들려 달라는 것이다. 그도 그럴 것이 나는 4개의 공익 법인을 직접 운영하고 있는 데다 다일 밥퍼나눔운동본부 명예본부장 직책까지 겸하고 있으니 말이다. 내 사정이 이렇다 보니 이런저런 이야기들이 검찰청에까지 알려진 것 같다.

　2011년 11월 서울고등검찰청으로부터 현직 간부 검사들과 사회 각계 전문가로 구성되는 항고심사위원회에 민간위원으로 추천하겠다는 연락을 받았다. 아마도 억울한 국민들의 편에 서서 객관적인 검찰 수사가 이루어지도록 하는 일종의 자문 역할인 듯했다. 나는 놀랐지만 차마 그것을 거절할 처지도 아니었다.

그것이 인연이 되어 정말 뜻밖의 일이 벌어졌다. 이듬해인 2012년 5월 31일 서울고등검찰청에서는 전용 청사 준공식 행사를 가졌는데, 당시 권재진 법무부장관과 수도권 일선 검사장을 비롯한 많은 검찰 간부들이 참석했다. 영광스럽게도 나도 항고심사위원 민간인 대표 자격으로 그 자리에 함께하게 되었다. 특별히 그 행사에서는 시민과 함께하는 검찰의 모습을 상징적으로 나타내기 위해 새롭게 지은 청사 앞 잔디광장에 청동으로 만든 특별 조형물을 설치했는데, 영광스럽게도 내 얼굴이 거기에 함께 조형되어 있는 것이 아닌가? 너무나도 뜻밖이었다. 나중에 안 사실이지만 내가 뽑힌 것은 단순히 항고심사위원 민간인 대표로서가 아니라 그동안 늘 해온 나눔과 섬김의 활동들이 참작된 것 같았다. 검찰 당국에서 부족한 나를 이렇게까지 격려해 주다니 참으로 고맙고 감사했다.

나는 이 일을 지금도 잊지 않고 있다. 당시 서울고등검찰청 안창호 검사장(현재는 헌법재판관으로 재직 중)을 비롯한 검찰 관계자분들께 다시 한 번 큰절을 올리고 싶다. 그 덕택으로 나는 몇 년째 그 직책을 위촉 받아 계속 관여해 오고 있다.

정말이지 그분들과는 평소 아무런 친소 관계가 없는데도 불구하고 분에 넘치게 나를 조형물로까지 새겨 주시다니 … . 그 후

2012년 5월, 서울고등검찰청 앞 잔디광장에 세워진
조형물에 새겨진 저자 얼굴(점선 부분)

11장. 당신! 진짜로 세금쟁이 맞아요?

어느 때인가 사랑하는 아내와 함께 그곳에 들러 먼 훗날을 위해
기념사진도 찍어 두었다. 지금도 가끔 그 조형물 앞을 지날 때가
있는데 그때마다 나는 마음을 새롭게 다지곤 한다. 무엇보다 그
일을 계기로 나의 주업主業도 달라졌다. 예전의 세금 일에서 '나
눔과 섬김'의 일로….

2015년 8월 서초지역 청소년경찰학교 개원식에서 강신명 경찰청장과 함께

그래서 틈만 나면 가까운 지인들이나 함께하는 석성 직원들과 함께 청량리 다일 밥퍼나눔운동본부에 가서 독거노인들과 노숙자들에게 밥을 퍼주기도 하고, 중증장애인들을 위해 사랑의 쉼터도 지어 주고, 청소년들과 함께 독도 탐방이나 백령도 1박 2일 체험도 하는 등 내 나름대로 생각하는 보람 있는 일에 더 많은 시간을 보내곤 한다. 그렇게 하다 보니 무엇보다 젊은 청년들이 좋아하는 것 같다. 비무장지대 철책선에서 근무하는 전방의 젊은 장병들을 비롯해서 각급 학교에서까지 '힐링 특강' 아니면 '진로 특강'이라는 명분으로 와달라는 것이다. 그때마다 나는 감사했다. 잘난 것 하나 없는 평생 세금쟁이인데도 보고 싶다니….

　더 놀라운 것은, 이태 전쯤인가? 경기도 여주교도소로부터 그곳에 있는 재소자들에게도 희망의 메시지를 전해 달라는 요청을 받은 것이다. 솔직히 가슴에 손을 얹고 고백하지만 어느 면으로 보나 그들보다 깨끗할 것 하나 없는 나에게….

　나는 이런 일들을 겪을 때마다 '선한 일을 하면 할수록 더 큰 선한 일이 닥쳐오더라'라는 내 나름의 진리를 깨닫게 되었다. 2014년 1월경 또 하나의 기적이 나에게 다가왔다. 서울 은평구에 있는 서울기독대학교로부터 갑자기 나에게 '명예박사' 학위를 주겠다는 연락이 온 것이다. 그것도 일반 학문이 아닌 신학神學으로. 명예박사 추천 사유도 정말 희한했다. 내가 하고 있는 나

조용근 명예신학박사 학위수여식 및
2013학년도 전기 학위수여식
일 시 : 2014년 2월 14일(금) 오전 11시   주 관 : 서울기독대학교

2014년 2월, 서울기독대학교로부터 명예신학박사 학위를 받음

눔과 섬김의 일들이 오늘날 기독교 신학神學이 추구하는 실천實
踐신학 이념에 꼭 들어맞는 것이란다.

나는 진정으로 고백한다.

"내가 나 된 것은 전적으로 하늘이 도움이었다"라고.

근자열 원자래近者悅 遠者來 정신으로, 힐링대학원대학교 설립

최근 어떤 언론사와의 인터뷰 도중에 받은 질문이 하나 있다.

"그동안 다양한 직책들을 맡아 보셨는데, 마지막으로 맡아 보고 싶은 직책이 있다면?"

"어느덧 내 나이 칠십 고개에 접어들고 있는데, 마지막으로 맡고 싶은 직책 하나가 있는데 다름 아닌 '감동공장 공장장'입니다."

그랬더니 그 멘트가 매우 인상적이었던지 인터뷰 기사 첫머리에 "감동공장 공장장 되고파"라는 제목을 달아 주었다.

이것을 두고 혹자는 "왜 그렇게 유별나게 호들갑을 떠느냐?"고 항변하겠지만 그 누가 뭐라 하든 내 인생 내가 살아가는 것이다. 거기에다 내 지나온 날들을 곰곰이 되돌아보니 어느 것 하나 기적이 아닌 것이 없었다.

그 기적은 아마도 내 인생 골든타임에 세운 '작전타임'을 잘 거친 덕분이 아닌가 한다. 20세 어린 나이에 9급 공무원을 시작으로 지방국세청장 자리까지 가는 험난한 노정路程에서 얼마나 많은 희생이 따랐겠는가? 오로지 성취만을 위해 사랑하는 가족들을 내버려둔 채, 일이라는 '첩妾'과 오랜 세월을 살아온 것 아닌가? 그럼에도 불구하고 지금껏 자기 자리를 잘 지켜 준 가족들을 바라볼 때마다 한편으로는 고맙기도 하고 또 한편으로는 그때 거쳤던 '작전타임' 덕분이 아닌가 한다.

갑자기 《논어論語》에 나오는 공자 말씀이 생각난다.

"근자열 원자래近者悅 遠者來."

가까이 있는 사람을 기쁘게 하면 멀리 있는 사람들이 그 소문을 듣고 구름떼같이 몰려온다는 뜻이다. 그런데 그렇게 되려면 내가 어떻게 행동해야 하는가? 나는 오랜 시간 고민해 오다가 어느 때인가 깨달았다.

'아! 그래, 내가 먼저 감동을 주는 거야! 다시 말해 내 가까이 있는 사람들에게 내가 먼저 감동을 주면 저 멀리 있는 사람들이 그 소문을 듣고 나에게 달려온다는 뜻이다.'

내가 어렵사리 그 뜻을 깨친 때는 바로 내 인생의 '골든타임'이라 할 수 있는 50대 때였다. 먼저 그동안 비뚤어진 아들과의 관계 회복을 위해 '아버지 학교'를 다녔으며, 결혼 후 자주 갈등해 온 아내와 함께 '부부 행복학교'를 수년간이나 다녀 보았다.

여기에다 속 좁은 내 개인 영성을 회복하기 위해서 '힐링 교육' 까지도 받았다. 수년간 그렇게 혹독한 힐링 훈련 과정을 거치는 사이 어느덧 내 자신이 다른 사람으로 변해 감을 느꼈다. 예전 같았으면 다른 사람들 생각이 내 생각과 다를 때는 아예 그들이 틀렸다고 해서 벌컥 화를 내기도 했지만 이제는 그렇지 않다. 그들 생각이 틀린 것이 아니라 단지 내 생각과 다름을 느낄 정도가 된 것이다.

정말 크나큰 변화였다. 우선 내 입에서 나오는 말부터 달라졌다.

"여보! 당신 생각이 그랬구나!"

"얘들아! 너희들은 그래서 힘들었구나!"

그 얼마 후인가 힐링 전문가들에게 물어보았다. 그런데 그들이 이구동성으로 하는 말이 "힐링 과정에서 가장 기본이 되는 대화법이 바로 '~구나, ~군요 화법'"이란다.

'아! 내가 정말 제대로 배웠구나!'

나는 그런 어려운 훈련을 거쳐 달걀에서 병아리로 깨어나듯 새로 깨어났다. 가까이 가족들은 말할 것도 없고 친구들을 비롯해서 직장 동료들을 바라보는 눈도 달라졌다. 심지어 내 눈에 들어오는 사물들까지도 있는 모습 그대로를 바라볼 수 있는 수준까지 가게 된 것이다. 그때 나는 크게 깨달았다.

'아! 이것이 바로 근자열近者悅의 참뜻이구나!'

다행히 그런 과정을 거치면서 운 좋게도 훌륭한 멘토를 만났다. '정태기 박사'라는 분인데, 우리나라 힐링의 선구자로서 현재 대학원대학교 총장으로 재직하시는 분이다. 10여 년간의 그런 인연으로 몇 년 전부터는 그분과 함께 '역사적 사명'을 띠고 힐링 지도자 양성을 위한 대학원대학교를 세우기로 하고 3년 동안이나 교육부 당국자들을 끈질기게 설득했더니 그들 또한 감동이 되었던지 2014년 1월, 정식으로 대학원대학교 설립을 인가해 주었다. 기적 같은 일이었다.

지금도 200여 명이나 되는 예비 힐링 지도자들이 '상담학 석사' 과정을 밟고 있으니…. 더 놀라운 것은 나는 현재 그 대학교에서 '재단 이사장' 직책을 맡고 있다는 사실이다. 이 또한 하늘의 기적이 아닌가? 볼품없는 평생 세금쟁이가 이제는 대학원대학교 설립에까지 관여했으니 말이다.

나는 지금도 200여 명이나 되는 그 대학원생들에게 특강할 때마다 소리 높여 외치곤 한다.

"나는 평생 세금쟁이 출신입니다!"

그 옛날 예수님의 제자였던 세금쟁이 출신 마태 선배님이 소리 높여 외친 것처럼.

2014년 5월, 크리스찬치유상담대학원대학교 이사장 취임식 (왼쪽이 정태기 총장)

　　참으로 놀라운 일이다.

　몇 해 전부터 나는 〈세정신문〉 서채규 주간의 간절한 연재 요
청을 이런저런 핑계를 대며 한사코 거절했다. 그런데 결국은 백
기白旗를 들고 말았다. 그래서 2014년 10월부터 1년여 동안 "나
는 평생 세금쟁이"라는 제목으로 반백년을 평생 세금쟁이로 살
아온 내가 겪은 애환과 기적 같은 일들을 글로 남겨 보았다. 무
엇보다 먼 훗날 내 아들과 딸을 비롯한 후손들에게까지 들려줄
'인생역정 다큐멘터리'라고 생각하니 처음부터 가슴 설렜다. 그
래서 가능한 한 진솔하게 쓰려고 노력했다.

　나는 대여섯 살 때 6·25 전쟁을 겪으면서 갓 태어난 동생과
함께 영양실조로 죽음의 문턱까지 갔다가 수십 마리나 되는 들
쥐 고기를 잡아먹고 되살아 왔다. 여기에다 무학자인 아버지와

어머니의 잦은 싸움 등으로 어려운 청소년 시절을 보내야만 했다. 그런데도 초등학교 6년, 중학교 3년을 비롯해서 고등학교 3년까지 모두 12년 동안 하루도 거르지 않고 학교에 출석할 정도로 학업에 열심이다 보니 하늘이 도왔는지는 몰라도 갓 스무 살 어린 나이에 국세청 개청요원으로 입문했다. 그로부터 지금껏 나는 평생 세금쟁이로 살아가고 있다. 그야말로 하늘이 내려 준 천직天職이라고 생각한다. 더구나 말단 9급에서 출발해서 한 단계 한 단계를 어렵게 밟아 올라가면서 숱한 사연들과 어려움을 겪었으나 그때마다 운 좋게 피해갈 수 있었으며, 결국에는 지방 국세청장 자리까지 올라가게 되었다. 그러다가 2004년 말 40년 가까운 현직 세금쟁이 생활을 명예롭게 마무리하고 세상으로 떨쳐 나온 인생 후반전은 전반전과는 가히 비할 바가 아니었다. 한마디로 전반전이 '쟁취 시대'였다면 후반전은 '나눔의 시대'였다.

4년간의 세무사회장 임기를 거쳐서 지난 2010년부터는 천안함 폭침 사건으로 국민들이 정성껏 모아 준 수백억 원의 성금 관리자로서 (재)천안함재단 이사장 직책을 맡아 왔다. 여기에다 귀한 동업자를 만나 함께 힐링 전문 대학원대학교를 설립하여 대학교 재단 이사장 자리도 맡고 있다.

또 개인적으로는 이미 현직에 있을 때부터 부모님의 이름을 따서 만든 (재)석성장학회를 비롯해서 몇 해 전에 특별히 만든 중증장애인을 돕는 (사)석성1만사랑회 이사장으로도 활동하고

2015년 12월, 반기문 유엔 사무총장의 초청으로 뉴욕 방문 중인 저자

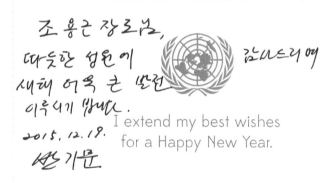

조용근 장로님,
따듯한 성원에   감사드리며
새해 어욱 큰 발전
이루시기 밭니다.
2015. 12. 18.
반기문

I extend my best wishes
for a Happy New Year.

Secretary-General of the United Nations | Secrétaire général des Nations Unies

BAN Ki-moon

2015년 12월, 반기문 유엔 사무총장의 감사 인사장 있다. 그것도 부족해서 독거노인과 노숙자 등 수백 명의 무연고 자들을 위해 세워진 '다일 밥퍼나눔운동본부 명예본부장'으로도 지금껏 열심히 섬겨 오고 있다. 이 어찌 놀랍지 않은가? 그런데 더 놀라운 것은 그 나눔과 섬김의 밑바닥에는 평생 세금쟁이로 살아온 내 모습이 있다는 것이다. 그래서 말인데 나는 지금도 가족들에게 자주 들려주는 이야기가 있다.

"나는 다시 태어나도 세금쟁이로 살아갈 거야!"

또 후배들에게 전하고 싶은 말도 있다.

"사랑하는 현직 세금쟁이 후배 여러분! 이참에 꼭 당부하고 싶은 말이 있다네. 지금부터라도 각자의 자리에서 '인생 후반전'을 잘 설계해 보기를 바라네. 그래서 여생이 정말 의미 있는 삶이 될 수 있기를 바란다네. 여기에다 꼭 한마디 덧붙이고 싶은 말이 있다면, 과거에 내가 무엇을 했느냐, 내가 어떤 자리에 있었느냐는 전혀 중요지 않다네. 진짜 중요한 것은 지금 내가 무엇을 하고 있느냐? 바로 그것이라네!"